Theiss Burgenführer
Niederrhein

Jens Wroblewski/André Wemmers

Theiss Burgenführer Niederrhein

Herausgegeben von Joachim Zeune

THEISS

Die Deutsche Bibliothek – CIP-Einheitsaufnahme

Ein Titeldatensatz für diese Publikation ist bei
der Deutschen Bibliothek erhältlich.

Umschlaggestaltung: Designgruppe Koop, Nesselwang,
unter Verwendung einer Aufnahme von Gert Behr, Jüchen
(Schloss Dyck)

Lektorat: Büro für Burgenforschung
Dr. Joachim Zeune, Eisenberg/Zell
Satz und Gestaltung: designgruppe koop, Nesselwang
Druck und Bindung: Wilhelm Röck GmbH, Weinsberg
ISBN 3-8062-1612-6

Vorwort

Der vorliegende Theiss-Burgenführer Niederrhein soll sowohl dem interessierten Laien als auch dem Fachmann einen aufschlussreichen Einblick in die niederrheinische Burgen- und Schlösserlandschaft mit all ihren eigenständigen Entwicklungen und Formen gewähren, dabei zugleich zahlreiche neue, z.T. bislang unpublizierte Forschungserkenntnisse einflechten.

Die allein für das Rheinland anzunehmende Anzahl von gut eintausend erhaltenen und untergegangenen Adelssitzen erforderte eine strikte Begrenzung auf einen geografisch eng gefassten Raum und auf nur wenige, ausgewählte Objekte.
In geografischer Hinsicht entschied man sich für den Regierungsbezirk Düsseldorf, da dieser die Region „Niederrhein“ dem heutigen Verständnis nach weitgehend repräsentiert. Seine vermeintliche Grenzlage entspricht dabei keineswegs seiner tatsächlichen historischen und kulturellen Bedeutung, denn gemeinsam mit den angrenzenden Landesteilen der Niederlande existierte hier im Mittelalter der kulturelle Großraum der Niederrheinlande.
Die Auswahl der hier vorgestellten Anlagen erfolgte aufgrund burgenkundlicher Aspekte, wurde aber auch von deren Zugänglichkeit beeinflusst. Die meisten Burgen und Schlösser sind direkt über Museen o.Ä. zugänglich. Andere, von Privatleuten und Institutionen genutzte Anwesen lassen sich von vorbeiführenden Wegen unter Wahrung der Privatsphäre betrachten. Größeren Gruppen empfehlen wir die exklusiven Angebote der „Horizonte“ Kulturtouren (Tel. 02824/952020), einem Gemeinschaftsprojekt der Euregio Rhein-Waal, der Euregio rhein-maas-nord und der Touristik-Agentur Niederrhein, das zahlreiche Burgen, Schlösser und Herrensitze touristisch erschließt – darunter auch solche, die sonst für den Besucher verschlossen sind.

Ein Buch wie dieses wäre ohne die tatkräftige Unterstützung vieler Personen und Institutionen nicht realisierbar gewesen. Viele Besitzer von Burgen und Schlössern öffneten nicht nur ihre Tore, sondern stellten darüber hinaus Informations- und Bildmaterial bereit. Die Sparkasse Kleve finanzierte die Anschaffung von Luftbildern. Weitere Unterstützung erfuhren die Autoren durch Dr. Bert Thissen vom Stadtarchiv Kleve, durch das Städtische Museum Kurhaus Kleve, durch den Krapohl-Verlag (Hülchrath), die Krefelder Fotofreunde, Corneel Voigt (Essen), Heinz Schoemakers (Bedburg-Hau) und Dr. H.-G. Engelhardt (Essen-Kettwig).
Dr. H. Herzog (Rheinisches Amt für Denkmalpflege), einem hervorragenden Kenner der rheinischen Burgenlandschaft, ist für Anfragen und fachlichen Austausch in der Vergangenheit zu danken.
Vera Janßen lieferte Zeichnungen und Fotos. Zusammen mit Dana Schieck begleitete sie das „Projekt“ mit Anregungen und Kritik. Edmund Böhm unternahm die nicht einfache Aufgabe, in die Geografie des Niederrheingebiets einzuführen.

Den beiden Autoren André Wemmers (AW) und Jens Wroblewski (JW) sei für ihren enormen Einsatz gedankt. Insbesondere Jens Wroblewski erledigte den Großteil aller inhaltlichen Arbeiten und brachte seine jahrelangen archäologischen und bauforscherischen Tätigkeiten an etlichen der hier beschriebenen Objekte im Dienste der Firma van de Graaf Archäologie und meines Außenbüros Nordrhein-Westfalen ein.

Dr. Joachim Zeune
Büro für Burgenforschung
Juli 2001

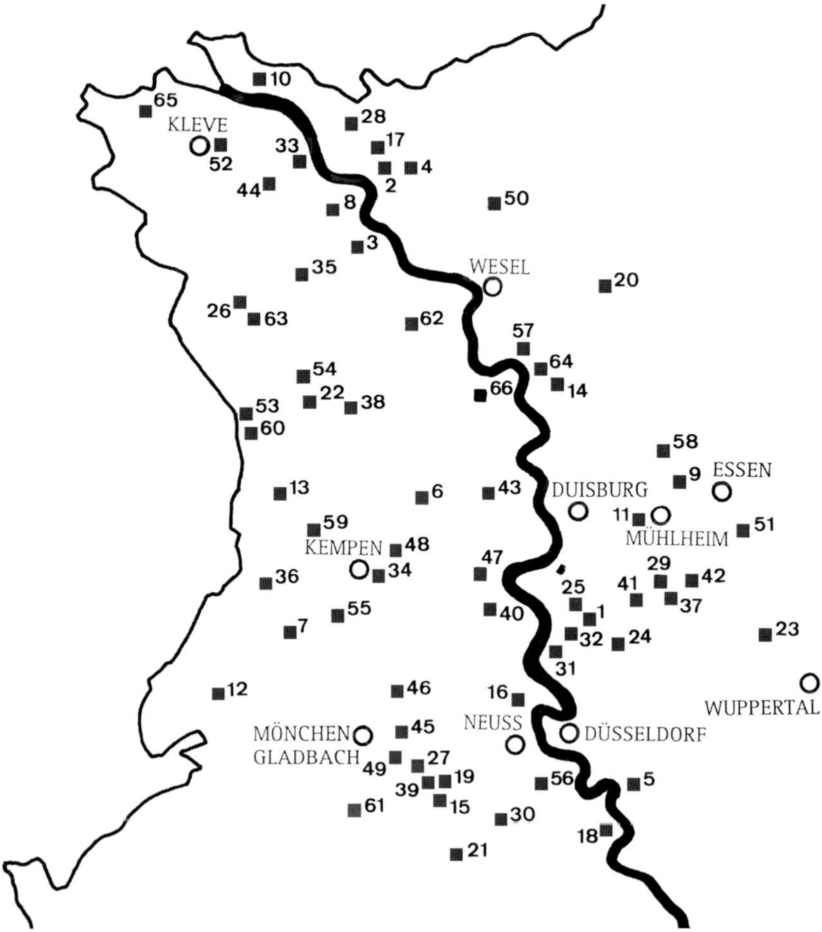

Legende

Erhalten | Ruine | Bodendenkmal

Geheimtipp

Unbedingt sehenswert

Inhalt

Vorwort 5
Geografie (Edmund Böhm) 8
Geschichte (JW) 10
Burgenkunde (JW) 13

1_Angermund (AW) 18
2_Aspel (JW) 20
3_Balken (AW) 22
4_Battenbergturm (AW) 24
5_Benrath (AW) 26
6_Bloemersheim (AW) 28
7_Bocholtz (AW) 30
8_Boetzelaer (JW) 32
9_Borbeck (JW) 34
10_Borghees (AW) 36
11_Broich (JW) 38
12_Brüggen (JW) 40
13_Coull (JW) 42
14_Dinslaken (JW) 44
15_Dyck (JW) 46
16_Dyckhof (JW) 48
17_Empel (JW) 50
18_Friedestrom (JW) 52
19_Fürth (JW) 54
20_Gartrop (AW) 56
21_Grevenbroich (JW) 58
22_Haag (JW) 60
23_Hardenberg (AW) 62
24_Haus zum Haus (AW) 64
25_Heltorf (AW) 66
26_Hertefeld (JW) 68
27_Horst (AW) 72
28_Hueth (AW) 74
29_Hugenpoet (AW) 76
30_Hülchrath (JW) 78
31_Kaiserswerth (JW) 82
32_Kalkum (JW) 84
33_Kemnade (AW) 86
34_Kempen (AW) 88
35_Kolk (JW) 90
36_Krickenbeck (JW) 92
37_Landsberg (AW) 94
38_Langendonk (JW) 96
39_Liedberg (JW) 98
40_Linn (JW) 100
41_Linnep (JW) 104
42_Luttelnau (JW) 106
43_Moers (JW) 108
44_Moyland (JW) 110
45_Myllendonk (AW) 112
46_Neersen (JW) 114
47_Rath (AW) 116
48_Raveshof (AW) 118
49_Rheydt (JW) 120
50_Ringenberg (AW) 122
51_Schellenberg (JW) 124
52_Schwanenburg (JW) 126
53_Steprath (JW) 130
54_Te Gesselen (AW) 132
55_Uda (JW) 134
56_Vellbrüggen (AW) 136
57_Voerde (JW) 138
58_Vondern (JW) 140
59_Wachtendonk (JW) 142
60_Walbeck (JW) 144
61_Wickrath (JW) 146
62_Winnenthal (AW) 148
63_Wissen (JW) 150
64_Wohnung (AW) 152
65_Zelhem (JW) 154
66_Zollturm (JW) 156

Literaturverzeichnis 158

JW=Jens Wroblewski
AW=André Wemmers

Geografie

Landschaftskundlich werden zwei niederrheinische Regionen unterschieden: das Niederrheinische Tiefland und die Niederrheinische Bucht (Kölner Bucht genannt). Im allgemeinen Sprachgebrauch versteht man unter dem „Niederrhein“ aber nur Erstere, während die Kölner Bucht schon zum Rheinland gerechnet wird. Kennzeichnend für Letztere ist ihre Umrahmung durch die Höhenzüge des Rheinischen Schiefergebirges.

Die Abgrenzung des Niederrheins gegenüber der rheinaufwärts gelegenen Kölner Bucht erfolgt demnach dort, wo diese Umrahmung allmählich ihre Bedeutung verliert. Die Trennung verläuft südlich einer imaginären Linie Düsseldorf - Mönchengladbach - Roermond (NL). Östlich an die Region Niederrhein schließt die Münsterländer Bucht an, die weniger stark durch ihre Flüsse geprägt ist als der Niederrhein und deren Grenze die Issel (Oude Ijsel) bildet. Die Nord- und Westgrenzen der Region werden landschaftlich recht willkürlich durch die seit 1648 bestehende Staatsgrenze zu den Niederlanden gebildet.

Sowohl die westlich anschließende Maasebene als auch das nördlich angrenzende Veluwe und das Achterhoek sind erdgeschichtlich und historisch so eng mit dem Niederrhein verbunden, dass diese Region ohne Einbezug der niederländischen Nachbarn nur unzureichend zu erfassen ist.

Politisch ist das Niederrhein-Gebiet, abgesehen von dem zum Bergischen Land gehörenden Südosten, somit mehr oder weniger deckungsgleich mit dem nordrhein-westfälischen Regierungsbezirk Düsseldorf. Strukturbildendes Element ist gemeinsam mit Maas und deren Nebenfluss Niers der Rhein mit seinem Begleiter, der Issel. Alle diese Flüsse verlaufen von Südsüdost nach Nordnordwest. Der gleichen Richtung folgen die wichtigsten Verkehrsverbindungen: Rechtsrheinisch begleitet die B 8 den Flusslauf und verbindet Düsseldorf, die Landeshauptstadt Nordrhein-Westfalens, mit Duisburg (dem größten Binnenhafen Europas), wo von Osten her die Ruhr in den Rhein

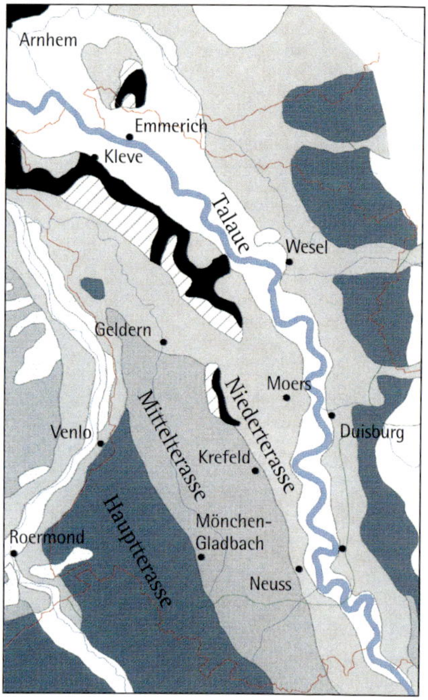

Naturräumlicher Überblick des Niederrheins.

schwarz=Endmoränen, grob liniert=Sanderflächen, gerastert=Dünengebiete.

Entwurf und Ausführung: Edmund Böhm.

mündet und gleichzeitig der mittelalterliche Hellweg - von den Salzstädten Hessens kommend - endete. Sie setzt sich fort über Wesel, eine alte Hansestadt an der Mündung der Lippe (von wo aus ein weiterer wichtiger Handelsweg entlang des Südrandes des Münsterlandes Richtung Osten verläuft), bis nach Emmerich. Schon zu Zeiten der römischen Besatzung führte linksrheinisch entlang des Randes der Niederterasse eine Straße von Köln über Neuss, Krefeld, Rheinberg, Moers und Xanten nach Kleve (entsprechend der heutigen B 9 bzw. B 57).

Zusammen mit Maas und Niers formte der Rhein seit dem Pleistozän jene Flussterrassen, die heute das Landschaftsbild des Niederrheins bestimmen. Aufgrund eines komplexen Zusammenspiels von wiederholten Klimaveränderungen, tektonischen Bewegungen und daraus resultierenden Meeresspiegelschwankungen kam es sowohl zur Aufschotterung von Terrassenkörpern als auch zur Einschneidung der Flüsse in dieselben. Auf diese Art und Weise entstand bis ca. 700.000 v. h. eine Hauptterrasse, von ca. 550.000 bis 127.000 v. h. die Mittelterrasse.

Gleichzeitig kam es aber zu einem anderen für die Landschaft am Niederrhein wichtigen Ereignis: Während der Saale-Eiszeit (der vorletzten Eiszeit) schob sich um 200.000 v. h. das Festlandeis von Nordosten her bis hierher vor, drängte den Rhein nach Westen ab und stauchte gewaltige Endmoränen auf. Diese bilden heute noch, indem sie linksrheinisch bis zu 80 m über die Umgebung herausragen, ein wesentliches Element der Landschaft. In ihrem Vorfeld entstanden einst mit Wald bedeckte, in historischer Zeit größtenteils zu Heiden transformierte und heute als Ackerland genutzte Sanderflächen.

Während der letzten Eiszeit, der Weichsel-Eiszeit, bildete sich schließlich zwischen 110.000 und 11.000 v. h. die Niederterrasse. Parallel dazu entstanden durch Ablagerung von Flugsand auf die Haupt- und Mittelterrasse jene weiten, äußerst fruchtbaren Lößgebiete, die vor allem die Kölner Bucht kennzeichnen und das Niederrhein-Gebiet im Süden prägen. Die Terrassenflächen werden mit ihren geringeren Böden aber auch als Ackerland genutzt. Erst nach dem Ende der Eiszeit im Holozän fanden Rhein und Maas sowie deren Nebenflüsse ihr heutiges Hochflutbett, innerhalb dessen der Rhein seinen Lauf häufig wechselte. Hier entstanden die untere und die höhere Talstufe mit fruchtbarem Auelehm. In diesen grundwassernahen Talzonen wird allerdings nur Grünland-Weidewirtschaft betrieben. Zur gleichen Zeit wurden entlang von Rhein und Maas auch ausgedehnte Dünengebiete angeweht, die landwirtschaftlich aber kaum zu nutzen sind.

Die absoluten Höhen am Niederrhein steigen von 10 m über NN im Nordwesten rheinaufwärts allmählich bis auf 70 m. Es kann also nicht verwundern, wenn es sich bei den Burgen dieser Region hauptsächlich um mit Wassergräben bewehrte Niederungsburgen handelt. Um so imposanter wirken die wenigen auf eiszeitlichen Bergrücken errichteten Höhenburgen (z. B. Schwanenburg in Kleve).

An Bodenschätzen birgt der Niederrhein Steinsalz, Stein- und Braunkohle. So befindet sich bei Wesel das größte Steinsalzbergwerk Europas. Steinkohle wird im Bereich Oberhausen/Dinslaken und Schaephuysen/Issum, den linksrheinischen Ausläufern des Ruhrgebiets, im Untertagebau gefördert. Für den landschaftlichen Eindruck bedeutsamer ist der obertägige Braunkohleabbau, der aber für die Region Niederrhein nur im äußersten Süden bei Garzweiler eine Rolle spielt. Größere Bedeutung erlangte der Bergbau insgesamt jedoch erst in der jüngsten Neuzeit.

Die für den Burgenbau interessantere Frage nach den Vorkommen von Naturstein kann rasch beantwortet werden: Das einzige Festgesteinsvorkommen des Niederrheins ist der südöstlich von Mönchengladbach gelegene Liedberg. Dieser Bergrücken von ca. 700 m Länge und 350 m Breite birgt Sandstein und Quarzite aus chemisch verfestigten, tertiären Meeresablagerungen. Andere, zum Burgenbau verwendete Gesteine kamen von weiter her. So diente das Siebengebirge gegenüber von Bonn zum Abbau von Basalt (Großer Weilberg) und Trachyt (Drachenfels). Weiter rheinaufwärts wurde nördlich des Neuwieder Beckens, das den wichtigen Tuffstein lieferte, ebenfalls Basalt (Unkel, Linz) abgebaut. Aus einer ganz anderen Gegend kam der kreidezeitliche Mergelstein (ein kalk- und tonhaltiges Sedimentgestein). Er wurde – und wird auch heute noch – in den Niederlanden und in Belgien (zwischen Maastricht und Namen) links und rechts des mittleren Maastals gebrochen. Als Rohstoff für die ab dem 13. Jahrhundert verstärkt verbauten Ziegel diente v. a. Auenlehm, der noch heute im Raum Kleve-Emmerich gewonnen wird.

Geschichte

In Frankenreich begann sich ein neuer, dem König zum Dienst verpflichteter Adel zu entwickeln. Seine Leistungen, die auch den Waffendienst und die Heerfolge beinhalteten, vergütete der König mit Ländereien aus dem Königsgut. Dieser Gedanke des Gebens und Nehmens auf einer persönlichen Treuebasis bildete die eigentliche Grundlage des mittelalterlichen Lehnswesens und der Feudalgesellschaft.
Neben dem Adel begannen sich die geistlichen Grundherren als weiterer Stand zu formieren. Die vom König gestifteten Klöster und Bistümer wurden durch Königsgut und Schenkungen der Adeligen immer reicher und mächtiger. Manche von ihnen, insbesondere die Bistümer zu Köln und Utrecht, erwuchsen in den folgenden Jahrhunderten zu autonomen Territorien. Die Vergabe von Ländereien, Rechten und Gütern führte zu einer komplexen Zersplitterung des Landes, das sich als „Streubesitz" auf viele adelige und geistliche Herren verteilte. Der Einfluss des Königs hingegen schwand im Hochmittelalter am Niederrhein immer mehr.

Der Burgenbau als königliches Privileg war an die nachgerückten Grafen, Herzöge und Bischöfe übergegangen, um von ihnen für eigene Zwecke forciert zu werden. Ab dem 10. Jh. ist ein von der adeligen Führungsschicht getragener Burgenbau nachweisbar, der sich auch räumlich von der Zivilsiedlung trennen konnte. Die Burg des Gaugrafen Wichmann auf dem Eltenberg (10. Jh.) lässt das zeittypische Bestreben des Adels erkennen, sich optisch von der übrigen Bevölkerung abzuheben, sich über diese zu erheben. Bezeichnenderweise befanden sich die wenigen hoch gelegenen Burgenbauplätze am Niederrhein bereits im 11./12. Jh. fest in der Hand der führenden Adelsgeschlechter. Diese benannten sich ab dem 11. Jh. zumeist nach ihren Stammburgen.

Den edelfreien Familien gelang es seit dem 11. Jh., parallel zum Königtum eigene Territorien im Rheinland – die späteren Grafschaften und Herzogtümer Berg, Geldern, Jülich, Kleve und Moers – aufzubauen. Auch existierten im Hochmittelalter kleinräumige unabhängige Herrschaften wie Dyck, Myllendonk und Wickrath.
In Konkurrenz zu diesen weltlichen Herren stand am Niederrhein das mächtige Erzbistum Köln. Dieses beanspruchte eine hegemoniale Stellung, die erst mit der Schlacht von Worringen 1288 endete. Nicht unwesentlich war auch der Einfluss der nördlichen und westlichen Nachbarn – der Grafen von Holland, des Herzogs von Brabant, der Grafschaft Limburg sowie des Bistums Utrecht. Alle diese Territorien wiesen trotz politischer Gegensätze Gemeinsamkeiten in kultureller, sprachlicher und ökonomischer Hinsicht auf. Sie bildeten einen geschlossenen Kulturraum, der mit der modernen Grenzziehung nichts gemeinsam hat.

Im 11./12. Jh. gab es am Niederrhein nur wenige Burgen. Neben den beiden Pfalzen zu Nimwegen und Kaiserswerth, die mit ihrem Bauprogramm die Spitze der Adelspyramide repräsentierten, waren es die aufstrebenden Grafen und Herzogsfamilien, die Burgen als Instrumente des Landesausbaues einsetzten. Dieser muss u.a. im Kontext mit dem Bevölkerungswachstum des 12./13. Jh. gesehen werden, das großflächige Rodungen und Kultivierungen von Sumpfland verursachte.
Vornehmlich in das 13./14. Jh. fallen die zahlreichen Städtegründungen der Territorialherren. In vielen Städten standen Stadtburgen des Landesherrn, um eine direkte Kontrolle der Bürgerschaft zu gewährleisten. Besonders einflussreichen und wohlhabenden Städten, wie Wesel, gelang es jedoch, innerhalb ihrer Ummauerung den Bau einer landesherrlichen Burg zu verhindern.
Neben den schon erwähnten edelfreien Adelsfamilien, die sich im Hochadel vereinten, erwuchs seit dem 11. Jh. aus zuerst unfreien Dienstmannen bzw. Ministerialen, die dem Hochadel für persönliche, niedere Verwaltungsdienste zur Verfügung standen,

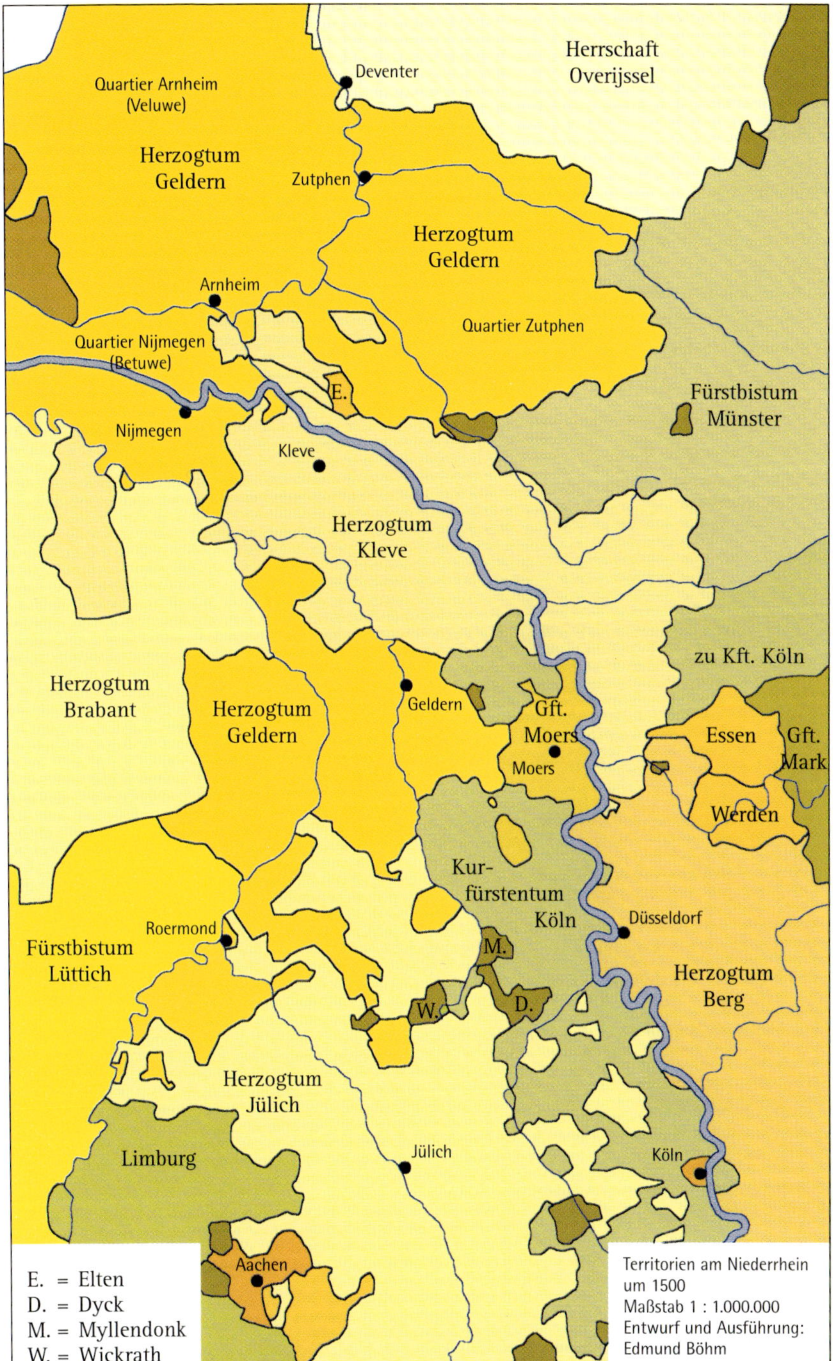
Herrschaft Overijssel
Deventer
Quartier Arnheim (Veluwe)
Herzogtum Geldern
Zutphen
Herzogtum Geldern
Arnheim
Quartier Zutphen
Quartier Nijmegen (Betuwe)
E.
Fürstbistum Münster
Nijmegen
Kleve
Herzogtum Kleve
zu Kft. Köln
Herzogtum Brabant
Herzogtum Geldern
Geldern
Gft. Moers
Moers
Essen
Gft. Mark
Werden
Kur-fürstentum Köln
Düsseldorf
Roermond
Fürstbistum Lüttich
M.
Herzogtum Berg
W.
D.
Herzogtum Jülich
Limburg
Jülich
Köln
Aachen
E. = Elten
D. = Dyck
M. = Myllendonk
W. = Wickrath
Territorien am Niederrhein um 1500
Maßstab 1 : 1.000.000
Entwurf und Ausführung: Edmund Böhm

ein dem Waffendienst verpflichteter Kriegerstand, der ab dem 12. Jh. auch Lehen empfangen konnte. Der soziale Aufstieg dieser Ministerialen mündete in den Niederen Adel ein, der sich infolge der Kreuzzüge mit dem Hochadel zur Ritterschaft zusammenschloss. Die Fähigkeit, ein Lehen von seinem Herrn für ritterliche Dienste zu empfangen, war für die zweite Welle des Burgenbaues am Niederrhein im 13./14. Jh. von großer Bedeutung. Nun tat es der Niedere Adel dem Hochadel gleich und errichtete Burgen zur Bezeugung seiner adeligen Standeszugehörigkeit.

Seit dem 13. Jh. war am Niederrhein der „Territorialisierungsprozess" in vollem Gange. Die Landesherren waren bestrebt, die oft weit gestreuten Besitzungen und Rechte zu einem kompakten Territorium zu verdichten. Ein entsprechend konsolidiertes Gebiet teilten sie in rechtliche Bezirke, die so genannten Ämter, ein, die ein – auch Drost genannter – Amtmann auf einer entsprechenden Landesburg verwaltete.
Die Burgen des Niederen Adels waren zumeist über Lehnsverhältnisse an ein Territorium gebunden, oft genug durch das Offenhausrecht, das dem Lehnsherrn im Kriegsfalle die freie Verfügbarkeit über die Burg einräumte. Ausnahmen wurden in den Urkunden festgehalten.
Nur wenige Familien, wie die Herren von Dyck, vermochten ihre Unabhängigkeit langfristig zu bewahren. Wer sich einem Fürsten widersetzte, musste – wie der Herr von Boetzelaer – mit einer gewaltsamen Vereinnahmung rechnen.
Seit dem 14. Jh. sicherte sich der Adel auf seinen Burgen durch den Landtag gemeinsam mit den Städten schrittweise die Einflussnahme auf die Landespolitik. Neben der Bewilligung von Steuern, Gesetzen und Erbfolgeregelungen oblag dem Landtag auch die Kontrolle der Finanzen und der Verwaltung. Für die Teilnahme am Landtag musste ein Adeliger über eine landtagsfähige Burg verfügen: Kriterium für eine „landtagsfähige Burg" war u.a. die Zweiteiligkeit in Vorburg und Hauptburg.

Im Spätmittelalter wuchsen die Territorien am Rhein sowohl durch Heirat als auch durch das Aussterben einiger Dynastien zu immer größeren Gebieten zusammen. Den Höhepunkt dieser Entwicklung stellte die Vereinigung der drei großen Herzogtümer Jülich-Kleve-Berg zu Beginn des 16. Jh. dar, die 1533–1543 kurzzeitig durch das Herzogtum Geldern komplettiert wurde. Dadurch entstand eines der mächtigsten Territorien im Nordwesten des Deutschen Reiches. Im letzten Drittel des 16. Jh. wurde der Niederrhein sowohl in den spanisch-niederländischen Krieg (1568–1648) als auch in den Dreißigjährigen Krieg hineingezogen. Zahlreiche Städte und Burgen wurden besetzt, wobei sich besonders bei den Burgen zeigte, dass sie wehrtechnisch veraltet waren. An ihre Stelle trat die neuzeitliche Festung.
1609 erlosch das Herzoghaus Jülich-Kleve-Berg. Das Erbe teilten sich nach einem Erbfolgestreit Pfalz-Neuburg, das Jülich und Berg erhielt, und Brandenburg, das Kleve, Mark und Ravensberg zugesprochen bekam. Brandenburg – das nachmalige Königreich Preußen – konnte sein Gebiet um Moers und das Oberquartier von Geldern ergänzen.

1794–1813 besetzten französische Revolutionstruppen große Teile des Niederrheins und enteigneten sämtliche souveränen weltlichen und geistlichen Territorien und Einrichtungen, wodurch es zwangsläufig zu einem Burgensterben kam. Nur die alten und einflussreichen Adelsfamilien vermochten fortan in der „restaurierten" Umgebung Preußens noch eine führende Rolle zu spielen.

Heute hat der Adel seine Burgen und Schlösser als Wohnsitze weitgehend aufgegeben. Zwischen Verfall und Erhalt steht oft genug die zentrale Frage nach dem möglichst profitablen Zwecknutzen.
Diesem Negativtrend stehen einige positive Beispiele, wie Hertefeld, Kolk, Te Gesselen oder Steprath gegenüber, wo die Privateigentümer unter großem ideellem und finanziellem Einsatz ihre „Häuser" vorbildlich in Stand setzen.

Burgenkunde

Der Niederrhein ist reich an Wasserburgen, Schlössern, Herrensitzen und grabenumwehrten Höfen. Sie sind Zeugnisse eines gut eintausendjährigen Burgenbaues, dessen charakteristisches Merkmal die Niederungs- bzw. Wasserburg ist, wohingegen Höhenburgen wie Heinsberg, Liedberg, Kleve und Wassenberg, bedingt durch die geologische Situation, die Ausnahme blieben. Seit einigen Jahren ist diese Burgen- und Schlösserlandschaft wieder verstärkt in den Blickpunkt der modernen Burgenforschung geraten. Archäologen, Historiker, Kunsthistoriker und Bauforscher nähern sich den Objekten neu an, fördern zahlreiche neue Ergebnisse zu Tage, hinterfragen tradierte Klischees und schaffen somit ein neues Bild der niederrheinischen Burg: ein Bild, das mit dem uns seit der Schule vertrauten „finsteren Mittelalter“ und seinen angeblich permanent umkämpften Burgen nicht mehr viel gemeinsam hat.

Die Burg wird ihrer übertriebenen Wehrhaftigkeit entkleidet und als multifunktionales Gebilde begriffen. Sicherlich war die Burg der wehrhafte Wohnsitz eines Adeligen, jedoch war diese Wehrhaftigkeit passiver Natur und nicht – wie lange angenommen – räumlich weit in das Umland wirkend. Wichtiger war die symbolische Funktion der Burg als weithin sichtbares Macht- und Herrschaftssymbol. Demzufolge war auch die vermeintliche Wehrhaftigkeit einer Burg oft eher Ausdruck von Einfluss, Wohlstand und Selbstbewusstsein eines Adeligen, der einfach zeigen wollte, wo er in der Adelspyramide angesiedelt war. An der Höhe der Mauern, an der Mächtigkeit des Bergfrieds oder des Wohnturmes, an der Anzahl der Zinnen oder Vorburgen konnte man im Mittelalter die Stellung eines Burgherrn unmittelbar ablesen, wobei niemand über seine soziale Position hinaus baute. Die breite Masse bildeten die Burgen des Ministerialadels bzw. des niederen Adels. Die Spitze markierten die wenigen Burgen des Hochadels.

Die meisten mittelalterlichen Burgen entstanden in Friedens- und nicht in Kriegszeiten. Gleich Schachfiguren markierten sie optisch ein Herrschaftsgebiet. In der „Lebensspanne“ einer durchschnittlichen Burg überwogen ihre zivilen Zwecke als rechtliches, soziales und ökonomisches Zentrum. Nur ausnahmsweise wurden Burgen wie Boetzelaer, Dyck und Linn nachweislich durch eine starke Streitmacht noch während des Mittelalters belagert. Überhaupt taugten die Wehreinrichtungen der meisten Burgen zur Abwehr marodierender Räuber- und Söldnerhaufen, nicht aber größerer Heerscharen.

Was wir unter einer Burg heute begrifflich verstehen, ist keinesfalls deckungsgleich mit der Benennung und Definition dieser Objekte im Mittelalter. Bis Anfang des 14. Jh. wurde die Burg in den lateinischen Urkunden *castrum* genannt. Seit dem 14. Jh. verdrängte die Volkssprache das Latein aus den Urkunden. Mit dem uns arg unspezifisch erscheinenden Wort *hus, huis* oder *huus* bezeichnete man im 14./15. Jh. die Burgen des Niederrheinlandes, unabhängig von ihrer Größe, Gestalt und Bedeutung. Vereinzelt finden wir in den Quellen auch die Bezeichnung *slos*, d. h. Schloss, als Synonym für „Haus“. *Slos* bezeichnet dabei keineswegs einen „schlossartigen“ Bau im heutigen Sinne.
Neben diesen Bezeichnungen wird auch das Wort *borgh*, Burg, gebraucht. Dieses fand fast ausschließlich bei jenen Burgen Anwendung, die einem Territorialherren direkt oder indirekt unterstanden und zu denen oft eine Burgmannensiedlung, manchmal ausgestattet mit städtischen Freiheiten, gehörte. Diese Anlagen waren in der Regel Amtsburgen, d.h. Landesburgen, die ein Landesherr mit seinen Amtleuten besetzen konnte (z. B. Dinslaken, Myllendonk, Rheydt, Uda und Wickrath). Baulich unterschieden sich diese Landesburgen oft nicht wesentlich von anderen als „Haus“ bezeichneten Objekten. Fast jede Burg ist in den Urkunden mit einer und in

seltenen Fällen (Boetzelaer, Dyck, Myllendonk) mit zwei Vorburgen verbunden. Die Vorburgen bildeten das landwirtschaftlich geprägte Rückgrat des auf Selbstversorgung ausgerichteten Adelssitzes, unterstützt durch Wassermühlen und Fischereirechte in einem nahe gelegenen Gewässer.

So unbekümmert der mittelalterliche Mensch mit der Benennung eines befestigten Wohnbaues umging, umso schwerer tat sich damit die ältere Burgenforschung im Rheinland, vornehmlich der Befestigungstheoretiker W. Sieper. Seine postulierte Begriffsdefinition aus „echten" Burgen, Festen Häusern und Festen Höfen setzte eine rein militärische Funktion der Burg voraus. Solche terminologischen Klassifizierungen werden sowohl der mittelalterlichen Wirklichkeit als auch den Ansprüchen der modernen Burgenforschung nicht mehr gerecht. Der fortschrittlichen niederländischen Burgenforschung sind derartige Definitionskonstrukte fremd. Ein Kasteel (dt. Burg) wird von einer bestimmten sozialen Gruppe, in der Regel dem Adel, genutzt und muss sowohl bewohnbar als auch verteidigungsfähig sein. Die Gewichtung zwischen Bewohnbarkeit und Wehrhaftigkeit kann hierbei stark variieren, ohne dass dies neue Differenzierungen erfordert. Diese flexible Definition trägt dem vielschichtigen und facettenreichen Phänomen der mittelalterlichen Burg im Niederrheinland Rechnung, ohne diesen Objekttypus fachbegrifflich bis ins kleinste Detail zu sezieren.

Der für uns relevante Burgenbau am Niederrhein, der von einer entwickelten Adelsschicht initiiert und getragen wurde, hat befestigungstechnische Vorläufer in vor- und frühgeschichtlichen Ring- und Abschnittswällen sowie in römerzeitlichen Stützpunkten. Für die erste Gruppe, die als Volks- und Fluchtburgen dienten, seien stellvertretend die Abschnittswälle auf dem Eltenberg und Hülserberg sowie die Ringwälle Herrenburg und die Alteburg bei Essen-Werden genannt. Sie umfassen einen Zeitraum, der von der Vor- und Frühgeschichte bis ins hohe Mittelalter reicht. Die in gut 500 Jahren römischer Besatzung erbauten militärischen Stützpunkte (z. B. Moers-Asperg, Krefeld-Gellep) und mauerumwehrten Zivilsiedlungen (z. B. Xanten) wurden von den Franken, im Gegensatz zu den Gräberfeldern, wie in Krefeld-Gellep, fast nie weiterbenutzt. Damit ging das bautechnische Know-how der Römer – man denke nur an die Verwendung von Backstein oder aber des Steinbaus überhaupt – für die kommenden Jahrhunderte verloren.

Rekonstruktion einer französischen Motte des 12. Jh. mit Erdhügel, Holzturm und Palisade. Ähnlich können wir uns frühe Motten im Niederrheinland vorstellen. Foto: D. Barz, 1996.

Die Frühzeit des Burgenbaues im Rheinland lag lange im Dunkel der Geschichte, bis sich Archäologen des Landesmuseums Bonn dieses Problems in den 1950er und 1960er Jahren mit ersten Ausgrabungen annahmen. Broich, Elten, Husterknupp oder Xanten markieren richtungsweisende Ausgrabungen von überregionaler Bedeutung, die unser Wissen zum frühen Burgenbau erheblich erweiterten.
In typologischer Hinsicht stehen fürstliche Residenzen, die in einer von Reiseherrschaft geprägten Zeit dem Herrschenden als Wohn- und Aufenthaltsorte sowie als Zentren der oft weit gestreuten Besitzkomplexe dienten, am Anfang. Einen Vorläufer können wir in der 721/22 in einer Schenkungsurkunde des Grafen Eborin erwähnten *sala* bei Nütterden (Kreis Kleve) erbli-

cken. Zu den frühesten ergrabenen Zeugnissen des Burgenbaues gehört die karolingische Befestigung in Broich bei Mühlheim (2. Hälfte 9. Jh.) mit ihren durch eine runde Ringmauer umfriedeten Saalbauten. Eine weitere frühe fürstliche Residenz, diesmal jedoch auf einem Hügelrücken gelegen, fand sich auf dem Eltenberg bei Emmerich in der Burg der Grafen von Hamaland (10. Jh.). Diese großflächige Höhenburg verfügte über einen zur Rheinseite hin orientierten, repräsentativen Palas aus Fachwerk. Ähnlich geräumig, wenngleich aufwändiger, fielen die königlichen Pfalzen zu Duisburg, Kaiserswerth und Nimwegen (NL) aus. Zwar mögen diese Anlagen mit ihren Saalbauten und Kapellen eine Vorbildfunktion für die noch junge Adelsburg gehabt haben, doch geht die Forschung allgemein davon aus, das sich Letztere nicht unmittelbar aus den Pfalzen entwickelt haben.

Waren Broich und Elten im Burgenbau des 9./10. Jh. noch seltene Erscheinungen, so setzte mit der so genannten Motte oder Erdhügelburg ein auf größerer sozialer und räumlicher Breite wirkender Burgenbau ein. Um 1000 werden die ersten Motten im rheinischen Burgenbau greifbar. Mit dem Aushub eines ringförmigen Grabens schüttete man einen kegelförmigen Erdhügel auf. Dieser wurde mit einer Palisade befestigt und mit einem hölzernen Turm oder einem „festen Haus“ bekrönt. Im Vorfeld des Hügels lag häufig eine gegenüber dem Umland leicht erhöhte Vorburg, die die Ökonomiegebäude aufnahm.
Motten wurden bevorzugt in feuchten Flussniederungen (Aspel, Linn) erbaut, finden sich aber auch auf Hügelkuppen (Monterberg, Teufelsberg bei Wyler, Liedberg?). Mit der Motte bildete sich die für die rheinische Wasserburg während der nächsten Jahrhunderte verbindliche Zweiteiligkeit heraus. Der Burgentyp der Motte konnte sich in allen Adelsschichten bis ins 13./14. Jh. behaupten. Neben Holzgebäuden sind auf den Hügelkuppen auch steinerne Gebäude wie Wohntürme und Feste Häuser (Hülchrath, Linn) nachweisbar, wobei ältere Wohntürme nachträglich durch die Anschüttung von Erde (Moers) oder noch während der Erbauung (Luttelnau, Rath) „eingemottet“ wurden.
Allgemein neigt man am Niederrhein dazu, jede Burg auf eine Motte zurückzuführen, obwohl derartige Entwicklungen nur selten sicher archäologisch belegt sind. Die Hauptmasse der rheinischen Wasserburgen entstand erst im 13./14. Jh., einer Zeit also, in der die Motte zunehmend von moderneren Bauformen abgelöst wurde. Zudem gab man oft ältere Motten zu Gunsten eines Neubaues an anderer Stelle auf.

Seit dem 11. Jh. treten neben die Motten ebenerdige, oft von einer Ringmauer eng umzogene Wohntürme, die man auch als „Turmburgen“ bezeichnet. Sie wurden bevorzugt durch den Hochadel errichtet und besaßen oft beachtliche Dimensionen, ähnlich den französischen Donjons (Broich, Dyck, Schwanenburg, Xanten).

Noch im Verlauf des 12. Jh. begannen sich die im Wohnturm vereinten Funktionen des Wohnens und des Wehrens funktional im Palas und Bergfried aufzuteilen. Beide Bauteile wurden in der Regel von einer Ringmauer umschlossen. Mit Palas, Bergfried und Ringmauer war die „klassische“ Adelsburg entwickelt, die ihre Vollendung u.a. in der staufischen Schwanenburg und in Landsberg fand.
Der Bergfried war zumeist unbewohnbar und als höchster Turm der Burg vorrangig ein Machtsymbol von beschränktem Verteidigungswert. Im 12./13. Jh. treffen wir ihn nur auf wenigen Höhenburgen (Liedberg, Monterberg, Tomburg) an, und auch auf Wasserburgen (Boetzelaer, Hülchrath, Linn, Moyland) blieb er die Ausnahme. Neben den kaiserlichen Pfalzen verfügten insbesondere die Burgen des Hochadels über große romanische Palasbauten (z.B. Schwanenburg, Xanten) von hochqualitativer Architektur.

Parallel zu der geschilderten Entwicklung vollzog sich im 11./12. Jh. auch ein Wandel im Baumaterial dieser Anlagen: neben Holz und Erde trat mehr und mehr die Steinbauweise, anfangs zumeist durch zweitver-

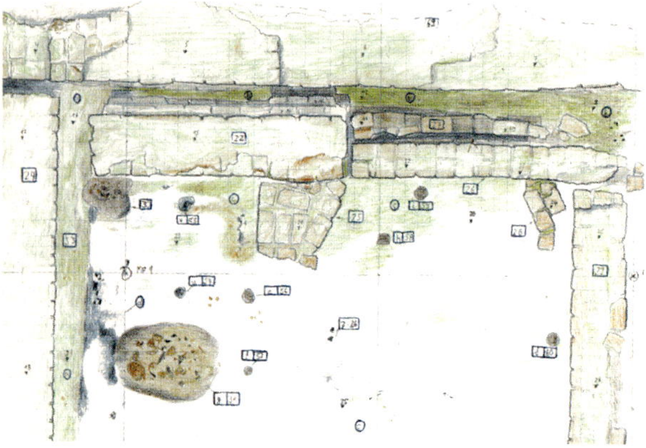

Zeichnerische Aufnahme eines ergrabenen Hausgrundrisses auf Haus Kolk, 14./15. Jh. (Ausschnitt). Die Mittelalterarchäologie half hier die Baugeschichte des Adelssitzes zu klären. Dieser Vorgängerbau wurde im 16. Jh. durch das heutige Burghaus ersetzt. Zeichnung: J. Zeune, Büro für Burgenforschung, 2000.

wendete Tuffquader aus Römerruinen. Ab dem 13. Jh. fand der Backstein zunehmend Verbreitung, um ab ca. 1300 der dominierende Baustoff im gotischen Profan- und Sakralbau zu werden. Bis ins Spätmittelalter blieb allerdings der Holz- und Fachwerkbau beliebt, sodass vor allem zahlreiche Burgen des Landadels eher befestigten Bauernhöfen als einer stattlichen Ritterburg glichen.

Die Erfahrungen der Kreuzzüge, verbunden mit dem Aufkommen großer Wurf- und Schleudergeschütze, regten den Burgenbau im 13. Jh. zu innovativen Formen und Typen an. Neigte man noch im 13. Jh. dazu, die Burgen mit runden oder polygonalen Ringmauern (Hülchrath, Linn, Moers) zu umgeben, so ist ab dieser Zeit das Aufkommen rechteckiger bzw. quadratischer Grundrissformen erkennbar. Neue Wehrelemente wie Flankentürme, Zwingeranlagen, Erker und Schießscharten belebten in vielfältigsten Kombinationsweisen die zweite wichtige Burgenbauwelle des Niederen Adels im 14. Jh.
Ihre vollendete Ausprägung erreichten diese Neuerungen in den gotischen Kastellburgen des 14. Jh. (Brüggen, Kempen, Moyland, Uda), die ihrerseits auf frühe niederländische Vorläufer des letzten Drittels des 13. Jh. zurückgriffen (Medemblik, Muiden). Parallel zu diesen Innovationen behaupteten sich aber auch altbewährte Bauformen wie der Wohnturm, dessen sich insbesondere der sozial aufgestiegene Ministerialadel im 14./15. Jh. bediente. Dadurch erfuhr der Wohnturm eine regelrechte Renaissance (Battenbergturm, Langendonk, Schellenberg, Vellbrüggen).
Zur gleichen Zeit kam als Weiterentwicklung das Burghaus auf, ein querrechteckiger, zumeist zweigeschossiger Baukörper über hohem Sockelgeschoss, der wesentlich mehr Platz und Komfort bot als ein Wohnturm (Kemnade, Kolk). Im Verlauf des 15./16. Jh. erweiterte man viele dieser Burghäuser durch den Anbau eines Flügels zu einer Winkelanlage, deren offene Seiten Wehrmauern umfriedeten (Wachtendonk). Größere Wasserburgen verfügten hingegen über repräsentative Palasbauten (Boetzelaer, Grevenbroich).

Waren die Vorburgen des 13. Jh. noch meist von unregelmäßiger Grundrissstruktur, so setzten sich ab dem Spätmittelalter auch hier rechteckige und quadratische Formen durch. Die durch Ringmauern, Eck- und Flankentürmen geschützten Vorburgen (Haag, Vordern) blieben zur Hauptburg hin offen. Der Zugang lag immer lag auf der von der Hauptburg abgewandten Seite, um eine Kontrolle und Einsicht des Einganges zu gewährleisten.

Der zunehmende Einsatz von Feuerwaffen seit dem 14. Jh. verursachte Modernisierungen durch Schießscharten, Zwinger und Vorwerke (Brüggen, Friedestrom, Linn,

Hardenberg, Hülchrath) sowie später durch Basteien und Rondelle. In den Religionskriegen des 16./17. Jh. hatten die Burgen ihren wehrtechnischen Zenit endgültig überschritten, sodass man nur wenige Anlagen durch neuzeitliche Festungswerke wie Bastionen, Kurtinen und Erdwälle (Rheydt, Moers) verstärkte. Damit war die Entwicklung hin zur modernen Festung eingeleitet (Jülich, Schenkenschanz, Wesel).

Trotz dieser gravierenden wehrtechnischen Defizite hielt der Adel an der Bauform des befestigten Adelssitzes aus Traditions- und Legitimationsgründen fest. Das 16. Jh. sah typologisch keine Neuerungen, jedoch mit der Renaissance die kunstvolle Ausstattung der Burgen durch schmückende Details und Ornamente. Hülchrath, Rheydt und Myllendonk erhielten repräsentative Loggien. Die einst reichhaltigen Spuren dieses Baustils blieben in der niederrheinischen Burgen- und Schlösserlandschaft leider nur sehr fragmentarisch (Zelhem) erhalten.

Der Trend hin zum Landschloss verstärkte sich ab dem 17./18. Jh. durch den Barock. Man überformte die Altsubstanz (Hertefeld, Neersen, Schellenberg, Wissen) durch symmetrisch angeordnete Fenster und Dachformen, richtete die Zufahrt von der Vorburg zur Hauptburg axial aus und verschmolz das Ensemble mit der Natur durch seine Einbettung in großflächige Parkanlagen. Herausragende Zeugnisse dieser Stilepoche stellen Benrath, Dyck und Kalkum dar, doch auch in Borghees und Kolk verstand man die Grundidee weniger spektakulär qualitativ hochwertig umzusetzen.

Eine Sonderform im rheinischen Burgenbau stellten die seit dem 17. Jh. vermehrt aufkommenden Hofesfesten dar – einteilige und meist schwach befestigte Großhöfe, deren Wehrelemente (Tor, Wall, Graben ect.) als architektonische Adelsattribute rezeptiv auf das Mittelalter zurückgriffen. Außerhalb des üblichen Burgenbaues standen ebenso die früher zahlreichen, auch Spicker oder Berfes genannten Wehrspeicher (Raveshof). Aus Fachwerk erbaut, erhoben sie sich isoliert von einem Bauernhof auf einer separaten Insel und dienten hauptsächlich der trockenen Lagerung von Getreide. Gelegentlich sind archivalisch auch Wohnnutzungen belegt (Gelleshof). Im Gefahrenfall vermochten diese Türme gewissen Schutz vor kleineren Überfällen zu bieten.

Seinen letzten Höhepunkt erreichte der Burgen- und Schlossbau im 19. Jh., als der rheinische Adel dem allmählichen Verlust seiner herausragenden sozialen und politischen Stellung durch intensive Umbauten im Geschmack der Neugotik begegnete.

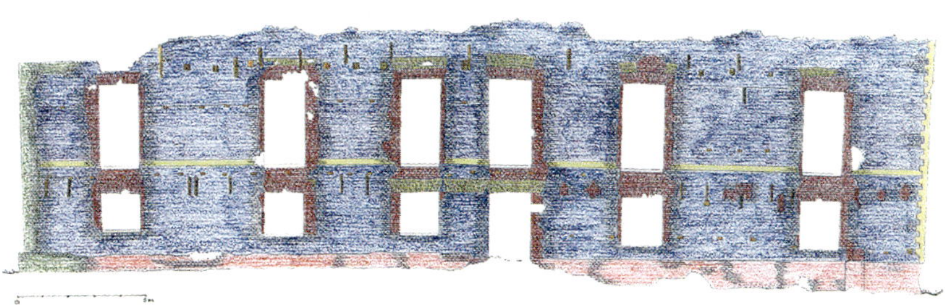

Ein Beispiel für moderne Burgenforschung auf Haus Hertefeld. Ansicht der Westwand (1700) mit Baubefunden. Farbig wurden frühere Bauzustände und Veränderungen an der Schlossruine eingetragen. Zeichnung: V. Janflen, Büro für Burgenforschung, 1997.

1_Schloss Angermund

Von Duisburg-Rahm führt eine Landstraße nach Angermund und in ihrem weiteren Verlauf direkt auf die gleichnamige Burg zu. Wiesen und Felder umgeben die auch

Ort:	Düsseldorf-Angermund
Zustand:	Burg erhalten
Zugang:	Privatbesitz, Außenbesichtigung
Anfahrt:	BAB 524 Abf. Duisb.-Rahm, Angermund
Gaststätte:	-

Kellnerei genannte Anlage am Südostrand des Ortes.

In der 2. Hälfte des 12. Jh. wird das *castrum Angermonde* erstmals unter den Erwerbungen des Kölner Erzbischofs Philipp von Heinsberg genannt. Als kölnisches Lehen war es 1247 in den Besitz der Grafen von Berg gekommen, die es verstanden, sich Angermund anzueignen, sodass 1469 Erzbischof Ruprecht endgültig auf alle Ansprüche verzichtete. Die Burg war seit frühester Zeit Sitz eines bergischen Kellners, dem die wirtschaftliche Verwaltung der umliegenden Güter oblag, woran noch die heutige Bezeichnung Kellnerei erinnert. 1247 und 1327 wurde die Burg mit allen Einkünften zum Wittum bestimmt. Das Wittum bezeichnet das Gut der Frau, das - ursprünglich als Mitgift - zu deren Versorgung und als Witwensitz diente. In die niederrheinische Geschichte ging die Burg ein als jener Ort, an dem 1479 die Verhandlungen zur 1511 erfolgten Vereinigung von Jülich-Berg-Ravensberg mit Kleve-Mark-Ravenstein begannen.

Als der landwirtschaftliche Betrieb mit Restaurant, den die Burg zuletzt beherbergte, in den 1970er Jahren aufgegeben worden war, begann die Anlage rasch zu verfallen. Zudem zerstörte ein Brand im Haupttrakt Teile des Innenausbaus aus dem 18. Jh. Erst 1983 konnte nach etwa siebenjähriger Verzögerung mit der geplanten Umgestaltung zu einer Wohnanlage begonnen werden.

Die Nordwestecke des Hauptgebäudes mit dem romanischen Fenster. Foto: J. Wroblewski, 2001.

Auf einem grabenumwehrten, unregelmäßigen Oval erhebt sich der mehrteilige Gebäudekomplex mit seiner Ringmauer aus Kalkstein, Tuff und eingestreuten Ziegelstücken. Den Zugang zu der Anlage bildet ein rechteckiges Torhaus, zu dessen rundbogiger Durchfahrt eine Backsteinbrücke führt. Zwei feldseitige Schlüsselscharten belegen, dass das 1635 erneuerte Gebäude im Kern noch dem 15. Jh. angehört.

An der Westseite des Areals steht das dreiteilige Hauptgebäude der Kellnerei, dessen ältester Teil sich an der Feldseite durch seine etwas höher liegende Traufe von den südlich anschließenden jüngeren Teilen abhebt. In der stark abgerundeten Nordwestecke blieb im Obergeschoss ein spätromanisches Biforienfenster mit schlanker Säule aus der Mitte des 13. Jh. erhalten. Zur Schonung der Substanz wurde bei der Sanierung darauf verzichtet, dieses wieder zu öffnen, während man die hofseitigen, gotischen Kreuzstockfenster dieses ältesten Gebäudeteils nach Befund wiederherstellte.

Auch im Südteil des Hauptgebäudes, das zuletzt als Stall und Scheune genutzt wurde, finden sich - neben zwei Kragsteinen eines ehemaligen Aborts an der Grabenseite - Reste werksteingerahmter Kreuzstockfenster, die zu einem weiträumigen Saal im Obergeschoss gehörten. Im Innern des Saales waren eine nachträglich erneuerte Holzbalkendecke und die Reste zweier Kamine erhalten geblieben. Der an der Westwand vor dem ehemaligen Wehrgang gelegene große Kamin konnte um die fehlende Haube ergänzt und wieder in Betrieb genommen werden. Die Spuren des zweiten Kamins an der Nordwand wurden - wie ein vollständig erhaltener Kamin (18. Jh.?) im Nordtrakt - gänzlich beseitigt. Durch den Einbau einer Galerie anstelle einer neuen Zwischendecke blieb der ehemalige Saal wenigstens andeutungsweise erlebbar. Bei der notwendigen Neugestaltung der Fensteraufteilung wurden die alten Maueröffnungen geschickt einbezogen, ohne dabei einen früheren Zustand zu rekonstruieren.

Die aufschlussreichen Bauspuren an der Hoffassade des Mitteltrakts gingen indes verloren: während der Bauarbeiten stürzte die Wand mit ihrer anscheinend nachmittelalterlichen Fenstergliederung ein und wurde in der vorherigen Form wiedererrichtet.

Insgesamt ist seit den 1970er Jahren allein beim Hauptgebäude ein erheblicher Verlust historischer Bausubstanz festzustellen: angefangen mit den durch Brand und Wasserschäden zerstörten Stuckdecken, die durch Nachbildungen ersetzt wurden, bis hin zu gezielten Abbrüchen im Zusammenhang mit dem Umbau. Darüber hinaus wurde das äußere Erscheinungsbild des Haupttraktes durch den Einbau von Dachgauben und zusätzlichen Fenstern nachhaltig verändert. Durch den massiven Ausbau bzw. die Errichtung von zusätzlichen Gebäuden wurde auch der Gesamteindruck der historischen Burganlage beeinträchtigt. Besonders zu kritisieren ist, dass im Zuge der Sanierung unnötig viele Bauspuren eliminiert wurden. Vor allem ist bedauerlich, dass man dabei auch weitgehend versäumte, die zahlreichen Details hinreichend für die Bauforschung zu dokumentieren.

Das Hauptgebäude der Kellnerei von Westen; rechts ein moderner Neubau an der Ringmauer. Foto: J. Wroblewski, 2001.

2_Burg Aspel

Haus Aspel mit seinem gut erhaltenen Mottenhügel zählt zu den ältesten Burganlagen am Niederrhein.

Ort:	Rees-Haldern, Kreis Kleve
Zustand:	Motte erhalten, Vorburg intakt
Zugang:	Motte jederzeit, Gebäude nein
Anfahrt:	B 8 von Rees nach Haldern
Gaststätte:	–

Unmittelbar an der B 8, nahe dem Dorf Haldern, liegt gut sichtbar der imposante barocke und neubarocke Gebäudekomplex. Ihn nutzen heute kirchliche Ordensgemeinschaften. Der friedliche Charakter des Ortes täuscht freilich darüber hinweg, dass Aspel vor gut 1000 Jahren Schauplatz heftiger kriegerischer Auseinandersetzungen war.

Noch in den 1020er Jahren des berichtete der Mönch Alpert von Metz von großen Adelsfehden am Niederrhein, die kurz zuvor in den Jahren 1002–1018 ausgefochten worden waren. Um Macht und Besitz kämpfte Gaugraf Balderich von Hamaland mit seiner Frau Adela gegen Gaugraf Wichmann aus dem Hause der Billunger, der sich mit dem Bischof von Utrecht zusammengetan hatte. In diesem langwierigen Krieg spielten Burgen eine wichtige Rolle, unter anderem auch die Burg Aspel, die Verwandte des Grafen Wichmann in einem derart unzugänglichen Sumpfgebiet erbaut hatten, dass man – laut Alpert von Metz – kaum an sie herankam.

Zum Zeitpunkt des Gaugrafenkrieges war Godizo, Sohn des Richizo, Herr von Aspel. Nach dem Aussterben des hochadeligen Geschlechts im Mannesstamm schenkte die Erbin Irmgardis von Aspel die Aspeler Herrschaft samt der späteren Stadt Rees (Stadtrechte 1228) um 1075 dem Kölner Erzbistum, das seinen nördlichsten Vorposten des Erzbistums im 12. und 13. Jh. gegen die Grafen von Kleve, deren Territorium Rees-Aspel allseitig umschloss, behaupten musste. Beinah zwangsläufig kam es in der ersten Hälfte des 13. Jh. zu wiederholten Fehden zwischen den beiden Kontrahenten, in deren Zuge unter anderem die Burg Aspel 1238 durch Graf Dietrich IV. von Kleve zerstört wurde.
1243 wurde sie wiederhergestellt. 1392 musste Erzbischof Friedrich III. von Saarwerden Rees und Aspel nach einer verlustreichen Fehde mit Kleve mittels einer Verpfändung an Kleve abtreten. Da die Klever Grafen und späteren Herzöge (1417) ihrer neuen Burg in Aspel wahrscheinlich wegen deren „Kölner Vergangenheit“ keine übermäßige Pflege zukommen ließen, erfolgten schon 1444 erste Abbrüche. 1470 durften die Reeser Bürger Basaltsteine zum Bau ihres neuen Mühlenturmes aus Aspel abtransportieren.

Ansicht des Innenhofs, Schlossflügel und Torturm von 1722. Foto: J. Wroblewski, 2001.

Das genutzte Burgareal beschränkte sich fortan auf die Vorburg, in der 1652/53 nicht näher bekannte Neubauten errichtet wurden. Nach diversen Besitzerwechseln gelangte die durch einen Franzoseneinfall zerstörte Burg 1686 an die Familie von Wittenhorst-Sonsfeld (siehe Schloss Hueth), die 1722 auf den alten Grundmauern der Vorburg einen schlossartigen Baukörper errichten ließ, der von einem prachtvollen, heute leider nicht mehr erhaltenen Park umgeben war. Nach weiteren Besitzerwechseln erwarb im Jahr 1850 die Kongregation

Der Mottenhügel von Haus Aspel (um 1000) zählt zu den größten und am besten erhaltenen Mottenhügeln am Niederrhein. Auf seinem Plateau soll ein Turm gestanden haben. Foto: J. Wroblewski, 2001.

der „Töchter vom heiligen Kreuz" das Schloss und gründete hier ihre erste deutsche Niederlassung, die unter anderem eine Oberschule umfasste. Nachdem das Gymnasium 1986 in die Stadt Rees verlegt worden war, diente Aspel, das seit 1990 ein geistliches Zentrum beinhaltet, kirchlichen und sozialen Zwecken.

Haus Aspel liegt landschaftlich reizvoll am Aspeler Meer, einem alten Rheinlauf, wo man als Bauplatz eine in den Fluss vorgeschobene Landzunge gewählt hatte. Die Zweiteiligkeit in Haupt- und Vorburg ist noch immer gut ablesbar anhand des im Wasser liegenden Mottenhügels und der großen Vorburginsel.
Der an der Basis 70x105 m große, künstlich aufgeworfene Erdhügel der Hauptburg zählt mit einer Höhe von etwa 10 m zu den imposantesten Vertretern seiner Art am Niederrhein. Der Bericht des Alpert von Metz erwähnt, dass sich die Gegner im Gaugrafenkrieg wiederholt des schnell errichtbaren Burgentyps der Motte bedienten. Es ist deshalb nicht unwahrscheinlich, dass die Aufschüttung der Aspeler Motte aus dieser Zeit stammt.

Älteren Berichten zufolge sollen auf der Motte Fundamente eines Turmes und eines Brunnens gestanden haben, die allerdings heute obertägig nicht mehr sichtbar sind.

Der urkundlich für 1470 überlieferte Abtransport von Basaltsäulen durch Reeser Bürger (s.o.) mag diese Nachrichten stützen, zumal Basalt in Verbindung mit Tuffstein im Rheinland seit dem ausgehenden 12. und im 13. Jh. als bevorzugter Baustoff für Burgen und Stadttore galt.

Die ältesten erhaltenen Gebäudeteile der ehemaligen Vorburg sind der zwiebelhaubenbekrönte Torturm und die beiderseits anstoßenden Schlossflügel, die 1722 im Stil des Barock über älteren Grundmauern erstellt wurden. Mit dem Übergang von Aspel an die Ordensgemeinschaft (1850) setzten neue Bauaktivitäten ein: Der Kölner Dombaumeister Vinzenz Statz errichtete 1856–1859 eine einschiffige neugotische Klosterkirche mit Querhaus, die 1927/28 um Seitenschiffe erweitert wurde.
Neue Gebäudeflügel entstanden 1891/93 und 1925 im Stil des Neubarock. Die alten Schlossflügel und der Torturm wurden 1908 um zwei Geschosse erhöht und mit Mansarddächern versehen.

Besucher können die Motte im Aspeler Meer über einen Steg von der ehemaligen Vorburg aus betreten. Die von der Ordensgemeinschaft genutzten Gebäude in der Vorburg stehen keinem geregelten Besucherverkehr offen.

3_Haus Balken

Fährt man von Xanten kommend auf der B 57 in Richtung Kleve und Kalkar, steuert man geradewegs auf Haus Balken zu. Unmittelbar vor dem Anwesen biegt die

Ort:	Xanten-Marienbaum, Kreis Wesel
Zustand:	Herrenhaus erhalten
Zugang:	Privatbesitz, kein Zugang
Anfahrt:	BAB 57 Abfahrt Alpen, B 67/B 57
Gaststätte:	–

Straße ab, führt in einer Kurve um dieses herum und kurz darauf in den Wallfahrtsort Marienbaum.

Im Klever Urbar von 1319 wird erstmals der *hof ten Balke* erwähnt. Anfang des 15. Jh. veranlasste Herzog Adolf von Kleve dort im Zusammenhang mit der Errichtung der Vynenschen Landwehr (1417) den Bau eines „festen Hauses“, das 1419 *getymmert steet tussen den tween slachboemen.* Hier, wo die Landstraße Kleve-Xanten die Landwehr kreuzte und eine Viehtrift über die Ley führte, diente das wasserumwehrte Haus Balken als Sicherungselement gegen Kurköln.

Ab 1419 wird im klevischen Lehnsregister Johan van der Maesen als erster Lehnsmann auf Haus Balken geführt. 1447 folgte ihm der Goldschmied Johan van den Hoevel. Nachdem dessen Sohn Derick 1456 den Besitz übernommen hatte, nannte sich die Familie anghen Balken. Von 1496 bis 1604 wurde die Familie Tack mit Balken belehnt, darunter auch Johann Tack, Richter zu Altkalkar. Als Peter Tack das im Verlauf des 80jährigen spanisch-niederländischen Krieges *mit brandt und sunsten beschedigte* Haus nicht selbst hatte wieder aufbauen können, verkaufte er die Ruine 1604 an seinen Schwager Adolff von Holt. Nach mehrfachem Besitzerwechsel erwarb 1657 Dietrich van der Brüggen Haus Balken von Judith von dem Birgel und baute es wieder auf. Erst 1776 mußte die Familie van der Brüggen das Rittergut schuldenhalber wieder veräußern.

Leutnant Wilhelm Heinrich van Essen ließ als neuer Besitzer den Gebäudekomplex grundlegend umgestalten. Da die Investitionen von über 10.000 Gulden die finanziellen Möglichkeiten van Essens erschöpft hatten, wurde der fertige Rohbau 1781 im Duisburger Intelligenzzettel zum Kauf angeboten, als *an der Landstraße bey Marienbaum sehr plaisant gelegenes Landguth Balken, worauf ein neues, sehr massives, ganz modernes Haus gebauet.* Der Xantener Bürgermeister Schwarz, der es für 6.610 Gulden erstand, veräußerte es 1784 an die Freiherren von Hertefeld. 1822 ging Haus Balken in den Besitz der verschwägerten Familie von Bothmer aus Hannover, von der es 1872 schließlich der Firmengründer Hubert Underberg erwarb, dessen Familie bis heute hier wohnt und die Anlage beispielhaft pflegt.

Das Hauptgebäude verdankt sein heutiges Aussehen im wesentlichen den Umbauten Ende der 1770er Jahre. Der auf rechteckigem Grundriss errichtete dreigeschossige Bau zeigt an seinen Längsseiten jeweils fünf Fensterachsen und über dem breiten, profilierten Gesims ein großes, mit Dachgauben und zwei Schornsteinen akzentuiertes Walmdach.
Die nördliche Hälfte des Hauses stammt in seinem aufgehenden, bis zu 1 m starken Mauerwerk noch aus dem 15. Jh. Archäologische und baugeschichtliche Untersuchungen ergaben, dass es sich hierbei um den zweiteiligen Haupttrakt der burgähnlichen Anlage handelt. Der westliche Teil mit dem tonnengewölbten Keller diente Wohnzwecken, während sich im Keller des östlichen Anbaus 1963 die Reste einer spätmittelalterlichen Kücheneinrichtung mit Backofen fanden. In diesem Küchenraum blieben die auf eine Mittelsäule und Gurtbögen gestützten Kreuzgewölbe bis heute unversehrt erhalten.
Diese Befunde bestätigen auch die ältesten Darstellungen von Haus Balken auf Karten des 18. Jh., die neben dem zweiteiligen Hauptgebäude auch die spätmittelalterlich-

Ansicht von Südwesten. Lithografie: Th. Albert nach H. Deiters, 1866/67.

frühneuzeitliche Gestaltung der Gesamtanlage wiedergeben. Den historischen Abbildungen zufolge gelangte man von der Vorburginsel, auf der sich nur ein einziges kleines Wirtschaftsgebäude befand, über eine hölzerne Brücke auf die mauerumwehrte Hauptburginsel. Neben dem freistehenden Portal befanden sich ein kleinerer Rundturm und ein zweigeschossiges Wirtschaftsgebäude. Das Hauptgebäude grenzte im Osten direkt an den heute verfüllten Graben. Eine anschließende Ringmauer, die 1989 bei Ausgrabungen bis zu ihrer Nordostecke nachgewiesen werden konnte, umschloss den etwa 10 m breiten Hofraum.

Nach 1776 ließ W. H. van Essen die baufällige Ringmauer und die nutzlos gewordenen Gebäude der Hauptburg abreißen. Das Hauptgebäude wurde nach Süden beinahe auf die doppelte Nutzfläche erweitert und die verputzten Fassaden durch neue Fensteröffnungen regelmäßig gegliedert. Dabei verdeckte die ehemalige südliche Außenmauer das mittlere Erdgeschossfenster der nun dreiachsig unterteilten Ostfassade zur Hälfte.
An der gartenseitigen Südfassade wurde eine hölzerne, vom Saal im Erdgeschoss zugängliche Veranda angebaut. Wohl in den 1890er Jahren wich die zierliche, streng klassizistische Empore einem von Ruinenromantik geprägten steinernen Terrassenbau. Um 1950 wurden umfangreichere Renovierungen durchgeführt, bei denen die Gartenterrasse ihre heutige Gestalt mit fünf schlichten Mauerbögen erhielt. Zum Abschluss der Arbeiten ersetzte man 1953 an der Südostecke auch die beiden, im Zuge eines kurzzeitigen Wintergartenanbaus (um 1890/1900) entfernten Ankersplinte, was zu der irreführenden Jahresangabe AO 1753 führte.

An der Westseite des Hauptgebäudes schließt, etwas nach Süden versetzt, ein kleinerer Seitenflügel an, in dem die einstige Hauskapelle untergebracht war. Um 1880 wurde dieser umgebaut und um ein weiteres Wohngeschoss erhöht. Ein belvedereartiger hölzerner Dachreiter ziert das Walmdach; 1953 wurde er erneuert und dient seit den 1980er Jahren auch als Glockentürmchen.

Als Ende des 18. Jh. ein englischer Landschaftspark angelegt wurde, schüttete man die Gräben teils zu oder verbreiterte sie teichartig.
Im Bereich der ehemaligen Vorburg entstand 1813 ein neuer Wirtschaftstrakt mit Remise, wodurch das alte Vorburggebäude überflüssig und für eine neue Zufahrt abgebrochen wurde.

Haus Balken ist einschließlich der Parkanlage für die Öffentlichkeit nicht zugänglich, kann aber recht gut von der Bundesstraße aus eingesehen werden.

4_Battenbergturm

Verlässt man Haldern auf der Klosterstraße Richtung Wertherbruch und biegt unmittelbar hinter dem östlichen Ortsausgang links ab, gelangt man zum Buschkampshof.

Ort:	Rees-Haldern, Kreis Kleve
Zustand:	Wohnturm erhalten
Zugang:	Heimatverein Haldern, Tel. 02850/7206
Anfahrt:	BAB 3, B 8, Haldern
Gaststätte:	-

Das Urbar über die Besitzungen und Einkünfte der Xantener Probstei enthält im 15. Jh. die erste Nachricht über den *Buschkamp* bzw. *Buyscamp*, als deren Besitzer Aleidis und Theodericus Ruhoff mit ihrem Sohn genannt werden. 1494 belehnte Herzog Johann II. von Kleve Amelong van Eyscharden (Esserden) mit dem Buschkampshof. Amelong stand als Harnischknecht in Diensten des Domprobstes und späteren Bischofs Philipp von Kleve, eines Bruders des Herzogs. Er machte Karriere, war seit 1494 Gerichtsbote und *wrandenmeister* in Haldern und wurde 1498 außerdem Richter in Rees und Aspel. Mit der Übertragung an Amelong war der Buschkamp zum adligen freien Gut erhoben worden und damit von allen landesherrlichen Schatzungen und Diensten befreit. Nur die Dechanei erhielt einen jährlichen Zehnt von 2 Schweinen, 3 Malter Hafer und 34 Denaren.

Offensichtlich beabsichtigte Amelong seinen neuen gesellschaftlichen Rang durch einen entsprechenden Wohnsitz äußerlich sichtbar zu machen. Er begann mit der Errichtung einer Burganlage, die mit ihren beiden etwa gleich großen rechteckigen Inseln im Klevischen Kataster von 1733 noch deutlich zu erkennen ist. In der Südostecke der nördlichen Burginsel baute Amelong auf etwa quadratischem Grundriss einen Wohnturm mit Untergeschoss und zwei Wohngeschossen. Die aus Feldbrandsteinen im Blockverband errichteten Mauern haben eine Stärke von 86 cm und messen an den Außenseiten etwa 7 m. Eine Schicht

Ansicht der Südseite mit Rautenmuster und Inschrift. Foto: J. Wroblewski, 2001.

im Sägeverband vermauerter Backsteine bildet das Dachgesims. In Höhe der Fensterbrüstung des Obergeschosses gliedert ein schlichtes, an den Ecken in Sandstein ausgeführtes Gurtgesims die Wandflächen. Auffällig ist das üppige Dekor aus glasierten Ziegeln. An der Südseite befindet sich über einem Rautennetz eine zweizeilige Inschrift, die einen abgekürzten Bibelspruch aus Jeremia 40,8 wiedergibt: *Verbum Domini Manet In Æternum* | Des Herrn Wort Bleibt In Ewigkeit. An der Ostseite wiederholt sich das Rautenmuster und daneben zeigt sich der selbstbewusste Bauherr im Harnisch, eine eingemauerte Kanonenkugel mit der erhobenen Rechten auffangend.

In einem gewissen Gegensatz zum effektvollen Ziegeldekor steht die übrige Bauausführung. So bestanden die Werksteingewände der gotischen Kreuzstockfenster bis zur Sanierung ausschließlich aus wieder verwendeten Stücken. Und auch die relativ

schwache Fundamentierung, deren Unterkante lediglich knapp 1 m unter dem heutigen Bodenniveau liegt, dokumentiert die Sparsamkeit des Bauherrn.
Im Innern entfaltete sich dennoch bescheidener Komfort, denn beide Wohnräume waren mit Kaminen ausgestattet, deren Hauben 1989 rekonstruiert wurden. Ungewöhnlich ist der Rauchabzug, der nicht über einen Schornstein, sondern durch vier quadratische Öffnungen unter dem Dachgesims der östlichen Außenmauer erfolgt. In der Ostwand des Erdgeschosses ist außerdem ein kleiner Abort eingelassen, der außen als flacher Anbau mit ummauertem Schacht vortritt.
Zeittypisch sind die auf Streichbalken und profilierten Sattelhölzern ruhenden Eichenbalkendecken in den Wohngeschossen.
Das Tonnengewölbe des etwa $^1/_2$ m in den Boden eingetieften, kasemattenartigen Untergeschosses erwies sich als zu schwach und wurde nachträglich mit zwei grob gemauerten Stützen unterfangen. In den feldseitigen Wänden sind fünf einfache Schießscharten mit Prellhölzern für Hakenbüchsen erhalten geblieben. Vermutlich existierte eine sechste Scharte an der Westseite, wo sich heute eine nachträglich eingebaute zweite Außentür befindet.
Ursprünglich war der Turm nur über die kurze Freitreppe und die leicht erhöhte Tür zum unteren Wohngeschoss zugänglich. Eine weitere Türöffnung im oberen Wohngeschoss lässt sich dadurch erklären, dass der Wohnturm nicht als freistehendes Gebäude konzipiert war: Zwei hohe senkrechte und auf Zahnung gearbeitete Mauerstreifen an der Nord- und Westseite zeigen an, dass hier weitere Gebäude oder eine Mauer mit Wehrgang anschließen sollten.

Warum Amelong van Eyscharden sein ehrgeiziges Burgprojekt nicht vollenden konnte, ist nicht bekannt – vermutlich stellten sich finanzielle Probleme ein. Auch fehlen nach 1504 jegliche Nachrichten zu ihm und dem Buschkampshof.
Erst für 1676/81 ist der Erwerb des Hofes durch die Freiherren von Wittenhorst-Sonsfeld belegt, die ihn 1810 in bürgerlichen Besitz veräußerten. 1984 pachtete der Heimatverein Haldern das Gebäude, das auf einer Karte von 1565 erstmals als Battenbergturm bezeichnet wurde, und setzte sich erfolgreich für dessen Restaurierung in den Jahren 1986–1991 ein. Heute befinden sich hier eine ortsgeschichtliche Ausstellung und das Archiv des Heimatvereins.

Die Spuren an Kaminen und Abort belegen, dass der Turm nur kurze Zeit bewohnt wurde. Die nachfolgende ausschließliche Nutzung als Stall und Speicher verhinderte gravierende Umbauten und Erweiterungen. So blieb der Battenbergturm – ähnlich wie der Berfes auf dem Raveshof – als einzigartiges, originales Beispiel eines weit verbreiteten Bautyps erhalten.

Die Darstellung des Bauherrn an der Ostseite; rechts eine der Schießscharten. Foto: J. Wroblewski, 2001.

5_Schloss Benrath

Etwa 10 km südöstlich der Düsseldorfer Altstadt liegt der Stadtteil Benrath mit seiner bekannten, einzigartigen Schloss- und Parkanlage.

Ort:	Düsseldorf-Benrath
Zustand:	Schloss und Park erhalten
Zugang:	Stadtverwaltung, Tel. 02 11/8 99 72 71
Anfahrt:	BAB 46/59, B8 (Benrather Schloßallee)
Gaststätte:	Schloß-Café Tel. 02 11/71 28 10

Seit dem hohen Mittelalter lag südlich des Dorfes ein „festes Haus" als adliger Wohnsitz der Herren von Benrode. Im 15. Jh. wurde dieses zu einer Wasserburg ausgebaut, nachdem 1380 der Besitz an die Herzöge von Berg übergegangen war. Seit 1405 diente er als Witwensitz, bis ihn 1614 Pfalzgraf Wolfgang Wilhelm von Pfalz-Neuburg erwarb.
Nach der Zerstörung im Dreißigjährigen Krieg ließ Jungherzog Philipp Wilhelm um 1651 nördlich der abgetragenen Burg einen lang gestreckten zweigeschossigen Putzbau, den so genannten Prinzenbau, errichten. In den Jahren 1660–1666 wurde dieser durch den Oberingenieur Johannes Lollio, gen. Sadeler, zu einer dreiflügeligen Hofanlage erweitert. In der Verlängerung der Mittelachse baute er im Osten eine von quadratischen Türmen flankierte Toranlage und im Westen ein neues, wasserumflossenes Herrenhaus.
Der zweigeschossige Bau, dessen Dach mit einem Belvedere abschloss und von zwei Türmen mit Schweifhauben überragt wurde, lag im Bereich des heutigen Spiegelweihers. Nach dem Tode des Kurfürsten Johann Wilhelm, der sich während seiner Regierungszeit 1679–1716 wiederholt zur Jagd in Benrath aufhielt, verfiel die Anlage. 1740 wurde das Herrenhaus durch einen Brand schwer beschädigt.

Erst 1752/53 wurde mit der Instandsetzung von Park und Schloss begonnen. Nicolas de Pigage, der auch die Schlossanlagen in Mannheim und Schwetzingen gestaltete, erhielt 1755 den Auftrag, in Benrath ein Lustschloss im französischen Stil zu errichten, das als vornehme ländliche Wohnung der privaten Erholung des Kurfürstenpaares dienen sollte. Zu einer solchen *maison de plaisance* gehörten auch Garten- und Wasseranlagen. Schloss Benrath ist europaweit die einzige Anlage, die in dieser ursprünglichen Gesamtheit erhalten ist.

Das *corps de logis* (Hauptgebäude) von Nordosten. Foto: Krefelder Fotofreunde, V. Lindgen.

Das alte, marode Wasserschloss wurde abgebrochen, während man die bisherigen Nebengebäude zu einem Wirtschaftshof umgestaltete. Im Prinzenbau, der nach 1761 als Orangerie genutzt wurde, blieben bis heute Teile der Innenausstattung – wie Fresken, Stukkaturen und Kamine – aus der 2. Hälfte des 17. Jh. erhalten.

Das neue, in Formen des Barock und Rokoko gestaltete Hauptgebäude (*corps de logis*) befindet sich etwa 300 m nördlich des Vorgängerbaus. Von außen erscheint es eingeschossig, mit einem mansardartig geschweiften und von Gauben gegliederten Dach. Hinter den hohen, kostbar ausgestatteten Repräsentationsräumen und kurfürstlichen Privatgemächern verbergen sich jedoch vier niedrigere Geschosse, deren Räume um zwei ovale Innenhöfe gruppiert sind.

Der runde Kuppelsaal, der an der südlichen Gartenseite risalitartig hervortritt und von einem Belvedere auf dem Dach bekrönt wird, stellt den zentralen Bezugspunkt für die Hauptachsen der Gesamtanlage dar. In der nach Süden verlängerten Mittelachse erstreckt sich der kanalähnliche, 470 m lange Spiegelweiher, während südwestlich ein erhöhter Aussichtsplatz am Rheinufer liegt.

Nördlich des Hauptgebäudes liegt der große Schlossweiher, um den im Bogen die Benrather Schloßallee (B 8) herumführt. Zwischen den an der Straße gelegenen Torhäusern und dem Hauptgebäude begrenzen die beiden breitgelagerten Kavaliersgebäude den Blick über die Wasserfläche. Die dreiflügeligen Bauten umschließen jeweils einen von Arkaden gesäumten Innenhof und dienten zur Unterbringung des kurfürstlichen Gefolges, das durch unterirdische Gänge in das Hauptgebäude gelangen konnte.

Im 19. Jh., als sich die Schlossanlage im Besitz des preußischen Königshauses befand, wurden in den Kavaliersbauten Wohnungen für Offiziere der Benrather Garnison eingerichtet. Nachdem die Gemeinde Benrath 1911 das Schloss mit Park und Domäne erworben hatte, wurde die Anlage neuen Nutzungen zugeführt. Park und Hauptgebäude sind in weitgehend unveränderter Form als Schlossmuseum Besuchern zugänglich.
Ettliche bauliche Veränderungen erfuhren das östliche Kavaliersgebäude durch seine Nutzung als Gymnasium (bis 1980) und das östliche Torhaus durch den Einbau eines Cafés. Das restaurierte Erdgeschoss des westlichen Kavaliersgebäudes beherbergt wie das benachbarte Torhaus seit 1979 das Naturkundliche Heimatmuseum.

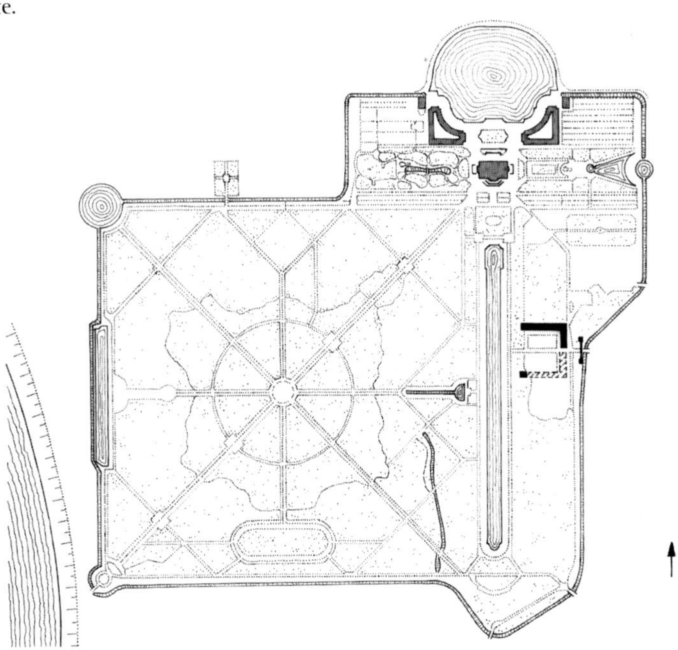

Lageplan mit dem heutigen Baubestand; schwarz=altes Schloss (1660–1666), gestrichelt schraffiert=abgebrochen, gerastert=neues Schloss (1755–1770); Umzeichnung BfB.

6_Schloss Bloemersheim

Auf halbem Wege zwischen Neukirchen-Vluyn und Rheurdt-Schaphuysen liegt malerisch Schloss Bloemersheim inmitten eines großen Landschaftsparks.

Ort:	Neukirchen-Vluyn, Kreis Wesel
Zustand:	Schloss und Park erhalten
Zugang:	Privatbesitz, Außenbesichtigung
Anfahrt:	BAB 40, Neukirchen-Vluyn
Gaststätte:	-

Die 1406 erstmals erwähnte Anlage war zunächst nur ein befestigter Hof in Adelsbesitz. Erst im Laufe des 15. Jh. wurde das seit 1440 als moersisches Lehen belegte Gut zum landtagsfähigen, freiadligen Rittersitz. Besitzer war zu dieser Zeit die Familie Balderichs. Durch Heirat ging es 1539 an die Familie von Honnepel und 1667 an die Familie von Palden.
Nach der Besetzung des Rheinlands durch die französische Armee 1794 wurde in Bloemersheim ein Truppenlazarett eingerichtet. Die daraus resultierenden Schäden und der Verlust der adligen Privilegien, insbesondere der Steuerfreiheit, zwangen die Familie von Palden ihren Stammsitz zu verkaufen. 1802 erwarb der Krefelder Seidenindustrielle Freiherr Friedrich Heinrich von der Leyen das Wasserschloss, das bis heute von seiner Familie bewohnt und bewirtschaftet wird.

Archäologisch konnte nachgewiesen werden, dass Bloemersheim seit dem 14. Jh. besteht. 1970 wurden die bei Bauarbeiten freigelegten Teile der Pfahlgründungen untersucht, auf denen die Schlossfundamente ruhen. Die dendrochronologische Bestimmung der Rotbuchenstämme ergab einheitlich das Fällungsjahr 1354. Bei umfangreichen Ausgrabungen wurden 1983 unter anderem Fundamentreste aus Backstein entdeckt, die möglicherweise von einem kleineren, mehrfach erweiterten Wohnturm stammen, der im Zentrum einer wasserumgebenen Insel von 25 m Durchmesser stand.

Im 15. Jh. baute man die Anlage zeitgemäß und komfortabel aus: Am Rand der Grabeninsel wurde ein neues, zweiflügeliges Herrenhaus mit Kaminen und Aborterkern errichtet und der Wohnturm abgebrochen. Kleinere Gebäude umschlossen den so entstandenen Hauptburghof zur Vierflügelanlage. Die Vorburg war dreiseitig bebaut und besaß an der seitlichen Zufahrt ein steinernes Torhaus.
Ende des 16. Jh. wurde die Burg schwer zerstört und verändert in der bis heute bestehenden lang gestreckten Form mit zwei Ecktürmen wieder aufgebaut. Auch die Vorburg wurde erneuert und verstärkt, nachdem sie 1602 von einer moersischen Kommission besichtigt und als zu schwach befestigt befunden worden war. Außerdem legte man einen zusätzlichen Außengraben und Geschützbastionen an, die zum Teil noch an den heutigen Garteninseln erkennbar sind. Durch diesen massiven Ausbau der Befestigungsanlagen erlangte Bloemersheim eine militärstrategische Stärke, die nur wenige rheinische Wasserburgen auszeichnete und sie den Dreißigjährigen Krieg unbeschadet überstehen ließ.
Um 1750 wurde die trutzige Wasserburg zu einer offeneren und moderneren Schlossanlage ausgebaut. Die Nebengebäude an der Süd- und Ostseite der Hauptburg wurden abgebrochen und der Graben zwischen den beiden Burginseln zugeschüttet, wodurch ein repräsentativer Vorplatz entstand. Das Herrenhaus erhielt an der Hoffassade einen neuen Haupteingang mit Freitreppe, und die bisherigen Vorburggebäude wurden durch größere Neubauten ersetzt. Schließlich wurde das Erscheinungsbild des Schlosses durch neu angelegte Gärten abgerundet.

Als 50 Jahre später die Familie von der Leyen die Anlage erwarb, war nach dem Abzug der französischen Besatzungstruppen wohl kaum mehr etwas vom einstigen Glanz der Anlage verblieben. Umfangreiche Renovierungen waren erforderlich, das Herrenhaus erhielt einen neuen Außenputz

in mattem Rosa mit weiß aufgemalten Fugen. Mitte des 19. Jh. genügten die vorhandenen Räumlichkeiten den gestiegenen Komfortansprüchen seiner Bewohner nicht mehr. Deshalb erweiterte man das Herrenhaus hofseitig durch ein Treppentürmchen und zwei Seitenflügel, die unter anderem auch eine Bibliothek beherbergten. Der schlanke Nordturm erhielt einen malerischen, romantisierenden Zinnenkranz, der leider Ende der 1950er Jahre „korrigierend" wieder abgebrochen und durch eine schlichte Schweifhaube ersetzt wurde. Historisierend wurden auch die Fenster weitgehend mit gotisierenden Spitzbögen und das ganze Gebäude mit einem graublauen Putz versehen. Entsprechend glich man die Vorburggebäude stilistisch dem Herrenhaus an und erneuerte die originale Wippbalkenbrücke. 1889 erfuhr das Herrenhaus seine letzte Erweiterung mit dem Bau eines Seitentraktes, der den Bibliotheksflügel nach Norden verlängerte und die nötigen Räumlichkeiten für die Einrichtung von Gästezimmern und einem Salon bot.
In den folgenden Jahrzehnten wurden die Gebäude stetig gepflegt, nach Bedarf renoviert und behutsam modernisiert. Mitte der 1950er Jahren wurde die Sanierung der Fundamente erforderlich – insbesondere beim großen Hauptturm mit dem laternenbekrönten Pyramidendach. 1981/82 wurden in Abstimmung mit der Denkmalpflege die Wirtschaftsgebäude im Vorburgbereich ausgebaut und erweitert sowie die alte Brücke restauriert.

Doch trotz vorbildlicher Pflege und optimaler traditioneller Nutzung der Anlage zu Wohn- und Wirtschaftzwecken drohte Schloss Bloemersheim 1983 die Totalzerstörung. Durch den Abbau von Steinkohle in einer Tiefe von 500–600 m unter dem Schloss war eine Absenkung des Geländes um etwa 3,25 m zu erwarten. Da dies jedoch nicht gleichmäßig sondern in Wellen geschieht, konnte das große Schlossgebäude die wechselnden Schräglagen und die sich daraus ergebenden Zerrungen und Pressungen nicht ohne größere Schäden überstehen. Das Hauptgebäude wurde deshalb vertikal in acht Segmente zerschnitten, die aufwendig gesichert den exakt berechneten Kräften standhalten konnten. Die bis zu 20 cm breiten Dehnungsfugen wurden nach Beendigung der Bergbewegungen 1989 wieder bündig ausgemauert. Durch die beispielhafte Zusammenarbeit der Eigentümerfamilie, der Denkmalpflege und der Bergbau AG Niederrhein konnte Bloemersheim gerettet werden.

Das Hauptgebäude von Süden. Foto: Krefelder Fotofreunde, Ulrich Treken.

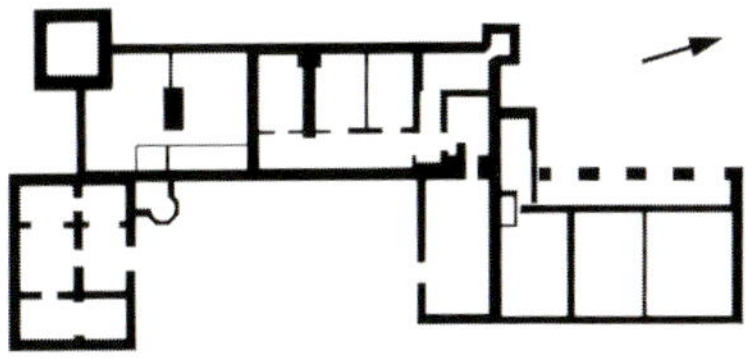

Grundriss des Hauptgebäudes. Umzeichnung BfB nach H. Herzog, 1990.

7_Burg Bocholtz

Wenn man von Boisheim oder von der Autobahnabfahrt Nettetal über die Umgehungsstraße Richtung Hinsbeck fährt, sieht man rechts des Weges die östlich von Lobberich gelegene, hoch aufragende Turmruine von Burg Bocholtz.

Ort:	Nettetal-Lobberich, Kreis Viersen
Zustand:	Turmruine und Torhaus erhalten
Zugang:	Privatbesitz, Außenbesichtigung
Anfahrt:	BAB 61 Abfahrt Nettetal
Gaststätte:	–

Die 1096 erstmals urkundlich erwähnte Burg Bocholtz lag unweit einer alten Heerstraße, die von Nijmegen kommend über Krickenbeck und Hinsbeck nach Dülken und weiter Richtung Aachen führte. Als geldrisches Lehen, zu dem auch die beiden kleinen Siedlungen Ober- und Niederbocholt gehörten, war die Burg Stammsitz einer gleichnamigen Familie. 1748 erbten die Freiherren Mirbach zu Harff die Bocholtzer Güter, doch schon wenige Jahre später wurde die Burg zerstört. Die genauen Umstände, die dazu führten, sind nicht überliefert, doch scheint die Anlage ein Opfer des Siebenjährigen Krieges (1756–1763) geworden zu sein.
Während sie 1760 noch als „festes Haus" und Rittergut Erwähnung fand, wurde sie 1780 als abgetragen beschrieben.

Tatsächlich brach man die Burg aber nicht völlig ab, denn bis Ende des 19. Jh. blieben noch weite Teile der Burggebäude in ihren Fundamentresten erkennbar, die heute jedoch verschwunden sind. Erhalten blieben hingegen das spätgotische Torhaus der Vorburg und die Ruine des so genannten Kaiserturms.

Der Kaiserturm erhielt seinen Namen wohl im frühen 19. Jh., als man versuchte, den im 14./15. Jh. errichteten Bau zeitlich einzuordnen und ihn fälschlicherweise auf Karl den Großen zurückführte. Ende des 19. Jh. war er noch weitgehend erhalten und in seiner schlichten Gestaltung mit dem leicht vorgekragten Zinnenkranz gut erkennbar. Lediglich die Nordostecke war in ganzer Höhe weggebrochen.
Paul Clemen berichtet, dass das Terrain um den Turm 2 m tiefergelegt wurde und infolgedessen das Kellergeschoss mit den Fundamenten weitgehend freilag. Wahrscheinlich beeinträchtigte die Abgrabung des ehemaligen Burghügels die Standfestigkeit des Turms derart, dass er 1905 einstürzte – just zu dem Zeitpunkt, als Provinzialausschuss, Kreis und Gemeinde gerade das nötige Geld für die Sicherung und Erhaltung bereitgestellt hatten.
So steht heute nur noch die Nordwestecke wie ein mahnend erhobener Zeigefinger.

Ansicht von Südwesten. Foto: J. Wroblewski, 2001.

Den Zustand vor dem Einsturz dokumentieren eine 1891 von Paul Clemen veröffentlichte Zeichnung und eine etwa zeitgleich aus entgegengesetzter Blickrichtung aufgenommene Fotografie, die beide recht genaue Aussagen über den Turm und die angrenzenden Burgbauten ermöglichen.
Nach Angaben von Paul Clemen zeigte der auf quadratischem Grundriss errichtete Backsteinturm eine Seitenlänge von 7,4 m und eine Höhe von 21,5 m. Die Mauerstärke betrug im Kellergeschoss etwa 2 m. Keller und Erdgeschoss besaßen jeweils ein gotisches Kreuzrippengewölbe und die drei Obergeschosse Holzbalkendecken. Die Aus-

stattung der Obergeschossräume mit Kaminen bestätigt die für das 17. Jh. archivalisch belegte Nutzung zu Wohnzwecken.
In der Südseite befand sich der große spitzbogige Eingang, der später bis zu einer fensterartigen Öffnung verkleinert wurde. Links oberhalb des Eingangs führte eine in die Westmauer eingebaute Treppe nach oben, wohl in das 1. Obergeschoss. Von dort war der überdachte Wehrgang der südlich anschließenden Ringmauer zugänglich.
Auch an der Westseite stand der Turm mit der Ringmauer im Verbund, an die sich ein wohl nachträglich errichtetes, mehrgeschossiges Torhaus lehnte. Deutlich sind auf der Zeichnung noch die Balkenlöcher der Geschossdecken und der Dachansatz zu erkennen. Der heute noch in Resten erkennbare Ansatz der Ringmauer schloss unten mit dem einstigen Torbogen ab.

Die Ruine des Kaiserturms markiert folglich lediglich die Nordostecke der mauerumwehrten Hauptburg, an deren Westseite das Burghaus mit Saal, Küche, großem Söller und Ecktürmen stand.

Die nördlich gelegene Vorburg wurde im 19. Jh. mit den bis heute bestehenden Gebäuden eines Gehöfts überbaut. In den neuzeitlichen Komplex bezog man das um 1450 errichtete Torhaus ein. Dieser hübsche zweigeschossige Backsteinbau besitzt an allen vier Ecken vom Dachgeschoss aus zugängliche, dekorative Erkertürmchen, die mit Mergelsteinbänderungen und Kleeblattbogenfriesen verziert sind. Die feldseitigen Außenmauern weisen außer dem schlichten, spitzbogigen Tor nur kleine Fensteröffnungen und Schlitzscharten auf, was die Wehrhaftigkeit betont. Die großen werksteingerahmten Kreuzstockfenster an der Hofseite belegen die Nutzung der beiden mit Aborterker und Kamin ausgestatteten Obergeschossräume auch zu Wohnzwecken.
Von der tonnengewölbten Tordurchfahrt aus gelangt man in den östlich angrenzenden kreuzrippengewölben Raum, in dem sich die 1678 genannte Kapelle befand. Der Wandschrank mit zierlich profilierter Tuffsteinrahmung mag zur Aufbewahrung kirchlicher Geräte gedient haben. Bereits 1531 wird eine Kapelle erwähnt, von der man allerdings annimmt, dass sie sich im Erdgeschoss des Kaiserturms befand und vor 1624 auf die Vorburg verlegt wurde.

Der Kaiserturm von Südwesten.
Zeichnung: P. Clemen, 1891.

Torhaus d. Vorburg v. Nordwesten. Foto: J. Wroblewski, 2001.

8_Burg Boetzelaer

Direkt neben der von Kalkar nach Rees führenden B 67 liegt an einem Altrheinarm die seit 1992 im Wiederaufbau begriffene Burg Boetzelaer.

Ort:	Kalkar-Appeldorn, Kreis Kleve
Zustand:	Haupt- und Vorburg teilweise erhalten
Zugang:	Privatbesitz, ab 2003/4 Öffnung
Anfahrt:	B 58, Kalkar-Appeldorn, Reeser Straße
Gaststätte:	Op den Huck, Tel. 02824/2207

1256 wird ein Wessel van den Boetzelaer zusammen mit seinen Söhnen urkundlich genannt. Eine gleichnamige Burg ist erst für 1265 bezeugt. Im 13./14. Jh. gelang es den Herren van den Boetzelaer, ein umfangreiches Besitztum anzuhäufen, teils als freies Eigengut, teils als Lehen. Parallel hierzu wuchsen Macht und Ansehen dieser Adelsfamilie.

Ihre Burg, ebenfalls ein allodialer Besitz und eine der größten Burgen am Niederrhein, war für die unabhängige Stellung der Familie sowohl in symbolischer als auch machtpolitischer Hinsicht von enormer Bedeutung. Diese Machtbasis ermöglichte es den Herren von Boetzelaer, auf diverse politische Entscheidungen sowohl in der Grafschaft Kleve als auch im Erzbistum Köln Einfluss zu nehmen, ohne sich dauerhaft an eine Partei zu binden.
Diese unabhängige Stellung musste langfristig den Bemühungen der Grafen von Kleve, ihre Landesherrschaft auszubauen, im Wege stehen. Rutger III. van den Boetzelaer war sich dieser prekären Situation bewusst und suchte daher im letzten Drittel des 14. Jh. verstärkt die Nähe des Kölner Erzbischofs. Indem er diesem 1379 seine Burg zu Lehen auftrug, wurde er zwangsläufig in die Fehden zwischen Kurköln und Kleve verwickelt. 1380 gelang es Mannen des Klever Grafen, ihn in der Stadt Köln gefangen zu nehmen. Als Köln und Kleve 1381 einen Friedensvertrag abschlossen, wurde Rutger III. auf Betreiben des Grafen von Kleve hiervon ausgenommen. 1385 musste er der Stadt Köln und dem Klever Grafen Urfehde schwören. Als zehn Jahre später der klevische Rentmeister Adolf von Suytkamen ermordet wurde, bezichtigte man Rutger III. van den Boetzelaer der Mordanstiftung. Nachdem ihn der Graf von Kleve an der Schöffenbank zu Altkalkar anklagen ließ, verschanzte sich der Beschuldigte in seiner Burg, die er vorsorglich mit einem Geschütz verstärkte. 1396 belagerte der Klever Landdrost Adolf von Wylich erfolgreich die Burg Boetzelaer. Rutger III. verlor hierdurch auf einen Schlag seinen gesamten Besitz, seine hohe soziale Stellung und sein Ansehen. Er musste Urfehde schwören und durfte die Grafschaft Kleve sowie die Städte Arnheim, Nimwegen, Geldern und Goch nicht mehr betreten. Ein Jahr später erhielt sein Sohn Wessel die Burg zu Appeldorn, nun jedoch als klevisches Lehen, zurück. Die Familie verwand diese Niederlage niemals, obwohl sie 1417 das Erbschenkenamt des Herzogtums Kleve verliehen bekam und sie weiterhin eine führende Position in der klevischen Ritterschaft einnahm. Im 15. Jh. spaltete sich die Familie in zwei Linien auf, von denen sich eine in den Niederlanden niederließ. Dort leben noch immer ihre Nachkommen.

Burg Boetzelaer von Norden. Der erhaltene Flügel (Palas) und der Rundturm wurden in der 1. Hälfte des 14. Jh. erbaut. Foto: Baron von Wendt, 1998.

Die Burg Boetzelaer gelangte nach dem Aussterben der klevischen Linie im 17. Jh. an die Freiherren von Wylich und im 18. Jh. an die Herren von Hertefeld. Anfang des 19. Jh. kam das Anwesen an die Familie Gülcher. Abbrüche im 19. Jh. reduzierten die Burg auf ihren heutigen Umfang. Schäden, die das Gebäude im 2. Weltkrieg erlitt, waren bald behoben, jedoch kümmerte sich der Eigentümer fortan nicht mehr um den Erhalt der Anlage, die daraufhin zur Ruine verfiel. Lediglich die Vorburg diente ab 1950 noch Wohnzwecken.
1978 kaufte der heutige Eigentümer, Maximilian Freiherr von Wendt, die ruinöse Wasserburg und ließ die Vorburggebäude sukzessive sanieren. 1992 begannen, später begleitet von Burgenforschern und Archäologen, die Arbeiten zum Wiederaufbau der Burgruine.
Die vielfältigen Erkenntnisse der Bauforschung können hier nur in gekürzter Form wiedergegeben werden.

Die Ursprünge der Burg reichen wohl nicht über das 13. Jh. hinaus. Dieser Zeit gehört ein archäologisch aufgedeckter quadratischer Wohnturm an der Südecke der Hauptburginsel an. Ihm war südlich eine lang gestreckte Vorburg mit Zugang im Osten vorgelagert. In der 1. Hälfte des 14. Jh. bezog man den Wohnturm in den Verlauf einer unregelmäßig angelegten Ringmauer ein. Die neue Burganlage zeigte drei Rundtürme an den Außenecken, einen großen Palas an der nordwestlichen Hofseite und ein Burgtor im Süden. Wohl zeitgleich erfolgte die Aufstockung des alten Wohnturms zu jenem schlanken Bergfried, wie er in Abbildungen des 17./18. Jh. mehrfach überliefert ist.
In Folge einer Erbschaftsteilung entstanden 1316 in der Vorburg zwei neue wehrhafte Wohnhäuser für die jüngeren Brüder des Burgherrn Rutger II. als vererbbare Burglehen. 1360 mussten sich die Erben eines der Häuser verpflichten, dieses nicht weiter zu befestigen und dem Burgherrn daraus keinen Schaden zuzufügen. Diese „Burgen" in der Burg fielen noch im 14. Jh. an die Hauptlinie zurück.

Im 15. Jh. erreichte die Anlage durch neue Ausbauten ihre größte Ausdehnung, wie die Erwähnung einer zweiten Vorburg im Jahr 1439 belegt. Um 1560 wurden Haupt- und Vorburg modernisiert. Aus dieser Umbauphase blieben Reste eines Renaissancekamins erhalten, dessen kunstvoll verzierter Fries der Werkstatt des Kalkarer Bildhauers Arnt van Tricht entstammt. Damals wurde nicht nur eine repräsentative Torhalle errichtet, sondern der gesamte Innenhof der Hauptburg durch massive Aufschüttung „eingemottet". Ursache dieser Maßnahme, die das Erdgeschoss des Palastraktes in einen Keller umfunktionierte, mögen Hochwasserschäden gewesen sein.
Im 17. Jh. folgten weitere Modifikationen, diesmal im Stil des Barock: das Haupthaus wurde zur Vorburg hin durch Abbrüche geöffnet, an der Südwestseite entstand ein dritter Flügel und im Innenhof eine offene Galerie mit Mittelrisalit. Nach erneuten Abbruchtätigkeiten im 19. Jh. (u.a. Bergfried, östliche Hälfte des Palas) wurde das Haupthaus zu einem klassizistischen Schloss umgebaut.

Ansicht von Westen im Jahr 1746 nach J. de Beijer. Rechts der damals noch intakte Wohnturm aus dem 13. Jh., rechts daneben die ehem. Vorburg.

Unter Wahrung der Originalsubstanz und Hinzufügung moderner Architekturteile wird die Burg bis 2003/04 wieder aufgebaut und anschließend für öffentliche und kulturelle Veranstaltungen zugänglich gemacht.

9_Schloss Borbeck

Im Westen der Stadt Essen liegt Schloss Borbeck, malerisch eingebettet in einen etwa 17 ha großen historischen Park, der für Bürger und Besucher frei zugänglich ist.

Ort:	Essen-Borbeck
Zustand:	Haupthaus und Park erhalten
Zugang:	Ausstellungen, Tel.: 0201/8844217
Anfahrt:	BAB 40, B 231, Schloßstraße
Gaststätte:	Schlossrestaurant, Tel. 0201/681425

Die Geschichte des Schlosses geht auf einen Oberhof des Damenstifts Essen zurück. 1227 war der Hof Borbeck im Besitz des Ritters Hermann, mit dem das Stift wegen ausstehender Abgaben im Streit lag und dem man die Verwaltung des Hofes Borbeck anvertraut hatte. Ursache für den Streit könnte eine beabsichtigte Entfremdung des geistlichen Besitzes durch den weltlichen Ritter gewesen sein. Nachdem sich die Äbtissin Adelheid mit Hilfe des Reichsvogts Adolf von Gymnich durchgesetzt hatte, erhielt Hermann den Hof nur über ein jährlich befristetes Pachtverhältnis.
Im Verlauf des 13. Jh. begannen die Äbtissinnen des Stiftes eine Territorialherrschaft aufzubauen. Hierzu vollzogen sie, entsprechend ihrer herausragenden Position, eine räumliche Trennung vom Stift in der Stadt Essen. 1288 erwarb die Äbtissin Berta von Arnsberg den Oberhof Borbeck von den Rittern Hermann und Wenemar von Altendorf, an die der Hof wohl verpfändet war. Seit Anfang des 14. Jh. diente Borbeck als bevorzugte Residenz der Äbtissinnen, die hier Urkunden ausstellten und sogar Münzen prägen ließen.
Wann wir mit einer ersten befestigten Wohnstatt, mit einer Burg in Borbeck zu rechnen haben, ist ungeklärt. Eine Burg wird erst 1372 ausdrücklich genannt. Im 15. Jh. wurde das Essener Damenstift durch Doppelwahlen erschüttert, da wiederholt mehrere Kandidatinnen um den Äbtissinnenposten konkurrierten.

Im Zuge dieser Wahlkämpfe wurde 1426 und 1441 die Burg Borbeck erfolglos belagert. 1493 gingen bei einem Überfall das Torhaus und Stallungen in Flammen auf.

1590 zerstörten Spanier die Burg, die jedoch bald wiederhergestellt und 1594 weiter ausgebaut wurde. Mitte des 17. Jh. erneuerte man unter Fürst-Äbtissin Anna Salome von Salm-Reifferscheidt das Haupthaus von Grund auf. Seine jetzige Gestalt verdankt das Schloss allerdings den Um- und Ausbauten der Äbtissin Franziska Christine von Pfalz-Sulzbach um 1744.

Ansicht der Hauptburg von Norden. Foto: J. Wroblewski, 2001.

Nach der Säkularisierung des Stiftes zu Beginn des 19. Jh. wurde Schloss Borbeck verpachtet. Mehrfache Besitzerwechsel folgten, bevor 1826 der Reichsfreiherr Clemens von Fürstenberg das Schloss kaufte. Die Familie ließ das Schloss in Stand setzen und 1842 durch den Essener Architekten Heinrich Theodor Freyse ein klassizistisches Wirtschaftsgebäude errichten.
1941 kaufte die Stadt Essen das Schloss, das den 2. Weltkrieg unbeschadet überstanden hatte, und unterzog es 1958 und 1960–1966 intensiven Restaurierungsmaßnahmen. Unter weitgehender Preisgabe der historischen Innensubstanz zu Gunsten einer optimierten Gebäudenutzung reduzierte man das Baudenkmal auf seine Fassade.

Seit 1983 steht das bewirtschaftete Schloss den Bürgern Borbecks als Kulturzentrum und Begegnungsstätte zur Verfügung.

Bis ins 19. Jh. war das Schloss eine in Hauptburg und Vorburg zweigeteilte mittelalterliche Wasserburg. Die rechteckige Vorburg, auf deren Areal seit 1842 das klassizistische Wirtschaftsgebäude (b) steht, liegt nördlich des Haupthauses (a).

Aktuelle Untersuchungen zur Geschichte des Schlosses und seiner Bewohner erbrachten u.a. auch neue Aspekte zu dessen Baugeschichte. Demnach geht das heutige Haupthaus (a) in seinem vorderen Teil, mit den beiden Ecktürmen und dem geschweiften Nordgiebel, auf ein quadratisches (16x18 m) dreigeschossiges Wohngebäude aus Bruchsteinmauerwerk zurück, das Mitte des 17. Jh. unter der Äbtissin Anna Salome von Salm-Reifferscheidt erbaut worden war. Die quadratischen Ecktürme und das Gebäude waren durch Eckquaderungen betont, die jetzt unter dem weißen Außenputz liegen. Vermutlich ab 1744 wurde das Schloss um fünf Fensterachsen nach Süden hin verlängert, wodurch es seine heutige Außengestalt erhielt. Das farbig gefasste Wappen der Bauherrin, Fürst-Äbtissin Franziska Christine von Pfalz-Sulzbach, schmückt den Nordgiebel.

Das Schloss ist in seinem Inneren, mit Ausnahme einiger Kellergewölbe, eine Schöpfung des 20. Jh. Von der alten Innenausstattung blieb fast nichts erhalten. Zu nennen sind eine gusseiserne Kaminplatte mit dem Wappen der Äbtissin Bernardine Sophia von Ostfriesland (1694) sowie einige aus Schloss Horst bei Gelsenkirchen stammende verzierte Architekturfragmente des 16. Jh.

Über die Borbecker Burgbauten des Spätmittelalters und der Renaissance ist so gut wie nichts bekannt. Während diverser Bauvorhaben kamen in den zurückliegenden Jahrzehnten wiederholt aussschnitthaft archäologische Befunde zu Tage, die sich nur schwer in einen größeren baugeschichtlichen Kontext einordnen lassen. Hinweise auf eine Motte als Vorgängeranlage bleiben, ähnlich wie in Neersen, in Ermangelung konkreter Belege sehr fragwürdig.

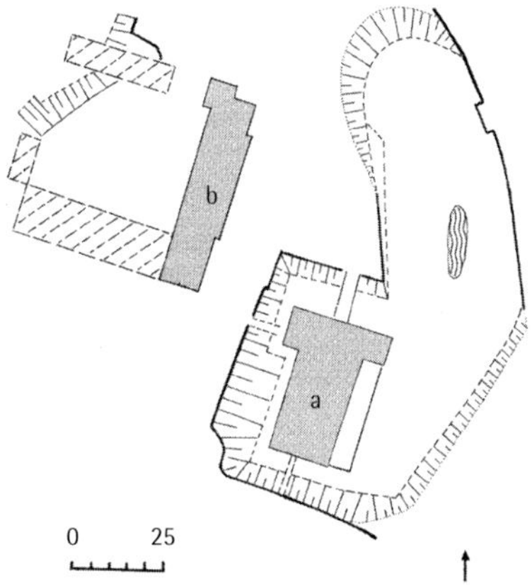

Lageplan von Schloss Borbeck. grau gerastert sind die erhaltenen, schraffiert die verschwundenen Baulichkeiten. a–b=Bauteile, siehe Text. Zeichnung: Stadtarchäologie Essen, 1999.

10_Schloss Borghees

Am Rande der Stadt Emmerich, pittoresk in der Nähe eines Wäldchens, liegt das Haus Borghees, das in der Bevölkerung liebevoll Schlösschen Borghees genannt wird. Eng

Ort:	Emmerich-Borghees, Kreis Kleve
Zustand:	Haupthaus und Graben erhalten
Zugang:	Tel. 02822/93990
Anfahrt:	BAB 3, B 220, Hüthumer Straße
Gaststätte:	Waldschlößchen, Tel. 02822/70722

mit der Geschichte des Anwesens verbunden sind die Legenden um Schön Kätchen, der Reichsgräfin Catharina von Wartenberg (†1734). In einer Ballade heißt es:

So hupft sie durch Preußens Betten,
Tanzt' im Berliner Schloß.
Abends saß sie, willst du wetten,
Auf des Fürsten breitem Schoß.
Auch in Emm'rich wollt sie zeigen,
Daß sie war 'ne Baroness,
Und watt Feines hat zu eigen,
So entstand datt Haus Borghees.

Realer Hintergrund der verleumderischen Berichte ist folgender: 1673 zog Catharinas Vater Christoffel Rickers, der kurbrandenburgische Zollinspektor und Weinbestellmeister des kurfürstlichen Hofes, mit seiner Familie nach Emmerich, wo sie in einem Gebäude neben dem Rathaus lebten. 1678 kaufte Rickers das Gut Borghees und ließ zwei Jahre später auf dessen Grund das heutige Schlösschen als eingeschossiges Landhaus errichten. Als solches diente es der Familie, bis Christoffel Rickers im Dezember 1690 starb. Die 20jährige Catharina, die im Mai 1690 geheiratet hatte und nach Berlin gezogen war, erbte das Anwesen, ließ es jedoch von ihrem Vetter Johann verwalten. Dessen Enkel, Johann Peter Reinhard von Rickers, Bürgermeister der Stadt Emmerich, baute Mitte des 18. Jh. das Landhaus in seiner heutigen zweigeschossigen Form aus.

Nach dessen Tod 1804 ging Borghees in weiblicher Erbfolge an die niederländische Familie Thooft und 1902 an die Jonkheeren Bosch van Rosenthal. 1838 pachtete Peter Reyers das Gut Borghees und betrieb neben der Landwirtschaft und einer Käserei in den Räumen des Schlösschens eine Gastwirtschaft, die seit 1907 von der Familie Braam weitergeführt wird (heute in einem Nachbargebäude). 1955 wurde das Gut an die Siedlungsgesellschaft Rheinische Heimat verkauft, die es in drei Höfe aufteilte. 1957 erwarb die Familie Braam das Schlösschen, 1964 der Kreis Rees, der Anfang 1975 im Kreis Kleve aufging. Kurz darauf kam es in den Besitz der Stadt Emmerich, die die Räume seit 1982 für Ausstellungen, kulturelle Veranstaltungen und Trauungen nutzt. Bekannt ist auch der jährlich am 2. Adventssonntag hier stattfindende kunstgewerbliche Weihnachtsmarkt.

Schlösschen Borghees von Westen. Foto: Sammlung A. Wemmers, um 1985.

Eine 1731 entstandene Zeichnung des niederländischen Malers und Zeichners Cornelis Pronk (1691–1759) zeigt die ursprüngliche Gestalt: einen eingeschossigen Backsteinbau mit einem vorgesetzten Türmchen, das mit einer barocken Zwiebelhaube abschließt. Aus der Erbauungszeit stammt das 1680 datierte bürgerliche Allianzwappen der Familien Rickers und Raab oberhalb der Eingangstür. Die Hauptfassade des sonst schlichten Gebäudes wird heute durch sechs Pilaster gegliedert.

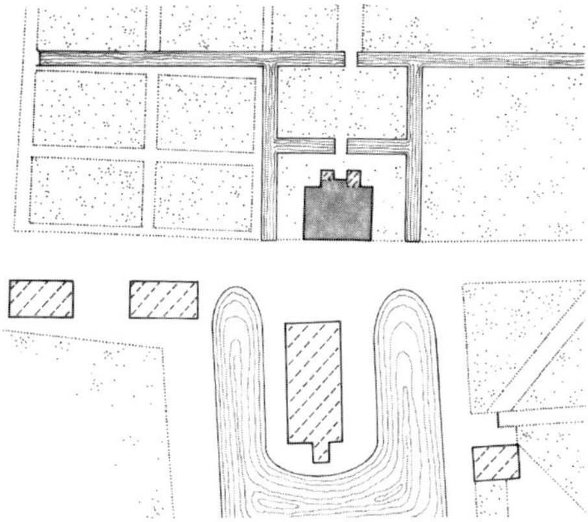

Lageplan nach der Katasterkarte von 1818; schraffiert= verschwundene Bauteile. Umzeichnung BfB.

Auffällig sind die unterschiedlichen Raumhöhen der beiden Geschosse, die deutlich an den Fenstern ablesbar sind und auf eine nachträgliche Erhöhung hinweisen. Interessant sind hierbei die Parallelen zu Haus Hertefeld, bei dem das niedrige Erdgeschoss zur Bewirtschaftung diente, während im Obergeschoss die repräsentativen Räume untergebracht waren. Bei der Aufstockung wurde das vorhandene Erdgeschoss mit einer Ziegelschale verkleidet, wodurch sich das homogene, nur minimale Bauspuren aufweisende äußere Erscheinungsbild des Schlösschens erklärt.

Der 1907 als Käsekammer bezeichnete Anbau nördlich des Turms wurde bei Renovierungen in den 1960er Jahren abgebrochen. Damals ersetzte man leider auch einige Zwischendecken und zog ein Eisenbetongerüst ein, das die Raumwirkung arg beeinträchtigt. 1975 brannten das Obergeschoss und das Dach fast völlig aus. Im Zuge der zwei Jahre dauernden Restaurierungsarbeiten baute man das Dachgeschoss zu einer Wohnung mit Gauben aus.

1978 wurde der verlandete Wassergraben wiederhergestellt, der das Gelände vor dem Schlösschen dreiseitig umschließt. In einer Katasterkarte von 1818 ist auf dieser Insel ein rechteckiges Gebäude eingetragen, auf dessen westlicher Giebelseite ein kleiner Anbau – möglicherweise ein Turm – stand. Ob es sich hierbei um das ursprüngliche Haupthaus des Gutes – das hier zu lokalisieren ist, über dessen Aussehen man allerdings nichts weiß – oder um ein jüngeres Wirtschaftsgebäude handelt, ist fraglich.

Unsicher ist auch die Identifizierung dieser Anlage mit der erstmals 827 erwähnten *villa hese juxta Embrica*, die 1336 vom Stift Elten verkauft wurde. Die neuen Besitzer, die sich fortan Bruychese nannten, errichteten auf dem Gelände eine Wasserburg, die in den folgenden Jahrhunderten stets als Haus bzw. ritterliches oder adeliges Gut genannt wird.

Schlösschen Borghees von Osten. Erich Hubbertz nach einer 1731 von Cornelis Pronk gefertigten Zeichnung im Rijksprentenkabinet Amsterdam.

11_Burg Broich

Im Jahr 1093 wird erstmals jenes Edelherrengeschlecht genannt, das seit dem 12. Jh. die gleichnamige Burg Broich besaß. Die Burg selbst taucht erst 1188 in den Archivalien auf. Damals verkauften die Brüder Theoderich und Everwin Bruche ihre Eigentumsrechte an den Kölner Erzbischof Philipp von Heinsberg. Im Jahr 1372 starben die Herren von Broich im Mannesstamm aus. Als Besitzer folgten bis zum 17. Jh. nacheinander die Grafenhäuser von Limburg, von Daun und von Leiningen.

Ort:	Mühlheim a. d. Ruhr
Zustand:	Teilruine saniert, Vorburg intakt
Zugang:	Museum, Info Tel. 0208/4554178
Anfahrt:	BAB 40, B 223, Mühlheim-Broich
Gaststätte:	Mayr's Brauhaus, Tel. 0208/4551741

Die Lage und Bedeutung der Burg machte sie im Spätmittelalter zum Brennpunkt diverser kriegerischer Auseinandersetzungen. 1857 ging das Schloss in Privatbesitz über, bevor 1937 die Stadt Mühlheim den Gebäudekomplex erwarb. 1967 wurden erste Restaurierungsmaßnahmen durchgeführt. Heute sind in dem Schloss eine Volkshochschule und museale Ausstellungsräume untergebracht. Der gotische Palas dient der Stadt Mühlheim zu Repräsentationszwecken.

Schloss Broich wurde auf einem gut 11 m hohen Sporn oberhalb des Ruhrtales, unmittelbar vor dem Ausgang zur niederrheinischen Tiefebene erbaut. Dieser Lageplatz erlaubte eine gute Einsicht in das Ruhrtal sowie die Kontrolle wichtiger Verkehrswege. Diese strategisch günstige Position ist heute durch die an das Schloss herangerückte Bebauung stark verunklärt. Mit der 1992 hier ausgerichteten Landesgartenschau konnte das Umfeld jedoch spürbar verbessert werden.

Die komplizierte Baugeschichte von Schloss Broich kann hier nur grob umrissen werden. Sie beruht auf umfassenden Ausgrabungen 1965/69 und 1976/77, deren Befunde aufgemauert im Burghof sichtbar sind.

Ansicht des Burghofes von Osten. Im Vordergrund die ergrabenen Fundamente des Rund-Donjons (nach 1188) und des älteren Viereckturms. Foto: W. Schernstein, Stadt Mühlheim a. d. Ruhr.

In der 2. Hälfte des 9. Jh. erfolgte der Bau einer Befestigung aus Bruchstein, bestehend aus einer länglich ovalen Ringmauer mit dichter Innenbebauung. Zentraler Baukörper innerhalb des Mauerrings war ein fast 28 m langer Hauptbau, um den sich weitere Gebäude gruppierten. Da man keine Wirtschaftsgebäude fand, werden diese in einer nicht näher bekannten Vorburg vermutet.
Im späten 11. Jh. oder in der 1. Hälfte des 12. Jh. kam es zu neuen Bauaktivitäten. Unter Beibehaltung des langen Hauptbaues wurde ein quadratischer Turmbau, vielleicht ein für diese Zeit typischer Wohnturm, errichtet.

Mit dem Ankauf der Burg durch den Kölner Erzbischof 1188 soll die dritte Ausbauphase eingesetzt haben. Die alte ovale Ringmauer wurde unter Beibehaltung des nördlichen Teils durch eine neue runde, 42 bis 46 m durchmessende, etwa 1,50 m starke Ringmauer ersetzt, die heute noch bis zu einer Höhe von 9 m erhalten ist.

Der Hauptbau und alle älteren Innenbauten mussten einem mächtigen runden Wohnturm von 17,20 m Durchmesser und 1,90 bis 2,50 m starken Mauern weichen, der das untere Geschoss des Vorgängerturmes integrierte.

Der Belagerung und Beschädigung der Burg 1443 durch den Kölner Erzbischof Dietrich von Moers im Zuge einer Fehde mit dem Grafen Heinrich von Limburg folgte der baldige Wiederaufbau. Der große Rundturm wurde bis auf das Untergeschoss abgetragen und die staufische Ringmauer im nördlichen Bereich schildmauerartig verstärkt. In der von einer polygonalen, mit Türmen verstärkten Ringmauer umgebenen Vorburg entstand ein gotischer Palas. Nach weiteren Baumaßnahmen im 16. Jh. belagerten 1586 die Spanier Schloss Broich und zerstörten es. Erst Mitte des 17. Jh. konnten die Schäden beseitigt und das Schloss im Stil des Barock ausgebaut werden. So wurde unter anderem in der Vorburg der Palas auf seine heutige Größe ausgedehnt. Als 1857 der Bankier Stöcker das Schloss kaufte, ließ dieser die Anlage seinen Wohnbedürfnissen anpassen.

Man hat versucht, die Frühphase der Burg im 9./10. Jh. mit bedeutenden historischen Ereignissen wie Normanneneinfällen oder Königstreffen in Einklang zu bringen. Es sei kritisch angemerkt, dass es sich hierbei um reine Spekulationen handelt, die sich durch zeitgenössische Schriftquellen keinesfalls absichern lassen.

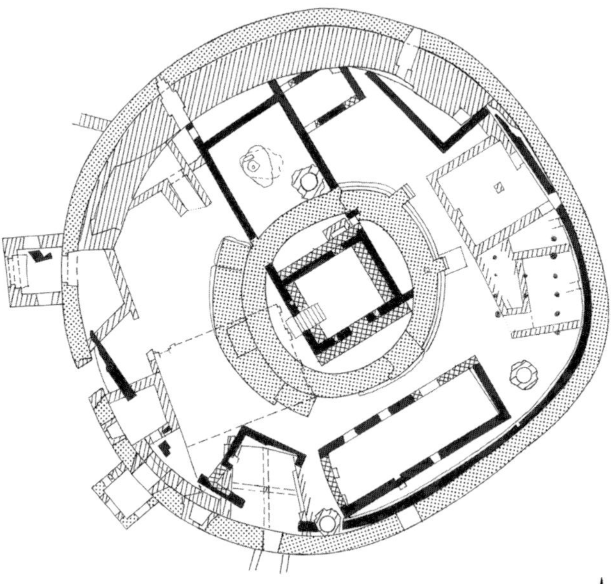

Befundplan mit Bauphasen. Umzeichnung BfB nach G. Binding,1968; schwarz=9. Jh., schraffiert=10./12. Jh., gerastert=nach 1188, kreuzschraffiert=nach 1443, gestrichelt eingezeichnet=Stöcker Villa (1863)

12_Burg Brüggen

Am Südostrand von Brüggen in der Schwalmniederung liegen die imposanten Reste der Burg Brüggen.

Ort:	Brüggen, Kreis Viersen
Zustand:	Haupt- und Vorburg z. T. erhalten
Zugang:	Museum, Info Tel. 02163/5270
Anfahrt:	B 221, Brüggen Ortsmitte
Gaststätte:	Burg Brüggen, Tel. 02163/5640

Die Burg gehört typologisch zu den so genannten Kastellburgen - Burgen auf annähernd quadratischem Grundriss mit runden Türmen an den Außenecken. Schloss Moyland ist ein bedeutender Vertreter dieser Gattung. Dieser Burgentyp, der schon im 13. Jh. in den Niederlanden speziell unter den Grafen von Holland zur Entfaltung kam, tritt im Rheinland seit dem 14. Jh. auf. Die Kastellburg bildete eine nahezu perfekte Kombination aus Wohnbau, adeligem Machtsymbol und Wehrbau. Als Bauform blieb sie fast ausschließlich dem Hochadel vorbehalten.

Von der Kastellburg in Brüggen sind nur der Palas (a) mit dem südwestlichen Eckturm und das Burgtor (d) erhalten geblieben. Von dem früher parallel zum Palas auf der Nordseite liegenden Flügel (b) sind noch Mauerreste im Burghof sichtbar. Von der Vorburg haben sich Reste der Ringmauer, ein runder Eckturm im Norden, der so genannte Wasserturm, und ein Torbau erhalten.

1289 trug Graf Walram von Kessel sein Allod, d.h. sein freies Eigengut - die Burg in Brüggen - samt Zubehör dem Herzog von Brabant zu Lehen auf. Sie lag strategisch günstig an einem Übergang des Flusses Schwalm, der zugleich ein Kreuzungspunkt zweier wichtiger Handelsstraßen war. 1305 starb das zuletzt verarmte Grafengeschlecht von Kessel aus. Brüggen kam als brabantisches Lehen an die Grafen und späteren Herzöge von Jülich. Diese machten die Burg zum Zentralort des Amtes Brüggen. Im 14. Jh. entwickelte sich im Vorfeld der Burg die Stadt Brüggen, die schon im 15. Jh. um eine Vorstadt erweitert wurde. Die in den Amtsrechnungen von 1398/99 verzeichneten Bauarbeiten an der Burg betreffen Schornstein, Dach und Küche. Weiter ist die Anschaffung einer steinernen Donnerbüchse durch den Drost, d.h. den Amtmann, verzeichnet. Die Burgkapelle wird 1467/68 erstmals genannt. 1473 wurden Burg und Stadt Brüggen von den Truppen des Burgunderherzogs Karl des Kühnen schwer beschädigt. Die anschließenden Reparaturarbeiten betrafen Türen, Fenster, Schlösser, die durch Brand zerstörte Brücke und das schadhaft gewordene Tor der Vorburg.

Palas und Rundturm von Südosten. Der Spitzbogenfries am Palas markiert den mittelalterlichen Dachansatz. Foto: J. Wroblewski, 2001.

Bis 1794 war Brüggen Bestandteil und Sitz der Amtsverwaltung im Herzogtum Jülich. Nach dem Einmarsch der Franzosen wurde die Burg im Jahr 1802 an den letzten Amtsverwalter verkauft. 1974 pachtete die Gemeinde Brüggen die Burganlage und führte erste Umbauten an Palas und Eckturm durch. Seit 1979 ist in der Burg ein sehenswertes Jagd- und Naturkundemuseum untergebracht.

Die Ausgrabungen des Landesmuseums Bonn im Jahr 1975 konnten die baugeschichtliche Entwicklung der Burg Brüggen weitgehend klären.

Von der ersten Burg der Grafen von Kessel wurden im Bereich der Hauptburg Reste eines Palisadenzaunes sowie eines Holzgebäudes entdeckt. Für einen steinernen Wohnturm im Zentrum dieser Burganlage sprechen die zahlreichen beim Bau der neuen Burg sekundär verwendeten Mergelsteine, deren natürliches Vorkommen im alten Herrschaftsgebiet der Grafen von Kessel an der Maas liegt. Dort war dieser Naturstein seit dem Hochmittelalter ein ähnlich bevorzugter Baustoff wie der Tuffstein am Niederrhein.

Mit Übergang der Burg an die Grafen von Jülich zu Beginn des 14. Jh. wurde die alte Burganlage niederlegt und durch eine Kastellburg aus Backstein mit vier Rundtürmen ersetzt. Die auf einem leicht verzogenen quadratischen Grundriss (40x37 m) errichtete Burg hatte gegenüber dem Palas (a) – wie schon erwähnt – einen weiteren Gebäudeflügel (b). Für die unbebaute West- und Ostseite der Kernburg ist ein Wehrgang (c) auf Bogenstellungen zu rekonstruieren. Das ebenfalls noch erhaltene Burgtor (d) im Westen bestand wie in Uda und Moyland aus zwei vorspringenden Torflankenmauern.

Die halbmondförmige Vorburg war von der Hauptburg durch einen 14 m breiten Wassergraben getrennt und mit einer zur Hauptburg hin offenen Ringmauer umschlossen. Der noch erhaltene Torbau aus dem 14. Jh. wurde im 17. Jh. überformt.

Vermutlich zu Beginn des 16. Jh. wurden der zweigeschossige Palas (a) und der südwestliche Eckturm um ein Stockwerk erhöht. In Höhe des ursprünglichen Dachansatzes ist am Palas heute noch ein um laufender Spitzbogenfries zu erkennen. Das Außengelände der Burg wurde ab 1520 durch Erdwälle und Bastionen den neuen Erfordernissen der Kriegstechnik angepasst.

Die Hauptburg umschloss man mit einer Zwingermauer (e). Zu diesem Zweck musste der Burggraben zur Hälfte verfüllt werden. Reste der Bastionen und der Zwingermauer sind im Norden der Burganlage erhalten geblieben. Zeitgleich mit diesen Arbeiten wurde wahrscheinlich der nordöstliche Eckturm abgerissen und durch eine Burgkapelle ersetzt.

Im 17. Jh. erhielten die Wohnflügel neue Fenster. Zeitgleich wurde die Raumaufteilung verändert. Im 18./19. Jh. setzte der Verfall ein, erste Abbrüche folgten. Sie reduzierten die Burg auf ihren heutigen Umfang.

Neben einem Museumsbesuch bietet die Gemeinde Brüggen dem interessierten Besucher fundierte Geschichtsführungen mit verschiedenen Themenschwerpunkten an.

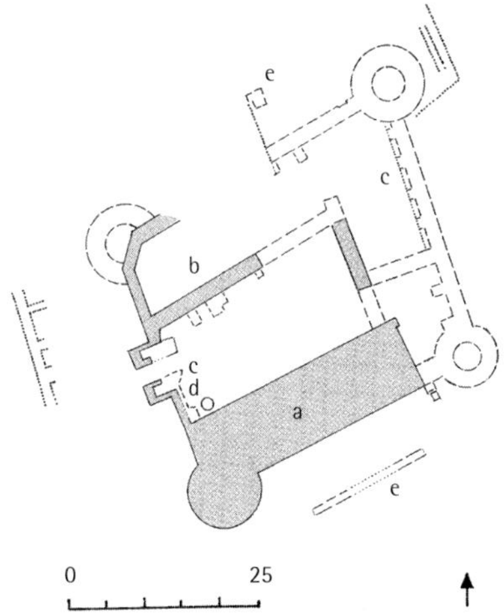

Befundplan; Schraffiert sind die noch erhaltenen Teile, gestrichelt die verschwundenen. a–e=Bauteile, siehe Text. Umzeichnung BfB nach M. Rech, 1975.

13_Haus Coull

Am Ortsrand von Straelen liegt neben der B 221 in einem kleinen, gepflegten Park Haus Coull, Straelens einziger nicht an der Niers gelegener Herrensitz.

Ort:	Straelen, Kreis Kleve
Zustand:	Haupt- und Vorburg erhalten
Zugang:	Privatbesitz, kein Zugang
Anfahrt:	B 221, Straelen Ortseingang
Gaststätte:	-

Obwohl die bestehenden, architektonisch gut aufeinander abgestimmten Baukörper weitgehend der Neuzeit entstammen, hat Haus Coull mit Haupt- und Vorburg (a, b) und doppeltem Grabensystem unverkennbare Grundzüge seines mittelalterlichen Ursprungs bewahrt.
Östlich des Haupthauses liegt ein von Wassergräben umgebenes rechteckiges Terrain (c), das früher als Garten genutzt wurde.

Haus Coull, ein ehemaliges Leibgewinnsgut der Abtei Siegburg, wurde 1406 beim Verkauf durch die Eheleute Friedrich van Housen und Lisbeth van Boedberg an Johann van Asselt zum ersten Mal urkundlich erwähnt. Die Familie van Asselt gelangte damit für mehrere Generationen an das Schultheißenamt der Abtei, das gleichbedeutend mit einem Richteramt war. Bei einem Angriff der Generalstaaten auf Straelen am 23. April 1591 war ein Wolter van Asselt unter den Opfern seitens der Stadt Straelen. Zu Anfang des 18. Jh. kam das Anwesen in den Besitz des Conrad Emanuel von Baexen. Die mit dem Haus verbundene Landtagsfähigkeit blieb bis in preußische Zeit erhalten. Die Landtagsfähigkeit war ein am Haus haftendes Privileg, das dessen Besitzer die Teilnahme am Landtag erlaubte.

1971 vererbten die Nachkommen des vorletzten Besitzers, des Notars Johann Wilhelm Thomas Koch, das Haus an die Familie von Loë. Sie ließ das Gebäude und die Parkanlagen von 1996 bis 2000 unter großem Aufwand behutsam restaurieren. Langfristig ist damit der Erhalt dieses bedeutenden Baudenkmals gesichert.

Die Zufahrt zur Vorburg lag bis in die 2. Hälfte des 19. Jh. an der Südseite, die sich von der Hauptburg abwandte (d). Im Jahr 1840 stand hier noch eine Zugbrücke.

Das rechtwinklige Herrenhaus setzt sich aus zwei Flügeln verschiedener Zeitepochen zusammen. Der Ostflügel als ältester Baukörper wurde im letzten Viertel des 18. Jh. um zwei neue Flügel erweitert, von denen der südliche im 2. Weltkrieg zerstört und nicht wieder aufgebaut wurde.

Ansicht von Osten mit Schweifgiebel, Rundturm und achteckigem Anbau. Foto: E. von Loë, 1999.

Der zweigeschossige Ostflügel lässt sich über eine auf der Gebäuderückseite sichtbare Baunaht in zwei Bauphasen scheiden, deren ältere am südlichen Ende liegt. Die südliche Schmalseite dieses Bauteils wird von einem Schweifgiebel und einem flankierenden runden Eckturm mit Zwiebelhaube belebt. Umlaufende Sandsteinbänder, dekorative Maueranker und Rautenmuster beleben die Giebelwand und den Rundturm. Interessant sind die Miniaturschlüsselscharten am Rundturm, die denen am Hauptturm (um 1600) von Haus Hertefeld bei Weeze ähneln. Wie in Hertefeld sind sie eher als Zierrat denn als wirklich ernsthafte Wehreinrichtung zu verstehen. Wehrelemente verselbstständigten sich während des Spätmittelalters zu obligatorischen Adelsattributen und versinnbildlichten rasch das alte Privileg des Adels, sich befestigen zu dürfen. Zudem wurden sie ornamental eingesetzt.

Dieses noch dem 1. Viertel des 17. Jh. angehörende, relativ klein dimensionierte Gebäude - vielleicht Rest einer einst größeren Burganlage - wurde wohl noch im 17. Jh. nach Norden hin verlängert.
Der Gebäudekomplex umfasst auch einen rückseitig gelegenen achteckigen Anbau mit Pyramidendach. Hier soll der Überlieferung zufolge die Kapelle gestanden haben. Der Eingangsbereich des Ostflügels wurde im 19. Jh. im Stil der Neugotik mit einer risalitartigen Gliederung, Treppengiebeln und Zinnenkranz versehen, desgleichen der später angefügte Nordflügel, dessen Hofseite eine Giebelfront erhielt. Sein westlicher Anbau wurde erhöht und die Schmalseite mit einem Stufengiebel ausgestattet.

Im Zuge der letzten Restaurierung wurde im Bereich des verschwundenen Südflügels ein Küchenhaus angebaut, das sich gegenüber der Altsubstanz architektonisch zurücknimmt. Die Fundamente des Südflügels blieben weiterhin sichtbar.

In der Vorburg (b) liegen rechts und links von der Zufahrt zwei Wirtschaftsgebäude, von denen das nördliche, mit Halbwalmen gedeckte Haus durch Maueranker auf 1798 datiert ist. Ein hier früher anbindender rechtwinkliger Gebäudetrakt wurde vermutlich im Verlauf der neugotischen Umgestaltungen abgerissen.

Das vorbildlich in Stand gesetzte Haus Coull dient dem jetzigen Eigentümer, Eduard Freiherr von Loë, als Wohnsitz. Als Privateigentum ist es für Besucherverkehr unzugänglich, jedoch von der Straße aus gut sichtbar.

Hofseitige Ansicht mit Ost- und Nordflügel. Foto: E. von Loë, 1999.

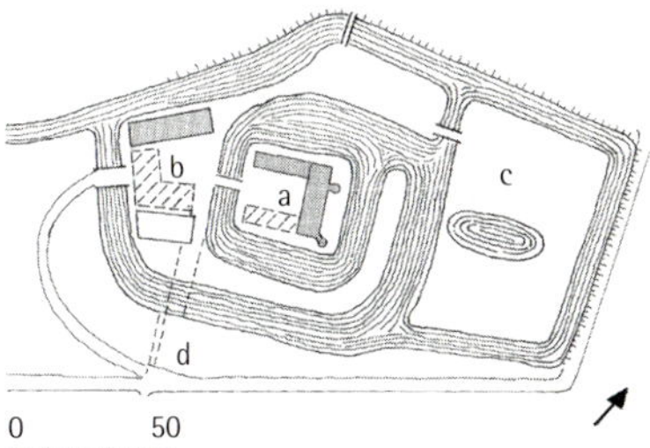

Lageplan; a=Hauptburg, b=Vorburg, c=Garteninsel, d=alte Zufahrt. Umzeichnung BfB nach R. Schiffler, 1987.

14_Burg Dinslaken

Die heute als städtisches Rathaus genutzte Burg galt im Mittelalter als eine der bedeutenden klevischen Landesburgen.

Ort:	Dinslaken, Kreis Wesel
Zustand:	Stark erneuert mit älteren Teilen
Zugang:	Rathaus, Stadtarchiv
Anfahrt:	BAB 3 bzw. B 8 Dinslaken Centrum
Gaststätte:	-

Die Geschichte der Burg beginnt mit den urkundlich im Jahr 1163 erwähnten, vermutlich edelfreien Herren von Dinslaken, die über eine lokale Grundherrschaft verfügten. In der 1. Hälfte des 13. Jh. war ihr Besitztum an die Grafen von Kleve gelangt. Eine oft in der Literatur genannte Heirat des Grafen Dietrich IV. von Kleve mit einer Mathilde, Erbtochter von Dinslaken, ist historisch nicht belegbar und geht auf eine willkürliche Kombination der klevischen Geschichtsschreiber des 15. Jh. zurück. Graf Dietrichs gleichnamiger und erstgeborener Sohn regierte bis zu seinem Tod 1245 die rechtsrheinischen Besitzungen der Grafschaft, darunter auch Dinslaken. Südlich der Burg entstand wahrscheinlich schon früh eine Siedlung, die 1273 die Stadtrechte erhielt.

Im 14./15. Jh. war die Burg die „Zentrale" des Amtes Dinslaken sowie Witwensitz und Ausstattungsgut für jüngere Söhne des Grafen-, ab 1417 des Herzoghauses. Gert van der Schuren, Geschichtsschreiber des Herzogs Adolf von Kleve (1397–1448), nennt unter den besonderen Bauwerken seines Herrn den Turm auf der Burg zu Dinslaken. 1627 zerstörten Niederländer die Burg im Dreißigjährigen Krieg. Nach dem Aussterben des Herzoghauses Jülich-Kleve-Berg 1609 gelangte Dinslaken 1667 an die Kurfürsten von Brandenburg. 1770 wurde der große Turm der Burg vom Blitz getroffen und beschädigt, 1820 erfolgte sein Abbruch.

Ab 1909 diente die Burg als Sitz der Kreisverwaltung, allerdings brannte sie noch im gleichen Jahr ab. Die wiederhergestellte Anlage wurde 1945 gemeinsam mit der Stadt fast völlig zerstört. Der Wiederaufbau in moderner Form (1950–1952) folgte dem alten Grundrissgefüge unter Beibehaltung älterer Bauteile.

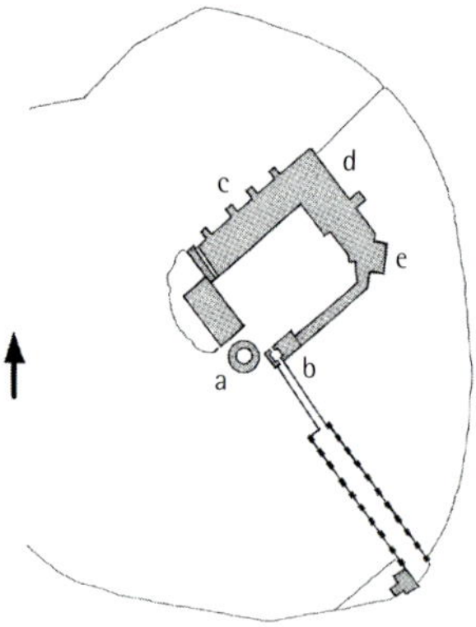

Lageplan; Ende 19. Jh.. a–e=Bauteile, siehe Text. Umzeichnung BfB nach P. Clemen, 1893.

Über Aussehen und Baugestalt der Burg im 12. Jh. ist nichts Sicheres bekannt. Die feuchte Niederung des Rotbaches lässt eine Motte vermuten, ein archäologischer Nachweis fehlt jedoch. Einem Stadtplan des 18. Jh. zufolge war die Burg Dinslaken eine auf annähernd rechteckigem Grundriss errichtete Dreiflügelanlage, die von einem breiten seeartigen Graben umgeben war. Neben dem runden Hauptturm (a) im Süden lag das Burgtor (b) , das mit der Stadt über einen langen Damm verbunden war. Ansichten der Stadt aus dem 17./18. Jh. vermitteln einen guten Eindruck von der Burggestalt: Der etwa 40 m hohe runde Hauptturm trug zwei sich nach oben hin verkleinernde runde Geschosse mit überdachten Wehrgängen. Auf der nordwestlichen Hofseite lag das Hauptgebäude (c) aus der 1. Hälfte des 16. Jh. mit hohen Treppengiebeln. Auf der Nordostseite stand ein zweigeschossiger Trakt (d) , der nach Osten durch einen Eckturm (e) verstärkt war. Die Burg wurde im Verlauf des 17./18. Jh. wiederholt umgebaut und verändert.

Alte Bausubstanz hat sich lediglich auf der zum Park orientierten Burgseite erhalten. Sie besteht aus der Turmruine (a), dem Burgtor (b) mit anbindender südöstlicher Außenmauer sowie dem vortretenden Eckturm (e). Das Mauerwerk zeigt an der südöstlichen Außenwand und am Burgtor sorgfältige horizontale Schichtungen aus grob bearbeiteten Basaltquadern. Beide Bauteile zeigen eine homogene Baugestalt und sind zeitgleich.
Die Turmruine ist lediglich in ihren unteren Partien noch original. Baumaterial und Mauertechnik ähneln dem Befund am Burgtor und an der Außenwand. Das aufgehende Mauerwerk hat man nach dem Krieg als Ruinenkulisse neu aufgebaut. Der zum Park hin vorgeschobene Eckturm ruhte bis 1945 auf einem massiven Untergeschoss mit 2,30 m starken Mauern und einem Tonnengewölbe aus sorgfältig vermauerten Tuffplatten: ein Zustand, der bedauerlicherweise nicht erhalten blieb. Dieser Teil der Burg gehörte noch dem 12. Jh. an und war vielleicht der Rest eines Wohnturmes.

Das Burgtor mit rundbogiger Durchfahrt und Zugbrückenblende zeigt im Torbereich nutartige Aussparungen, die auf ein Fallgitter verweisen. Zugbrücke und Fallgitter setzen mindestens ein weiteres, später abgetragenes Geschoss voraus. Fallgitter sind an Burgen und Stadttoren erst im 2. Viertel des 13. Jh. sicher nachweisbar. Zugbrücken dagegen finden sich zwar schon in der höfischen Epik des späten 12. Jh., sind baulich jedoch erst um 1260/70 belegt. Unter Berücksichtigung dieser nur groben Datierungsanhalte lassen sich die beschriebenen Mauerteile zeitlich um 1250 ansetzen. Es handelt sich demzufolge um eines der wenigen erhalten gebliebenen Burgtore des 13. Jh. am Niederrhein.

Auch der Rundturm scheint kein kompletter Neubau des 15. Jh. zu sein. Der Baubefund spricht vielmehr dafür, dass unter Herzog Adolf ein älterer Rundturm (13. Jh.) lediglich um zwei Geschosse erhöht wurde. Dies legt auch das bei der Aufstokkung verwendete Baumaterial (Backstein) nahe.

Gegenüber der Auffahrt zur Burg liegt das restaurierte Pförtnerhaus aus dem 18. Jh., mit seitlich angesetzter Tormauer.

Die Turmruine dient in den Sommermonaten als Kulisse für ein Freilichttheater. In der Burg ist neben dem Rathaus das Stadtarchiv untergebracht. Umlaufende Wege ermöglichen die Außenbesichtigung der Anlage.

Burgtor (um 1250) mit Zugbrückenblende von Süden. Links vom Tor setzt sich das Mauerwerk in Richtung der Turmruine fort. Foto: J. Wroblewski, 2001.

15_Schloss Dyck

In Schloss Dyck (Kreis Neuss) hat sich ein in Art und Umfang einzigartiges barockes Wasserschloss erhalten. Es liegt pittoresk in einem weitläufigen Park, der ein garten-

Ort:	Jüchen-Bedburdyck, Kreis Neuss
Zustand:	Haupt- und Vorburgen erhalten
Zugang:	Park und Schloss
Anfahrt:	BAB 46, Abfahrt Grevenbroich
Gaststätte:	-

künstlerisches Gegenstück zum Schloss bildet.

Die geschichtlichen Nachrichten zum Schloss, das einst Residenz und Zentrum einer gleichnamigen reichsunmittelbaren Herrschaft bildete, reichen weit zurück. Ein *Hermannus de Dicco* ist Ende des 11. Jh. der erste nachweisbare Vertreter eines edelfreien Adelsgeschlechtes, das bis zu seinem Aussterben am Ende des 14. Jh. erheblich an Einfluss und Ansehen gewinnen konnte. Während viele kleine unabhängige Adelsherrschaften am Niederrhein im Spätmittelalter unter dem Druck der mächtigen Landesherren ihre Eigenständigkeit verloren und sich arrangieren mussten, gelang es den Herren von Dyck, sich im brisanten Machtdreieck Geldern, Jülich und Kurköln nicht nur zu behaupten, sondern ihre Herrschaft sogar auszubauen. So trug Konrad von Dyck 1349 seine schon damals mit zwei Vorburgen befestigte Burg dem Herzog Reinald von Geldern zu Lehen auf, ohne dass sich die faktischen Besitzverhältnisse änderten.
Der Machtzuwachs der Herren von Dyck führte in Kombination mit ihrer imposanten Burganlage 1383 zum bewaffneten Konflikt mit Kurköln und Geldern, die Gerhard von Dyck der Raubritterei beschuldigten, in Allianz seine Burg sechs Wochen lang belagerten und schließlich einnahmen. Der Unterlegene mußte sich verpflichten, seine Hauptburg niederzulegen: eine Aktion, mit der man offensichtlich die Macht der Herren von Dyck nicht nur militärisch, sondern auch symbolisch, d.h. optisch, brechen wollte. Die Wiederherstellung der Burg begann offensichtlich schon kurz darauf, denn bereits 1393 erklärte Gerhard von Dyck der Stadt Köln die Fehde. Die Herren von Dyck wurden 1395 von den Herren von Reifferscheidt beerbt, mit denen die bedeutende Linie Reifferscheidt-Dyck ihren Anfang nahm. Die sich seit Johann VI. nach ihren Besitzungen Salm-Reifferscheidt-Dyck nennende und 1804 in den Reichsfürstenstand erhobene Familie konnte ihre autonome Herrschaft bewahren, erlosch allerdings im Jahr 1958 im Mannesstamm.

Hochschloss von Südosten. Der rechte Flügel mit seinem deutlich höheren Dach ist als Saalbau konzipiert. Polygonale Türmchen betonen die Außenecken. Foto: G. Behr, 2001.

Schloss Dyck wurde auf einer Geländeerhöhung der Kelzenbach-Niederung erbaut. Durch das Abriegeln der Talmulde mittels eines Querdamms staute man den Bach zu einer großen Wasserfläche auf.

Das Schloss setzt sich heute aus vier Bestandteilen zusammen: dem vierflügeligen Hochschloss (a), der inneren Vorburg (b) mit zur Hauptburg offener hufeisenförmiger Bebauung, der zweiten Vorburg (c) mit einer Winkelanlage sowie dem vorgelagerten Wirtschaftshof (d).
Das äußere Erscheinungsbild des Gebäudekomplexes wird von den Aus- und Umbauten des 17. Jh. bestimmt, doch stecken im Mauerwerk bedeutende Teile der mittelalterlichen Burg.

Das älteste aufgehende Mauerwerk steckt im Nordosteck des Hochschlosses, wo sich ein aus Basaltsäulen aufgeführter mächtiger Wohnturm bzw. „Donjon“ des 11./12. Jh. zweigeschossig erhalten hat. Ein Vergleich mit den Wohntürmen anderer edelfreier Geschlechter (Linn, Moers) verdeutlicht, dass der Burgenbau des Mittelalters in erster Linie ein Spiegelbild für Macht, Ansehen und Wohlstand einer Adelsfamilie war und dass dieser Stand fein differenzierten „Schichtungen“ unterlag.
Im Verlauf des 14. Jh. wurde die Hauptburg zu einer vierflügeligen Anlage ausgebaut, deren Grundrissschema alle nachfolgenden Ausbauten bestimmen sollte und deren Mauerpartien zum Teil in dem heutigen Barockbau aufgegangen sind.

Die massiven Zerstörungen infolge des Dreißigjährigen Krieges veranlassten Graf Ernst Salentin von Salm-Reifferscheidt-Dyck (1621–1684) zu einem umfassenden Neubau der Gesamtanlage. Innerhalb der Vorburgen begann er 1647 mit dem Bau einer neuen Scheune, 1653 mit der Erneuerung von Brauhaus, Reitstall und Wachstube. 1656 folgte der Ausbau des Hochschlosses, der bis 1667 vollendet wurde. Unter Verwendung der Altsubstanz entstand ein in seiner Art einmaliges vierflügeliges Barockschloss mit vorspringenden polygonalen Ecktürmen und einem an der Ostseite gelegenen Saalbau, dessen hohes Walmdach seine besondere Funktion und Stellung innerhalb des Baugefüges betont. Anfang des 18. Jh. schuf man einen Großteil der reichen Innenausstattung, die Parkanlagen, den Wirtschaftshof und 1763 die qualitätvolle Ausgestaltung der Schlosskapelle. Letzte Bauaktivitäten im 19. Jh. betrafen den Südflügel, ohne jedoch das Gesamtbild des Schlosses entscheidend zu verändern. Der Park wurde unter Fürst Joseph (1773–1861) fachkundig in einen englischen Landschaftspark verwandelt. Im 2. Weltkrieg erlitt der Südflügel Schäden, die jedoch schnell behoben waren.

Die Erben der Familie von Salm-Reifferscheidt-Dyck brachten das Schloss mit den Parkanlagen 1999 in eine Stiftung des Landes NRW, des Kreises Neuss und der Gemeinde Jüchen ein, die sich zum Ziel gesetzt hat, dem Gesamtkunstwerk Dyck eine langfristige Perspektive als „Zentrum für Gartenkunst und Landschaftskultur im Rheinland“ zu geben. Das Zentrum soll mit der 2002 hier veranstalteten Landesgartenschau eröffnet werden.

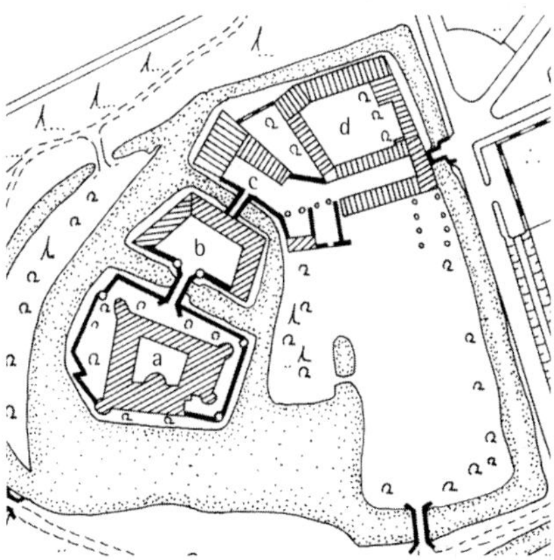

Lageplan; a–d=Bauteile, siehe Text. Zeichnung: W. Janssen, 1997.

16_Haus Dyckhof

Die Wasserburg Dyckhof im Ortsteil Niederdonk ist ein durch die Jahrhunderte gewachsener Baukörper, den weitgehend seine barocken Umbauphasen prägen.

Ort:	Meerbusch-Büderich, Kreis Neuss
Zustand:	Haupt- und Vorburg erhalten
Zugang:	Restaurant, Außenbesichtigung
Abfahrt:	BAB 57, B 9, Meerbusch-Niederdonk
Gaststätte:	„Gut Dyckhof", Tel. 02132/9777

Haupthaus von Südosten. Rechts der gotische Wohnbau mit der barocken Dachhaube. Links der Anbau aus dem 17. Jh. Foto: J. Wroblewski, 2001.

Wie auch bei anderen Wasserburgen wählte der uns unbekannte Bauherr als Standort seiner Burg einen vorzüglichen Bauplatz am Bachufer einer versumpften Niederung. Auffällig ist noch heute die wohl künstlich geschaffene Erhöhung des Geländes.
Die zweifelsohne ursprünglich vorhandene Trennung in Haupt- und Vorburg wurde durch Verfüllung des Zwischengrabens in der Neuzeit aufgehoben. Dem Herrenhaus im Osten (a) ist ein hufeisenförmiger Wirtschaftshof (b) vorgelegt.

Der Dyckhof wird 1393 urkundlich erstmals genannt. Der breite, klotzig wirkende turmartige Bau mit seiner dominanten Barockhaube dürfte noch dem 14. Jh. angehören. Der sich anlehnende Flügel mit den geschweiften Giebeln und die genannte Barockhaube gehen auf eine umfassende Ausbauphase unter Wolfgang Günther von Norprath im Jahr 1666 zurück. 1689 verkaufte Franz Friedrich von Norprath den Dyckhof, der sich ab 1718 im Besitz des nicht weit entfernten Klosters Meer befand. Mit dem Einmarsch der Franzosen in das Rheinland wurde das Kloster säkularisiert. Der Dyckhof kam damals an die Familie Wehrhahn, die das Anwesen noch heute besitzt und pflegt.

Keimzelle der Burganlage Dyckhof ist der schon zuvor angesprochene turmartige, dreigeschossige Bau, der in seinen äußeren Dimensionen deutlich breiter und gedrungener ausfällt als die sonst üblichen Wohntürme des 14./15. Jh. Alle Geschosse standen ungewölbt und wurden durch Holzbalkendecken separiert. Die wuchtige Erscheinung des Gebäudes täuscht eine gewaltige Mauerstärke vor, doch die Mauerdicke beträgt im Keller lediglich 90 cm. Aufgrund historischer Abbildungen wissen wir, dass der Backsteinbau ursprünglich unverputzt war und in seinem unteren Drittel Eckverklammerungen aus Hausteinquadern besaß. Ein über den Dachansatz hinausragender Schornstein unterstrich die Bewohnbarkeit des Gebäudes, wurde aber bei nachfolgenden Instandsetzungen abgetragen. Weitergehende Baubeobachtungen am historischen Mauerwerk verhindert der alles überdeckende Außenverputz. Der turmartige Bau des Dyckhofes war im Spätmittelalter ein komfortabler und für den Ministerialadel standesgemäßer Wohnbau. Noch heute ist seine Außenwirkung repräsentativ und eindrucksvoll.

Der barocke Anbau mit den Schweifgiebeln soll einen Vorgängerbau integrieren, doch in Ermangelung kompetenter Bauforschung lässt sich über einen solchen nichts aussagen. Im Keller befindliche Tonnengewölbe und gedrungene Lichtnischen könnten in der Tat von einem älteren Gebäude stammen. Hofseitig öffnet sich ein reich ornamentiertes Barockportal. Dessen Zugbrückenblende mit darüber befindlichen Rollen zeugt von der ursprünglichen Zweiteiligkeit der Burganlage.

Der turmartige Bau der Gotik erhielt in der barocken Ausbauphase eine in ihrer Art und Technik im Rheinland einmalige Barockhaube, die nach dem 2. Weltkrieg im Zusammenhang mit einer Sanierung untersucht werden konnte. Die auf einen achteckigen Grundriss aufgeführte Haube ist unter konstruktiven Gesichtspunkten des zeitgenössischen Schiffsbaues errichtet worden. Charakteristisches Element sind die in Wasser getränkten und verformten Eichenhölzer, mit denen die Rundungen der Haube gezimmert wurden. Diese Beobachtungen setzen bei dem damals ausführenden Handwerker umfassende Kenntnisse und Erfahrungen aus dem Schiffsbau voraus, ohne die er die Haube niemals hätte zimmern können. Die Spitze der Haube bekrönt eine schmiedeeiserne Wetterfahne, die zwei kämpfende Hähne - das Familienwappen der Wehrhahns - zeigt.

Die Gebäude der ehemaligen Vorburg waren stetigen Anpassungen unterworfen. Ältere Bausubstanz hat sich lediglich im quadratischen Nordwest-Eckturm erhalten, dem so genannten Eulenturm. Dieser mit einem Pyramidendach bekrönte Turm datiert vermutlich in das 17. Jh.
Die neuzeitlichen Wirtschaftsflügel wurden 1997–1998 einer neuen Nutzung als gepflegtes Restaurant und Hotel zugeführt, wobei man das Innere tief greifend umgestaltete.

Das Haupthaus ist in Privatbesitz und für Besucher nicht zugänglich, die Vorburg kann nur im Zusammenhang mit dem Restaurant und Hotel betreten werden. Von den umliegenden Wegen hat man einen guten Blick auf das Baudenkmal.

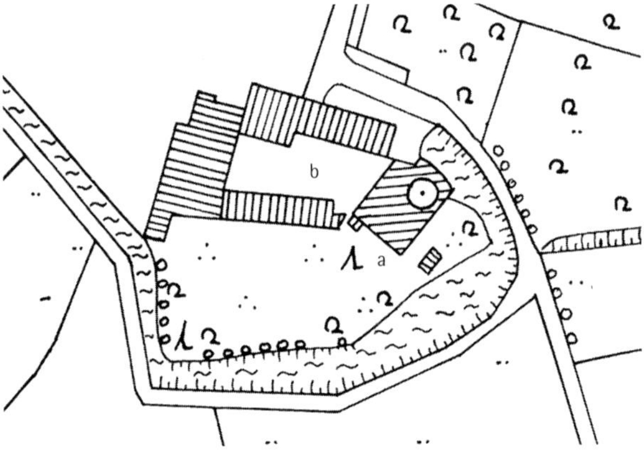

Lageplan; a, b=Bauteile, siehe Text. Zeichnung: W. Janssen, 1997.

17_Haus Empel

Wohl versteckt in einem Wäldchen bei der Ortschaft Empel, in der Nähe der Stadt Rees, liegt am Rande der B 67 die Ruine von Haus Empel.

Ort:	Rees-Empel, Kreis Kleve
Zustand:	Ruine, nicht gesichert
Zugang:	Privatbesitz, kein Zugang
Anfahrt:	B 67, Rees-Empel
Gaststätte:	–

Die urkundliche Überlieferung zu Empel beginnt im Jahr 1240. Damals schenkte Ritter Bernhard von Rees den Zisterzienserinnen zu Gevelsberg eine auf seinem Gut Empel erbaute Kirche zwecks Gründung eines Klosters. Die vom Erzbischof von Köln bestätigte Stiftungsurkunde wurde schon ein Jahr später geändert und die Klostergründung nach Schledenhorst verlegt. Im Verlauf des 13./14. Jh. wurde das Gut Empel zu einer Burg ausgebaut, die an die einflussreichen Herren von Hönnepel kam. 1349 vermittelte der Graf von Kleve einen Frieden zwischen dem Erzbischof von Köln und Rütger von Hönnepel. Rütger war zuvor von seinem Lehnsherrn wegen mehrfacher Übergriffe belagert worden. In der erst 1356 gegenüber Erzbischof Wilhelm von Gennep vollzogenen Sühneleistung verpflichtete sich Rütger, Empel als kölnisches Lehen dem Erzbischof jederzeit als Offenhaus einzuräumen. 1380 gewährte Erzbischof Friedrich von Saarwerden die Einweihung einer Burgkapelle. Im Jahr 1387 kam es aufgrund nicht näher bekannter Umstände zwischen Lutze von Hönnepel und der klevischen Stadt Wesel zu kriegerischen Auseinandersetzungen: Die Stadt belagerte unter dem Einsatz von Fußvolk und Schützen die Burg, wobei sie auch ein Geschütz, wahrscheinlich eine Steinbüchse, einsetzte. Über den Ausgang dieser Belagerung ist nichts weiter bekannt. Es scheint, dass der Konflikt auf dem Verhandlungswege gelöst wurde. Bemerkenswert hierbei ist der für diese frühe Zeit noch ungewöhnliche Einsatz von Feuerwaffen. Neben den Landesherren waren es vor allem die finanzkräftigen Städte wie Wesel, die sich diese neue Waffengattung leisten konnten.

Ansicht von Südosten. Das linke Gebäude mit dem Rundturm ist ein Rest der Hauptburg. Rechts an den Rundturm stößt der Nordflügel der inneren Vorburg an. Foto: V. Janßen, 2000.

Im 15. Jh. gelangte Haus Empel an die Familie von Diepenbrock. 1598 plünderten Spanier die Burg und brannten den Vorhof nieder. Das verschuldete Anwesen musste 1744 verkauft werden. Mehrmalige Besitzerwechsel folgten. 1831 kam Empel an die Familie von Weiler, 1923 durch Erbschaft an Alfons Böcker.
Im 2. Weltkrieg erlitt das Haus Schäden. Mangelhafte Bauinstandsetzung führte zum bis heute andauernden Verfall des hochbedeutenden Baudenkmals. Mit dem Ankauf der Ruine durch einen Privatmann im Jahr 2000 scheint sich hoffentlich eine Rettung abzuzeichnen.

Seit kurzem wird der überkommene Baubestand fachkundig dokumentiert und baugeschichtlich untersucht. Ein bisher kaum beachteter Übersichtsplan aus dem 18./19. Jh. ergänzt die hieraus gewonnenen vorläufigen Ergebnisse und vermittelt uns ein recht gutes Bild vom Aussehen der damaligen Burganlage.

Haus Empel bestand im 18. Jh. aus einer etwa viereckigen Hauptburg mit dreiseitiger Bebauung. Von ihr hat sich ein Rest des Ostflügels (a) mit einem zum Wasser hin vorspringenden Rundturm (b) erhalten. Die hufeisenförmig bebaute innere Vorburg betrat man damals wie heute von Süden her. Ihr heute noch vorhandener Nordflügel (c) ist im rechten Winkel an den Rundturm (b) der Hauptburg angebaut. Ostflügel und Rundturm wurden um 1500 erbaut und 1570 zeitgemäß im Stil der Renaissance überformt. Hierzu gehörte ein herrlich ornamentierter Prunkerker am Ostflügel, von dem nur noch einige Konsolen zeugen. Da der Nordflügel der Vorburg den ehemaligen Trenngraben überbaut, muss dieser spätestens mit dem Bau des Flügels im 18. Jh. verfüllt worden sein.
Ebenfalls um 1500 datiert der mit einem Pyramidendach gedeckte Rundturm (d) in der äußeren Vorburg. In seinem Untergeschoss befinden sich ornamental überwölbte Maulscharten für Hakenbüchsen.
Die hohen Torpfeiler an der Zufahrt zur Vorburg sowie die Begrenzungsmauern entstammen einer Barockisierung um 1700. Die Torpfeiler waren früher mit sitzenden Minerven, die Mauern mit Büsten römischer Imperatoren bekrönt.

Der 1826 abgerissene Hauptturm (e) der Burg, „Heidentempel" genannt, soll ein Bauwerk der Römerzeit gewesen sein. Nach einer glaubwürdigen Beschreibung war der aus Backstein errichtete Turm gut 30 m hoch und in den untersten drei Geschossen gewölbt. Beim Abriss des Turmes wurde ein Pfahlrost als Gründung freigelegt. Der „Heidentempel" ist demzufolge zweifelsfrei ein Turm des 14. Jh., der dem Moyländer Bergfried geähnelt haben dürfte. Wie dieser diente er vorrangig als Macht- und Statussymbol der hier lebenden Adelsfamilie.

Die ungesicherte Ruine von Haus Empel ist Privatbesitz und nicht zugänglich.

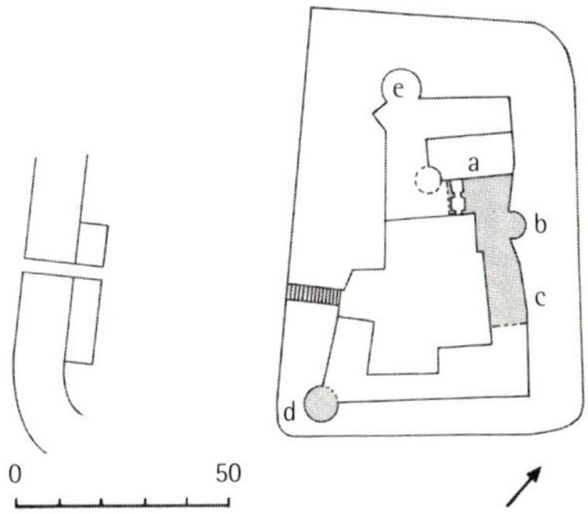

Lageplan; nach einer unbekannten Vorlage aus dem 18./19. Jh. Grau gerastert= heutige Ruine. a–e=Bauteile, siehe Text. Umzeichnung BfB nach DBV Archiv, 2001.

Rundturm (um 1500) in der Vorburg. Im untersten Geschoss sind Maulscharten sichtbar. Foto: A. Wemmers, 2000.

18_Burg Friedestrom

In Zons bei Dormagen haben sich in einmaliger Anschaulichkeit eine mittelalterliche Stadtbefestigung des 14. Jh. und eine erzbischöfliche Zollfestung erhalten.

Ort:	Dormagen-Zons, Kreis Neuss
Zustand:	Haupt- und Vorburg z.T. erhalten
Zugang:	Kreismuseum Tel. 02133/46715
Anfahrt:	BAB57 Abfahrt Dormagen
Gaststätte:	Schloß Café, Tel. 02133/5437

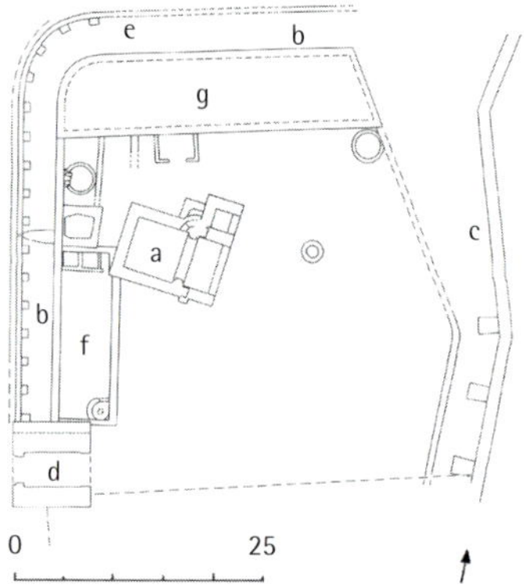

Grundriss mit dem Bauzustand des 16. Jh. a–g=Bauteile, siehe Text. Umzeichnung BfB nach M. Roehmer, 1998.

Aus den Schriftquellen ist ersichtlich, dass die Erzbischöfe von Köln mindestens seit dem 12. Jh. in Zons über einen Fronhof verfügten. Wahrscheinlich unter Erzbischof Konrad von Hochstaden (1238–1261) erbaute man eine erste Burg. Anlass zum Bau dieser Burg dürften die dauernden Konflikte mit dem Grafen von Jülich gewesen sein, der in Zons die Vogteirechte ausübte, während der Erzbischof der Grundherr war. Nach der Niederlage des Erzbistums in der Schlacht von Worringen 1288 musste die Burg abgebrochen werden. Im Jahr 1372 war es kein konkurrierender Fürst, sondern die Bürgerschaft der kölnischen Stadt Neuss, die den Erzbischof Friedrich III. von Saarwerden (1370–1414) dazu veranlasste, im August dieses Jahres den ertragreichen Rheinzoll von Neuss nach Zons zu verlegen. Zu diesem Zweck ließ der Erzbischof in Zons eine neue Stadt samt Landesburg errichten.

Ausgrabungen im Hof der Burg Friedestrom 1980/81 und 1986–1988 haben unser Wissen nicht nur über die Zollfestung, sondern auch über die Frühzeit des Ortes umfassend erweitert.

Im Burghof wurden mehrere romanische Holz- und Steinkirchen entdeckt. Die älteste, eine Holzkirche, datiert in das ausgehende 8. Jh. Ihr folgten bis zum 13. Jh. noch drei weitere Aus- bzw. Neubauten. Die Grundrisse der ausgegrabenen Kirchen wurden in der Hofpflasterung sichtbar gemacht. Die Lage der Burg des 13. Jh. ließ sich nicht sicher ermitteln.

Burg Friedestrom von Süden. Von links nach rechts: Juddeturm, Feldtor und Torturm (4. Viertel 14. Jh.). Foto: J. Wroblewski, 2001.

Ab 1373 begann man in Zons direkt am Rheinufer eine annähernd rechteckige Stadtanlage abzustecken. Für die Burg Friedestrom, deren Bau sofort einsetzte, benötigte man gut ein Sechstel dieser Fläche. Die jüngste Kirche wurde bis auf den Turm (a) abgerissen, den man durch Anbauten zu einem Wohnturm umfunktionierte. Die Hauptburg umgab man nach Westen und Norden mit einer neuen Ringmauer (b), während man im Osten und Süden die Stadtmauer (c) benutzte. Ein Torturm (d) auf der Westseite sicherte den Zugang zu der stadtseitig vorgelegten hakenförmigen Vorburg. Als Baumaterialien kamen Backstein, Säulenbasalt, Tuff und Trachyt in unterschiedlicher Mauertechnik zur Anwendung.

Ende des 14./Anfang des 15. Jh. zog man eine Zwingermauer (e) um die Kernburg. Gleichzeitig mit der Verbreiterung des Torturmes errichtete man auf der Westseite des Burghofes einen repräsentativen Gebäudetrakt (f) für den Erzbischof, wobei der Wohnturm (a) in diesen Bau integriert wurde. Zur Bebauung des ausgehenden 14. Jh. gehören weiterhin das heute noch an der Südseite der Vorburg erhaltene Feldtor und der imposante Juddeturm auf der Nordwestecke der Vorburg. Wahrscheinlich zu Beginn des 16. Jh. entstand der Nordflügel (g) der Hauptburg.

Einer intensiven Nutzung der Burg im 14./15. Jh. folgte ab dem 16. Jh. der Niedergang. Im nördlichen Bereich der Vorburg entstanden das zweigeschossige Herrenhaus (17. Jh.) und das Knechthaus (1717). Zwischen 1650 und der Mitte des 18. Jh. kam es zum Abbruch des Wohnturmes (a) und vermutlich auch des Westflügels (b). 1802 ging die heruntergekommene Burganlage in Privatbesitz über. Auf dem Platz des Westflügels wurde eine Scheune erbaut, der Nordflügel den Erfordernissen eines Gutshofes angepasst. 1972 übernahm der Kreis Neuss die baufällige Burg, um diese bis 1994 in ein Kulturzentrum zu verwandeln.

Von der gotischen Hauptburg sind der Torturm des 14. Jh. mit Wurflöchern, Eckwarten und einer feldseitigen Zugbrückenblende sowie die im Kern alten Nord- und Südflügel erhalten. Auf dem Platz des mittelalterlichen Westflügels wurde ein moderner Gebäudetrakt erbaut, in dem das Kreisarchiv untergebracht ist.
Durch den Torturm (d) erreicht man das von einer Mauer umschlossene Gelände der Vorburg. Auf ihrer Nordwestecke steht der aus Backstein und Basalt erbaute Juddeturm mit barocker Dachhaube. Im nördlichen Teil der Vorburg liegen das Herren- und Kechthaus, die ebenfalls um einen modernen Glas-Stahlanbau erweitert wurden und heute das Kreismuseum beherbergen. Auf der Südseite kann der Besucher das 1983 behutsam restaurierte Feldtor, ein Doppeltor mit Torgassenmauern, Wurflöchern und polygonalen Eckwarten, bestaunen. Dieses Tor ermöglichte im Spätmittelalter einen von der Stadt unabhängigen Zugang zur Burg.

Juddeturm in der Vorburg mit barocker Haube. Foto: J. Wroblewski, 2001.

19_Haus Fürth

Haus Fürth gilt zu Recht unter den niederrheinischen Wasserburgen als Besonderheit, ist es doch die einzig erhalten gebliebene Anlage, die teilweise in Fachwerktechnik

Ort:	Korschenbroich-Glehn, Kreis Neuss
Zustand:	Haupt- und Vorburg erhalten
Zugang:	Privatbesitz, kein Zugang
Anfahrt:	BAB 46, B 230 Glehn
Gaststätte:	–

ausgeführt ist. Ein zweites, ebenfalls sehr schönes Beispiel hierfür war Haus Laach, Kreis Bergheim, das aber schon vor dem 2. Weltkrieg unbewohnt dem Verfall überlassen worden war, um wenig später ganz zu verschwinden.

Das am Kommernbach gelegene Haus Fürth, heute im Besitz der Grafen von Spee, wurde in klassischer Zweiteilung in der feuchten Niederung erbaut. Haupthaus (a) und Wirtschaftshof (b) liegen gemeinsam auf einer unförmigen Insel, die von einem Wassergraben umschlossen wird. Ein möglicher Trenngraben zwischen dem Herrenhaus und dem Wirtschaftshof ist heute im Gelände nicht mehr auszumachen, jedoch typologisch vorauszusetzen. Der Zugang zum Wirtschaftshof erfolgt über eine Brücke von Nordwesten, die ein wappengeschmückter Torbau sicherte. Das Herrenhaus liegt am nordöstlichen Rand der Burginsel.

Der Grundriss des Herrenhauses wird gerne als kreuzförmig beschrieben, doch trifft dies bei genauerer Betrachtung nicht ganz zu. Vielmehr haben wir es mit zwei rechtwinkligen, ineinander verschachtelten Gebäudetrakten zu tun, deren offene Winkelseiten voneinander abgewendet sind. Nord- und Ostflügel sind in der schon erwähnten Fachwerktechnik errichtet, Süd- und Westflügel dagegen massiv in Backstein. Die Fachwerktrakte orientieren sich zum äußeren Wassergraben hin und ruhen auf einem Sockel aus Liedberger Sandstein. An die Hofseite der beiden anderen Flügel ist ein quadratischer Treppenturm gesetzt.

Ansicht von Westen. Foto: J. Wroblewski, 2001.

So verschieden die Baumaterialien und

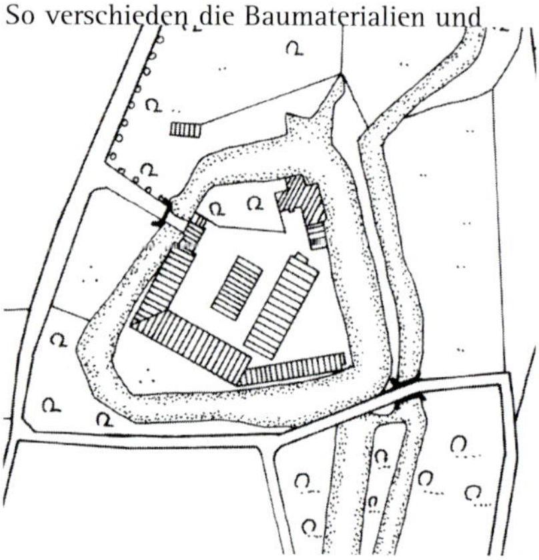

Lageplan; a=Hauptburg, b=Vorburg. Zeichnung: W. Janssen, 1997.

Bautechniken ausfallen, so verschieden sind auch die Entstehungszeiten der Gebäudepartien. Noch dem 15. Jh. werden die Fachwerkflügel zugerechnet. Kräftige Holzständer ziehen bis in das Obergeschoss hinauf, das von einem auskragenden Dach abgeschlossen wird. Die Gefache sind, entgegen der sonst geläufigen Art, nicht mit

Lehmflechtwerk geschlossen, sondern mit Backsteinen. Neben den üblichen horizontalen Steinschichtungen finden sich auch in Fischgrättechnik vermauerte Gefache. Für Belichtung der Innenräume sorgen lange Querstockfenster sowie Kreuzstockfenster in Holzausführung. Die zum Innenhof liegenden Süd- und Westflügel gehören einer jüngeren Ausbauphase an, die ins 17. Jh. datiert. Während der südliche Flügel einen Treppengiebel aufweist, ist der westliche mit einem Schweifgiebel versehen. Auf der zum Wassergraben hin liegenden Nordseite des Westflügels haben sich in der Außenwand zwei auf gleicher Höhe befindliche Kragsteine erhalten, die mit darüber befindlichen Bauspuren auf einen Aborterker an dieser Stelle hinweisen. Die Exkremente wurden über die Wassergräben entsorgt.

Haus Fürth mit seinen Fachwerkflügeln überliefert eine Bautechnik, die im Burgenbau des Mittelalters ebenso verbreitet war wie im zeitgleichen ländlichen und städtischen Hausbau. Die schnelle Vergänglichkeit dieser Bauten führte zum weitgehenden Untergang derartiger Gebäude auf den Burgen im Rheinland. Fachwerkaufbauten gab es auf Türmen und Ringmauern, wo sie Wehrgänge bildeten. Auch die Wirtschaftsgebäude der Vorburgen wurden bevorzugt in Fachwerk errichtet, da diese Bauweise einfach und kostengünstig war. Zu diesen zumeist in klassischer Weise mit Lehmflechtwerk ausgeführten Fachwerkbauten gesellten sich im Spätmittelalter Fachwerke mit Ziegelausfüllungen.

Vergegenwärtigt man sich die Nähe des Hauses Fürth zu dem nur 1 km entfernten Natursteinvorkommen am Liedberg, so verwundert es, dass man beim Bau des Hauses im 15. Jh. nur für die im Wasser stehenden Sockel auf Naturstein zurückgegriffen hat.

Ob Kostengründe oder individuelle Vorlieben für die Fortführung des Baues in Fachwerktechnik ausschlaggebend waren, bleibt spekulativ. Haus Fürth zeigt aber auch, dass der Adelige des Mittelalters zwar eine Burg als Standes- und Machtsymbol brauchte, dass ihm jedoch verschiedenste Bauformen und Konstruktionsweisen zur Auswahl standen.

Haus Fürth wurde zwischen 1958 und 1964 behutsam restauriert. Die gepflegte Anlage ist Privatbesitz und für Besucherverkehr gesperrt, jedoch vom nahe vorbeiführenden Weg aus gut sichtbar.

Ansicht von Norden. Rechts einer der beiden Fachwerkflügel über einen Sockel aus Liedberger Sandstein. Foto J. Wroblewski, 2001.

20_Schloss Gartrop

Von der Autobahn kommend, fährt man auf einer Landstraße nördlich an Hünxe vorbei zum Ortsteil Gartrop, einer kleinen Siedlung, die sich südlich der Straße er-

Ort:	Hünxe-Gartrop, Kreis Wesel
Zustand:	Schloss und Vorburg erhalten
Zugang:	Privatbesitz, kein Zugang
Anfahrt:	BAB 3 Abfahrt Hünxe
Gaststätte:	Schloss Café, Tel. 02858/2192

streckt. Diese Siedlung entwickelte sich aus der wohl noch im 18. Jh. hierher transferierten Schlossfreiheit und lag ursprünglich nördlich der Straße zwischen dem Mühlenbach und dem Schlossgraben, dort, wo heute noch die aus dem 15. Jh. stammende, später mehrfach veränderte Mühle steht. Sie umfasste damals auch die Häuser der Bediensteten.

Gartrop lässt sich 1337 erstmals als Sitz des *Hendric de Gardapen* nachweisen, dessen Familie mit Besitz bei Hünxe und Götterswick schon im 13. Jh. erwähnt wird. 1376 gelangte Gartrop durch Heirat an die Herren von Huchtenbrock/Hüchtenbruck, die bis dahin Dienstmannen der Reichsabtei Werden waren. Im Dienste der Grafen und Herzöge von Kleve, später der Kurfürsten von Brandenburg und Könige von Preußen, stiegen sie zu deren Amtmännern, Räten, Drosten und Erbkämmerern auf. 1650 wurde Freiherr von Hüchtenbruck brandenburgischer Amtskammerpräsident in Kleve und 1665 schließlich Landkommissar des Herzogtums.
Das Rittergut erbte 1716 Reichsfreiherr Wilhelm Albrecht von Quadt, der seit 1709 auch den mütterlichen Familiennamen und das Wappen der Hüchtenbruck weiterführte. Als 1805 der 1786 in den preußischen Grafenstand erhobene Direktor der klevischen Ritterschaft, Karl Wilhelm von Quadt zu Wickrath und Hüchtenbruck, starb, ging Gartrop an den niederländischen Zweig der freiherrlichen Familie von Nagell.

1993 wurde das Schloss – ohne den umliegenden Grundbesitz und leider auch ohne die zugehörige historische Innenausstattung – an den Essener Unternehmer Professor Thumulla verkauft. Dieser ließ das Schloss beispielhaft und aufwändig restaurieren.

Ansicht von Süden mit Schloss, Kapelle, Gartenhaus und Mühle. Lithografie von Th. Hartmann nach H. Deiters, 1866/67.

Die Baugeschichte spiegelt sehr anschaulich den jeweiligen ständischen und wirtschaftlichen Aufstieg ihrer Besitzer wider. Im Zentrum der heutigen Anlage erhebt sich das bis 1828 allseitig von Wasser umgebene Hauptgebäude. Äußerlich präsentiert sich dieses als zweigeschossiger, über hohem Kellergeschoss errichteter Rechteckbau mit kräftigen Risaliten an den Langseiten. Tatsächlich handelt es sich um eine Vierflügelanlage, deren kleiner Innenhof 1880/85 hallenartig überdacht wurde. Ältester Teil ist der Nordflügel, dessen aufgehendes Mauerwerk noch auf das ursprüngliche Burghaus des 14. Jh. zurückgeht. Diesem gegenüber wurde später der Südflügel gebaut, dessen Außenmauern noch mittelalterlich sind. Der wohl im 16. Jh. errichtete, leicht nach Westen versetzte Verbindungstrakt schloss die beiden Burghäuser zu einer Dreiflügelanlage.

Aus den Jahren 1653–1660 stammen verschiedene Umbaupläne, die bis 1993 im einstigen Schlossarchiv erhalten waren. Nach diesen wurde der Außenbau in seiner heutigen Form mit einheitlicher Fenstergliederung erstellt. Das bei der dendrochronologischen Bestimmung von Dachwerk und Obergeschossdecke ermittelte Jahr 1666 dürfte die Fertigstellung des Rohbaus markieren, während der Ausbau erst 1675 abgeschlossen wurde. Eine entsprechende Datierung ist an dem zweigeschossigen, säulengerahmten und wappenbekrönten Eingangsportal angebracht. Über dem Eingang erhebt sich ein gedrungener Uhrturm, der mit seiner hohen barocken Schweifhaube nur wenig über die durch Schornsteine akzentuierten Walmdächer der übrigen Flügel hinausragt.
Im Innern wurde das Kellergeschoss zur Wirtschaftsebene mit Küche ausgebaut und weitgehend neu eingewölbt. Das Erdgeschoss gestaltete man als Belétage mit einem großen Festsaal und Salons, die mit teilweise figürlichen Stuckdecken ausgeschmückt wurden. Besonders beeindruckend sind die im Rheinland einzigartigen Chinoiserien: Die nach dem Vorbild der Innenausstattung des Teehauses von Schloss Sanssouci in Potsdam angefertigten, mit asiatischen Motiven bemalten Wandverkleidungen aus Stoff belegen die engen Beziehungen des 1765 zum Erbmarschall des Herzogtums Kleve ernannten Karl Wilhelm von Quadt zum preußischen Königshaus.

Im 19. Jh. wurden das barocke Treppenhaus erneuert, Sanitäranlagen, Personaltreppen und -gänge eingebaut sowie im Dachgeschoss Gästezimmer eingerichtet. Die mit diesen Umbauten verbundenen Mauereingriffe und zu schwachen Konstruktionen erforderten bei der Renovierung in den Jahren nach 1993 umfassende statische Sicherungsmaßnahmen und eine weitgehende Rückführung auf den barocken Bauzustand. Der Verlust historistischer Raumfassungen war dabei zu vernachlässigen, da die zugehörige Innenausstattung bereits beim Verkauf 1993 entfernt worden war.

1836 erfuhr die regelmäßig strukturierte Schlossanlage tief greifende Umgestaltungen: Die dreiflügelige Vorburg wurde bis auf den Nordtrakt abgerissen und nach Norden über den verfüllten Graben erweitert. Die neuen Fassaden entwarf der Kreisbaumeister W. Damen aus Mühlheim/Ruhr. Die 1698 für die reformierte Patronatsgemeinde errichtete Schlosskapelle wurde neugotisch umgebaut, wobei man sich die portugiesische Dominikanerklosterkirche Santa Maria in Batalha zum Vorbild nahm.
Zu beiden Seiten der um 1710/20 mit zwei flankierenden Gartenhäusern gestalteten Toreinfahrt wurde der Außengraben zugeschüttet. Das Vorburggelände gestaltete F. M. Weyhe zu einem Landschaftspark, der das östlich angrenzende, im 18. Jh. mit sternförmigen Sichtschneisen durchformte Waldgelände integrierte.

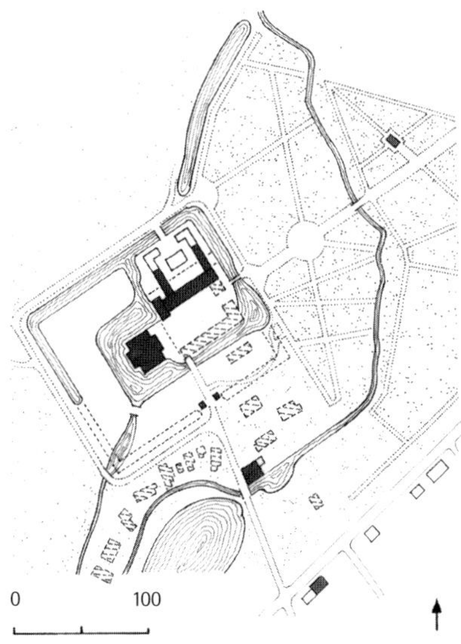

Lageplan; punktgerastert= vorhandene historische Gebäude, schraffiert=nicht mehr vorhandene Gebäude, gestrichelt= ehemalige Wassergräben, weiß=jüngere Ausbauten; Umzeichnung BfB nach W. Hansmann, G. Knopp, 1981.

21_Schloss Grevenbroich

Von der einst stattlichen Burg der Grafen von Kessel und Jülich hat sich bis auf einen Schlossflügel und einen Torbau nichts mehr erhalten.

Ort:	Grevenbroich, Kreis Neuss
Zustand:	Palas und Torbau erhalten
Zugang:	Schlosshof und Gaststätte
Abfahrt:	BAB 46, Grevenbroich Ortsmitte
Gaststätte:	Altes Schloß, Tel. 02181/161384

Im Jahr 1273 verpfändete Graf Heinrich von Kessel dem Erzbischof von Köln seine *villa de Bruche*, wobei es sich um die Burg handeln dürfte. 1276 bestätigte der Graf in einer Urkunde, dass er das *castrum Bruche*, d.h. die Burg, als erzbischöfliches Lehen halte. Anfang des 14. Jh. starben die Grafen von Kessel aus und ihr Besitz in Grevenbroich wurde zum Zankapfel zwischen dem Grafen von Jülich und dem Erzbischof von Köln. 1307 sprach Herzog Johann von Brabant die Burg in Grevenbroich vermittels eines Schiedsspruches dem Jülicher Grafen zu. Die Grafen und späteren Herzöge von Jülich machten Grevenbroich und die Burg zum Zentrum eines gleichnamigen Amtes, wobei die Burg einerseits als Residenzort der Amtleute und Vögte, andererseits als rechtlicher und wirtschaftlicher Mittelpunkt des Amtes fungierte. Die Bedeutung der Burg unter den Jülichern findet ihren Ausdruck in dem schlossartigen Ausbau des 15. Jh. Darüber hinaus war sie wiederholt Versammlungsort des Jülicher Landtages. Im Jülicher Territorium bildete Grevenbroich den östlichsten Vorposten gegen das konkurrierende Erzbistum Köln. Als 1609 der letzte Herzog von Jülich-Kleve-Berg kinderlos verstarb, ging Grevenbroich mit den Landesteilen Jülich und Berg an das Haus Pfalz-Neuburg über. Im Verlauf der Neuzeit verlor das Schloss Grevenbroich zunehmend an Bedeutung und wurde durch Abrisstätigkeiten im Bestand reduziert. Nach dem 2. Weltkrieg war der Schlossflügel einsturzgefährdet. Er wurde bis 1955 in Stand gesetzt und 1958 zu einer Dreiflügelanlage erweitert.

Das Schloss zu Grevenbroich lag südlich der späteren Stadt (1311) auf einem von allen Seiten von der Erft umflossenen Areal. Die beiden Burginseln hatten eine unregelmäßige Grundform – ein Umstand, der auf die Gründungsanlage der Grafen von Kessel im 13. Jh. zurückgehen könnte. Überhaupt dürften Topografie und Burgname auf einen möglichen Kontext zwischen Bruchkolonisierung und Burggründung hinweisen. Die Urbarmachung von unangetasteten Naturräumen war im 13./14. Jh. für die aufstrebenden Landesherren ein Instrument zum Ausbau ihres Territoriums. Diese Vorhaben begleiteten sie sowohl symbolisch als auch militärisch mit dem Bau von Burgen, die zusätzlich rechtliche und ökonomische Funktionen beinhalteten.

Schlossflügel (15. Jh.) von Grevenbroich. Unterhalb des Dachansatzes verläuft ein Spitzbogenfries. Die rechte Giebelwand wird von einer Ecke des alten Treppenaufganges durchstoßen. Foto: J. Wroblewski, 2001.

Über die Burggebäude aus der Zeit vor dem 15. Jh. ist nichts bekannt. Überlegungen zu einer möglichen Mottenanlage des 13. Jh. bleiben spekulativ, denn in diesem Jahrhundert begann der Adel im Rheinland auch mit neuen Bauformen jenseits der altbewährten Motte zu experimentieren. Klarheit könnten hier nur Ausgrabungen bringen. Der unregelmäßige Verlauf der Palas-Außenwand, deutlich zu erkennen im schräg gestellten Giebel und einer leicht geknickten Außenecke, dürften auf eine ältere Vorgängerbebauung zurückzuführen sein. Der sich am Rand der alten Hauptburginsel erhebende schlossartige Gebäudeflügel aus Backstein (a) entstammt seinen Formen nach dem 15. Jh. Früher stieß an diesen Bau hofseitig ein weiterer Flügel (b) im rechten Winkel an, über dessen Aussehen Unklarheit besteht, der aber in seiner Höhe dem heutigen Bau entsprochen haben wird. Dies legen zumindest jene Bauspuren nahe, die hier bis 1958 sichtbar waren.

Der Schlossflügel von Grevenbroich ist ein imposantes Beispiel für einen spätmittelalterlichen Palasbau, wie er im 14./15. Jh. auf fast allen bedeutenden Burgen des Hochadels im Rheinland zu finden war. Seine Dimensionen, mit einer äußeren Länge von 37,40 m und einer Breite von 10,45 m, ordnen ihn unter den größeren Vertretern seiner Gattung ein. Über einem tonnengewölbten Keller erhebt sich der wuchtige Bau über zwei Geschosse. Unterhalb des Dachansatzes läuft ein Spitzbogenfries auf Hausteinkonsolen um das Gebäude. Die Kreuzstockfenster sitzen zum großen Teil noch an ihrem angestammten Platz – ein seltener Umstand angesichts der Tatsache, dass besonders Tür- und Fensteröffnungen an Burgen und Schlössern regelmäßig modischen Veränderungen unterworfen waren.
Hofseitig ist dem Palas ein quadratischer jüngerer Treppenturm mit Pyramidendach vorgesetzt (c). Der alte Treppenaufgang ist innerhalb der stadtseitigen Giebelwand (d) integriert, wobei eine Mauerecke des im Grundriss quadratischen Treppentürmchens die schräg fluchtende Giebelwand außen durchstößt. Das Innere des Palas war über eine durch alle Geschosse ziehende Zwischenwand in je zwei große Räume unterteilt. Im so genannten Rittersaal wurde diese Wand nachträglich entfernt.

Der nach dem 2. Weltkrieg an den gotischen Palas in moderner Architektur angebaute rechtwinklige Gebäudeflügel ist als ein Versuch zu werten, die verloren gegangene bauliche Geschlossenheit der Anlage in Verbindung mit einer Nutzungsoptimierung wiederzugewinnen. Ein Versuch, der rückblickend kritisch zu bewerten ist. Die ehemalige Lage des Schlosses zur Siedlung Grevenbroich und das historische Umfeld sind heute durch die herangerückte Bebauung, die unter anderem einen Sportplatz und ein Hallenbad umfasst, stark beeinträchtigt worden. Im Palasflügel ist in den Kellergewölben die Gaststätte „Altes Schloß“ untergebracht. Die darüber liegenden Säle dienen der Stadt als Konferenz- und Veranstaltungsort.

Von den Gebäuden des früheren Wirtschaftshofes ist nur noch ein einfacher Backsteintrakt von 1724 und ein kleiner Torbau mit rundbogiger Durchfahrt und Fachwerkobergeschoss erhalten.

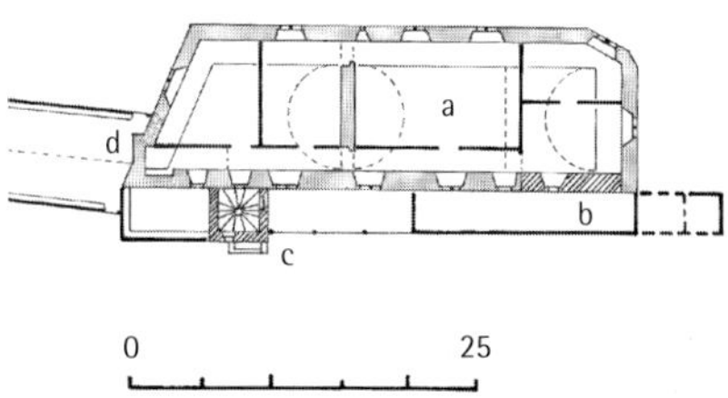

Grundriss Schlossflügel gegen Ende des 19. Jh. a–d=Bauteile, siehe Text. Umzeichnung BfB nach P. Clemen, 1897.

22_Schloss Haag

Schloss Haag gehört trotz der Zerstörung des Haupthauses im 2. Weltkrieg zu den imposantesten Burganlagen am Niederrhein. Die innere Vorburg ist ein beeindruckendes Beispiel für eine gut erhaltene, im Kern spätmittelalterliche Vorburg.

Ort:	Geldern-Kapellen, Kreis Kleve
Zustand:	Vorburg erhalten
Zugang:	Golfclub, Restaurant
Anfahrt:	B 9, Geldern, Kapellener Straße
Gaststätte:	Golfrestaurant, Tel. 02831/924425

Die Archivalien zu Schloss Haag setzen 1337 mit der Überlieferung eines Hofes *in ghen Haege* ein, der als klevisches Lehen im Besitz des Konrad von Issum war. 1353 werden sogar zwei Höfe erwähnt, auf die Wilhelm von Boedberg zu Gunsten seines Bruders Johan verzichtete. Erst nach 1382 ging Haag in den Gerichtsbezirk von Kapellen auf, um fortan Bestandteil des Amtes Geldern innerhalb der Grafschaft Geldern zu sein. Johan von Boedberg, ein Enkel des vorgenannten Johan, war ein hochrangiges Mitglied der geldrischen Ritterschaft. 1431 gelang es ihm, das Erbmarschallamt des Herzogtums Geldern zu erwerben. Mit dem Tod der beiden kinderlos gebliebenen Brüder Cornelius und Arnold von Boedberg 1586 bzw. 1613 ging das Erbe an Ulrich von Hoensbroech über, der mit einer Schwester der beiden Brüder, der Johanna von Boedberg, verheiratet war. Bis heute ist die Familie von Hoensbroech im Besitz von Schloss Haag.

Zu welchem Zeitpunkt aus den Höfen des 14. Jh. im rechtlichen wie im baulichen Sinne eine Burg geworden ist, lässt sich nicht sicher beantworten. Schloss Haag besteht heute aus einer inneren und einer nördlich vorgelagerten äußeren Vorburg. An der Stelle des Haupthauses wächst nun grüner Rasen, denn die schweren Zerstörungen durch Bomben im 2. Weltkrieg machten einen Wiederaufbau nahezu unmöglich.

Über das Aussehen der vorbarocken Hauptburg ist fast nichts bekannt. Lediglich die asymmetrische Anordnung der Hauptburginsel gegenüber der Vorburg lässt auf eine ältere Gründung schließen. Das 1662–1664 durch Arnold Adrian von Hoensbroech errichtete barocke Haupthaus war ein über der Kellerebene zweigeschossiges Gebäude, mit zwei an die Hofseite plazierten Risaliten. Das Haus wurde 1876/77 im Stil der Neugotik aufgestockt und umfassend verändert. 1902 kam an der Nordostecke eine einschiffige Schlosskapelle hinzu.

Die innere Vorburg von Südwesten. Auf der vorderen Grünfläche stand bis 1945 das neugotische Haupthaus. Foto: J. Wroblewski, 2001.

Die westlichen und nördlichen Außenmauern der fast quadratischen inneren Vorburg (ca. 41x45 m), die von den Ecken der Nordseite vorspringenden Rundtürme mit ihren gotischen Knickdächern und der südwestliche quadratische Torbau gehören in ihrer Bausubstanz dem Spätmittelalter an. 1686–1688 wurden barocke Wirtschaftsflügel hinzugefügt, wobei der Ostflügel mit seinem runden Treppenturm über der Südostecke ein weitgehender Neubau dieser Zeit zu sein scheint. Sein Außenmauerwerk enthält ältere Bausubstanz, beispielsweise zugemauerte Schlitzscharten. Diese ähneln in Aussehen und Dimension den Scharten der übrigen Außenmauern.

Der barocke Westflügel wurde im 2. Weltkrieg zerstört und nicht wieder aufgebaut. Stattdessen rekonstruierte man die erhalten gebliebene Ringmauer mit Wehrgang und Schießscharten. Der viereckige Torturm im Südwesten markiert den ursprünglichen Zugang zur Vorburg, denn die beiden aufwändigen Torportale im Norden und Osten entstanden gemeinsam mit den Wirtschaftsgebäuden erst in der Barockzeit.

Im Nordflügel haben sich analog zur rekonstruierten Ringmauer auf der Westseite die spitzbogigen Arkaden des Wehrganges sowie Schießkammern im Erdgeschoss und im Dachstuhlbereich erhalten. Die meisten Schießscharten zeigen lange schmale Schlitzöffnungen, an deren Innenseiten sich noch die Prellhölzer erhalten haben. Diese querliegenden Hölzer nutzte man zum Verankern der Hakenbüchse, die im vorderen Drittel des Rohres an ihrer Unterseite einen Haken besaß, den man im Prellholz einhängte. Hierdurch wurde der gewaltige Rückstoß beim Abfeuern der Büchse stark gedämpft. Hakenbüchsen waren im 15. Jh. gebräuchlich. Zusätzlich finden sich in den Rundtürmen große, mit Sandsteingewänden gefasste Schlüsselscharten, die ganz speziell für den Einsatz von Hakenbüchsen konzipiert waren.

Die äußere hufeisenförmige Vorburg wurde 1688 geschaffen und dient heute Wohnzwecken. Die parkähnliche Umgebung des Schlosses mit ihrem wertvollen Baumbestand geht auf Gartenanlagen des 17. und 19. Jh. zurück.
Als man das Umfeld des Schlosses 1997 zu einem Golfplatz umgestaltete, baute man in die innere Vorburg ein Restaurant und mehrere Büroräume ein. Die dabei im Innenhof durchgeführten Ausgrabungen lieferten neue Erkenntnisse zur Baugeschichte der Vorburg. So konnten auf der zur ehemaligen Hauptburginsel blickenden Südseite eine niedrige Umfassungsmauer sowie Mauerwerk eines nicht näher bestimmbaren Bauwerks (Torbau, Brücke ?) dokumentiert werden. Weiter konnten der Zwischengraben und der westliche Wassergraben in ihren verschiedenen Nutzungsphasen erfasst werden.

Die innere Vorburg von Schloss Haag entstand wohl in einer einzigen großen Bauphase. Konzeption und Schießscharten legen eine Datierung in die 2. Hälfte des 15. Jh. nahe, wobei – was die Konzeption betrifft – Analogien zur Vorburg von Vondern bei Oberhausen vorliegen.

Schloss Haag mit seiner Golfanlage, seinem Restaurant, seinen kulturellen Veranstaltungen und seinen historischen Bauten bildet ein in vielerlei Hinsicht lohnenswertes Ausflugsziel.

Die gotischen Rundtürme der inneren Vorburg von Osten gesehen. Im vorderen Rundturm ist eine in Sandstein gefasste Schlüsselscharte zu erkennen. Foto: J. Wroblewski, 2001.

23_Schloss Hardenberg

Umgeben von bewaldeten Bergrücken liegt inmitten einer gepflegten Parkanlage Schloss Hardenberg, das heute als kulturelles Zentrum von Neviges dient. Der Ort

Ort:	Velbert-Neviges, Kreis Mettmann
Zustand:	Hauptburg erhalten, Vorburg teilsaniert
Zugang:	Museum, Tel. 02053/912-212
Anfahrt:	BAB 44 (im Bau), BAB 46/535, B 224
Gaststätte:	–

erhielt 1935 wieder seinen ursprünglichen Namen, der sich von dem Bach *Navigisa* ableitet, nachdem er zuvor als Fronhof nach der Burg und der gleichnamigen kleinen Herrschaft benannt worden war. Seit 1975 ist die ehemalige Stadt Neviges Ortsteil von Velbert.

Die Gründung des heutigen Schlosses erfolgte durch die 1145 erstmals urkundlich erwähnten Grafen von Hardenberg. Diese hatten seit der Mitte des 11. Jh. auf dem nahe gelegenen Hardenberg ihren Stammsitz, die so genannte *alte Burg*. Diese ummauerte Anlage mit kleinem Wohnhaus und freistehendem, aus Bossenquadern errichtetem Bergfried, ist heute noch in den 1888 freigelegten Grundmauern erkennbar. Sie wurde aufgegeben, nachdem die Grafen von Hardenberg wahrscheinlich in der 2. Hälfte des 13. Jh. ihren Wohnsitz ins Tal verlegten, wo vorspringende Höhenzüge einen leicht kontrollierbaren Engpass unterhalb der bestehenden Siedlung bildeten.

1355 verkauften die Grafen von Hardenberg ihren Besitz an den Grafen Gerhard von Berg, um sich auf der Burg Hardenstein bei Herbede an der Ruhr niederzulassen. Als bergisches Amt wurden Burg und Herrschaft Hardenberg in der Folgezeit häufig verpfändet, bis es Herzog Wilhelm III. von Jülich und Berg 1496 an seinen Rat und Stallmeister Bertram van Gevertzhain gen. von Lützenraide als erbliche Unterherrschaft übertrug.
Durch Erbschaft ging es 1525 an die Familie von Bernsau über, die mit ihren Untertanen zum Protestantismus übertrat, bevor sie 1551 die Leibeigenschaft in Hardenberg aufhob. 1649 kehrte die Familie zum Katholizismus zurück.
1655 heiratete die Erbtochter Isabella Margaretha den Freiherrn Friedrich Arnold von Schaesberg und gründete 1676 zusammen mit ihrer Mutter Anna, geborene von Asbeck zu Achtermberg, in Hardenberg ein Franziskanerkloster. Hierdurch wurde der Ort zu einem gegenreformatorischen Zentrum, das sich seit 1681 zu einem der berühmtesten Marienwallfahrtsorte des Rheinlands entwickelte.

1697 kam Hardenberg in den Besitz der verwandten Freiherren von Wendt. Nachdem die Herrschaft Hardenberg 1808 dem französisch regierten Großherzogtum Berg und 1815 den preußischen Rheinlanden angegliedert worden war, gelangte das Schloss durch Heirat an die niederländischen Grafen Marchant-Ansembourg, die es 1939 an die Stadt Neviges verkauften.

Schloss Hardenberg von Osten. Lithografie: Theodor Albert nach einer Fotografie, um 1883.

Das Schloss besteht aus Haupt- und Vorburg, die mit Teichen und heute teilweise ausgetrockneten Wassergräben umwehrt sind. Das heutige Herrenhaus geht auf einen dreigeschossigen Winkelbau zurück, der aufgrund seiner Gestalt und Baudetails

(Erkertürmchen) wohl noch im 15. Jh. erbaut wurde. Grabenseitig besaß das Gebäude am Dachansatz auf Konsolen vorkragende Eckerkertürmchen und auf der freien Hoffläche einen rechteckigen Turm.
Nach einem Brand, bei dem der östliche Flügel zerstört wurde, ließ die engagierte Isabella Margaretha von Schaesberg 1682–1696 den bisherigen Winkelbau zu einem geschlossenen Kubus erweitern, der flächig verputzt und mit einem mächtigen Mansarddach versehen wurde. Mit diesem Umbau wurde die altertümliche Burg zeitgemäßen, barocken Architekturformen angepasst. Jedoch blieb die Innenaufteilung des Schlosses weitgehend unverändert, sodass sich die einzelnen Bauteile und -phasen schon von außen deutlich an den unterschiedlichen Höhen und Formaten der Fenster ablesen lassen. Im Innern verweisen die verschiedenen Mauerstärken und Geschosshöhen auf den nachträglichen Ausbau.
Über dem rundbogigen Eingangsportal sind die Bauherrin Isabella Margaretha von Schaesberg mit ihrem Gatten und zwei ihrer Söhne durch Inschrifttafeln und ein von Löwen gehaltenes Allianzwappen verewigt.
Die historische Innenausstattung ist infolge der Umgestaltungen zu einer Jugendheimstatt in den 1950er Jahren und der Einrichtung moderner Ausstellungs- und Veranstaltungsräume in den 1970er Jahren weitgehend verloren gegangen. Erwähnenswert ist lediglich das Ende des 18. Jh. eingebaute Treppenhaus mit seinem in vereinfachten Louis-seize-Formen geschnitzten Geländer.

Wehrtechnisch bedeutsam ist die um 1500 angelegte Ringinsel (a), die als unregelmäßiges Viereck die Hauptburg (b) mit deren Innengraben umzieht und als Schutz vor Feuerwaffen dienen sollte. An ihren Ecken stehen noch die niedrigen runden Batterietürme mit verschieferten Kegelhauben. Nur zum Teil erhalten blieben die umlaufenden, gedeckten und halb unterirdisch angelegten Mauergänge mit ihren gleichmäßig angeordneten Schießscharten. Im 19. Jh. wurde der zur Vorburg gelegene Abschnitt samt Torturm, Zugbrücke und Graben eingeebnet.

Das ausgedehnte Vorburggelände (c) schließt im Süden mit einem dreiflügeligen Gebäudekomplex ab, dessen unterschiedlich lange Wirtschaftstrakte aus Bruchstein oder Fachwerk errichtet wurden. Während Maueranker den südlichen Mittelbau mit der Tordurchfahrt in das Jahr 1680 datieren, ergaben jüngste dendrochronologische Untersuchungen verschiedener Holzproben eine Bauzeit um 1720/30, wobei eine Mittelwand sogar erst zwischen 1734 und 1744 errichtet wurde. Auf die beiden feldseitigen runden Flankierungstürme deuten nur noch die erhaltenen Fundamente und die abgeschrägten, nach innen gewölbten Ecken der Flügelbauten hin.
Während die Hauptburggebäude bereits 1965–1975 restauriert wurden, konnte die in den 1980er Jahren begonnene Sanierung der 1973 teilweise ausgebrannten Vorburg noch nicht abgeschlossen werden.

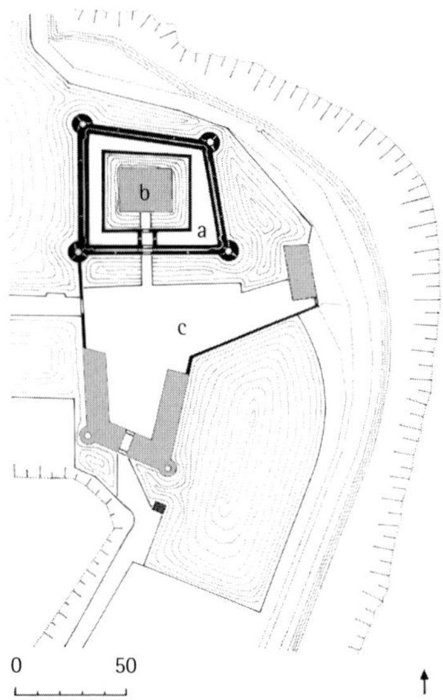

Lageplan. a=Ringinsel, b=Hauptburg, c=Vorburg. Umzeichnung BfB nach W. Hansmann, G. Knopp, 1981.

24_Haus zum Haus

Wenige hundert Meter nördlich des historischen Stadtkerns von Ratingen und unmittelbar am Rande eines ausgedehnten Waldgebiets liegt Haus zum Haus.

Ort:	Ratingen, Kreis Mettmann
Zustand:	Haupt- und Vorburg (z.T.) erhalten
Zugang:	Außenbesichtigung, Gaststätte
Anfahrt:	BAB 52, Ratingen
Gaststätte:	Restaurant Wasserburg, Tel. 02102/22586

Die von Wassergräben und verzweigten Bachläufen der Anger umgebene Burganlage war Stammsitz der Ritter vom Haus. Im 14. Jh. werden sie, ebenso wie das *Castrum Huys* selbst, wiederholt in den Schriftquellen genannt: zuerst erscheinen Reinhard und Adolf *de Domo* (lateinische Namensform), die 1309 eine Kaiserswerther Urkunde unterzeichneten.
1557 gelangte die Burg in den Besitz der Familie von der Horst und 1685 in den der Witwe des Freiherrn Heinrich Bertram von Zweiffel. 1768 erbte Freiherr Friedrich von Bawyr zu Frankenberg das Anwesen und verkaufte es wenig später an Hofrat Hermann Joseph Stercken.
1783 erwarb es die reichsgräfliche Familie von Spee, die seit vier Jahrhunderten auf dem etwa acht Kilometer entfernten Schloss Heltorf ansässig ist.
1973 übernahm schließlich der Architekt Bruno Lambart die baufällige Burg und ließ sie von Grund auf restaurieren. Heute ist Haus zum Haus wieder ein schmuckes Wahrzeichen der Stadt, das mit der hier eingerichteten Gastronomie und der reizvollen Umgebung zu einem Ausflug einlädt.

Ratingen entstand als Marktort an der Kreuzung zweier mittelalterlicher Handelswege: Der Hiliciweg verband Kaiserswerth mit Kettwig an der Ruhr und der Mauspfad führte von Köln über Werden nach Westfalen. 1276 erhob Graf Adolf V. von Berg die 809 erstmals erwähnte Siedlung zur Stadt, die im 14. Jh. aufgrund ihres bedeutenden Klingen- und Schmiedegewerbes Mitglied der Hanse wurde. Entsprechende Bedeutung kam der Burg zu, von der aus der Verkehr zumindest optisch kontrolliert werden konnte.

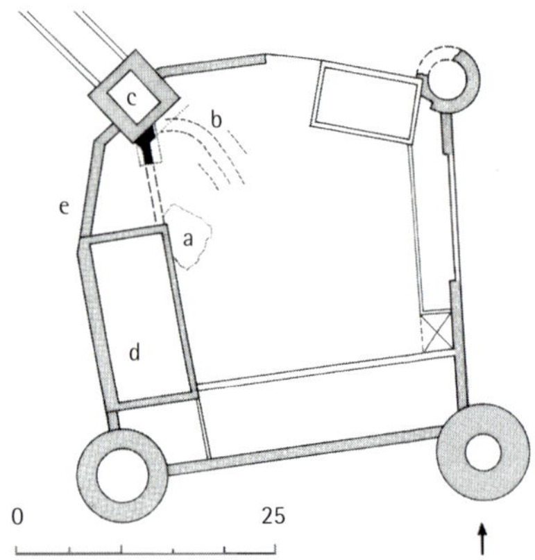

Plan der Hauptburg mit Grabungsbefunden von 1966. a=vermutl. ehem. Wohnturm (12. Jh.), b=ehem. östl. Außengraben (12. Jh.), c=Tor, d=Wohnhaus, e=Ringmauer. Umzeichnung BfB nach G. Binding, 1968.

1966 fanden sich bei einer archäologischen Teiluntersuchung des Burggeländes Hinweise auf den Ursprung von Haus zum Haus. Im heutigen Hofbereich verlief der östliche Graben einer wesentlich kleineren, auf einer leichten natürlichen Erhebung im Angertal gegründeten Anlage. Deren Mittelpunkt bildete vermutlich ein Wohnturm, der nach den Scherbenfunden wohl im 12. Jh. errichtet und wieder zerstört wurde. Nach der freigelegten, 20 cm massiven Brandschicht zu urteilen, bestand dieses Turmhaus zumindest in den oberen Geschossen aus Holz. Möglicherweise handelte es sich auch um ein berfesähnliches Gebäude (siehe Raveshof).

Gemäß der archäologischen Befunde erfolgte im 15. Jh. die Erweiterung der An-

Ansicht von Südwesten mit dem Wohnhaus. Foto: Krefelder Fotofreunde, B. Dembkowski.

lage auf die heutige Größe. Dabei dürfte es sich um die für 1447 schriftlich überlieferten Bauarbeiten des Marschalls Johann vom Huys handeln. Interessant ist, dass zur selben Zeit auch die Stadtbefestigung Ratingens mit Mauern und Türmen ausgebaut wurde.
Eine über 1 m breite Ringmauer aus Grauwacke-Bruchsteinen umschließt das Burggelände, dessen Hoffläche im 15. Jh. durch eine Lehmaufschüttung erhöht wurde. An der Nordwestecke steht auf quadratischem Grundriss der schräggestellte, dreigeschossige Torturm mit einfachem Satteldach. Heute führt eine steinerne Brücke auf das Portal zu, an dem noch der Anschlag für die einstige Zugbrücke erkennbar ist. Die anderen Ecken der Burginsel werden von drei mächtigen, mit einfachen Hauben gedeckten Rundtürmen flankiert, deren Mauern bis zu 3 m breit sind.
Bei den 1966 durchgeführten Ausgrabungen wurde direkt unter der Wegpflasterung an der Hofseite des Torturms ein etwa 1 m breites Mauerfundament aus Grauwackesteinen und Mörtel angeschnitten, das bauliche Veränderungen in diesem Bereich vermuten lässt. G. Binding deutete den Fund als Fundament der ursprünglichen Ringmauer aus dem 15. Jh. Demzufolge wäre die heutige Burg eine vollständige Neuanlage vom Ende des 16. Jh., die weitgehend die Umrisse ihrer Vorgängeranlage aufgreift. Die unter der Dachtraufe des Hauptgebäudes auf Eisenankern angegebene Jahreszahl 1596 belegt zwar in der Tat Baumaßnahmen zu dieser Zeit, doch dürften sich diese lediglich auf Umbauten beschränkt haben.
Das über einem Keller zweigeschossige Wohnhaus ist an die westliche Ringmauer angelehnt und besitzt dort noch werksteingerahmte gotische Kreuzstockfenster, wohingegen die Hofseite in Backstein erneuert wurde. In der nördlichen Verlängerung der Hoffassade wurde 1966 auch das Fundament einer etwa 80 cm breiten Mauer aus geschichteten Grauwackesteinen angeschnitten, das gegen das zuvor erwähnte ältere Fundament vor dem Torturm stieß. Diese Mauer gehörte zu einem leicht in die Erde eingetieften Gebäude mit Schieferplattenboden und einem Brunnen im stumpfen Innenwinkel der Ringmauer.
In anderen aus dem 19. und 20. Jh. stammenden, eingeschossigen Gebäuden, die entlang der Ringmauer den Hof umschließen, waren Scheunen und Stallungen untergebracht.

Auch die nordwestlich gelegene und im 16. Jh. über einem unregelmäßigen Viereck ausgebaute Vorburg war ursprünglich von Mauern und Gräben umgeben. Von der einstigen Bebauung blieb nur ein schmales, dreistöckiges Haus mit abgetrepptem Steingiebel und hofseitiger Fachwerkfassade erhalten. Einziger Rest der ehemaligen Befestigungen ist das große rundbogige Portal mit Schießscharten.

25_Schloss Heltorf

Zwischen Duisburg-Rahm und Düsseldorf-Angermund liegt Schloss Heltorf in einem um 1800 von Abbé Biarelle angeregten und wohl von Maximilian Friedrich

Ort:	Düsseldorf-Angermund
Zustand:	Schloss und Park erhalten
Zugang:	Privatbesitz, Außenbesichtigung
Anfahrt:	BAB 524, Angermund, Helt. Schlossallee
Gaststätte:	–

Weyhe gestalteten Landschaftspark. Diese Grünanlage gilt als einer der bestgepflegten englischen Parks des Rheinlands und ist von Mai bis Oktober an den Wochenenden zugänglich.

Helethorpe, das sich im Besitz der Herren de Heldorp/von Heltorf befand, wird erstmals im 11. Jh. in einem Rentenverzeichnis des Stifts Kaiserswerth genannt. Anfang des 14. Jh. war Ritter Heinrich von Grafschaft Eigentümer, doch bereits 1360 verkauften sein Sohn Adolf und dessen Frau Jutta das Anwesen an Thomas von Lohausen gen. Troisdorf und Aleide von Geynhoven. 200 Jahre blieb Heltorf im Besitz der Familie von Troisdorf, bevor es durch Erbteilung (1583) und Heirat schließlich an die Familie von Spee gelangte, die es bis heute bewohnt und bewirtschaftet.

Über die mittelalterlichen Baulichkeiten ist lediglich bekannt, dass sie 1504 bis auf die Grundmauern niederbrannten. Die wiedererrichtete Burg- oder Schlossanlage erfuhr im Dreißigjährigen Krieg erneut so starke Beschädigungen, dass Friedrich Christian von Spee 1669 umfassende Baumaßnahmen einleitete. Zunächst wurden das Herrenhaus und bis Ende des 17. Jh. eine neue Vorburg errichtet. In den 1780er Jahren erfolgten wohl kleinere Umbauarbeiten, wie ein 1780 datierter Keilstein an einem Seitenflügel der Vorburg belegt. So wurde 1787 auch das hohe Pyramidendach des Herrenhauses mit einer haubenbekrönten Laterne versehen.

Herrenhaus von Süden. Foto: J. Wroblewski, 2001.

Eine kurz vor 1800 entstandene Ansicht vermittelt einen Eindruck von der Gestalt der Anlage im 17. und 18. Jh.: Das Herrenhaus war ein frei im Wasser stehender, zweigeschossiger Bau auf quadratischem Grundriss. An allen vier Ecken traten gleichhohe Türme hervor, die geschweifte Hauben mit Kugelaufsätzen trugen. Eine Brücke verband das Herrenhaus mit der südwestlichen Ecke der in rechtwinklige Felder unterteilten Garteninsel.
Der nach Süden verlängerten Mittelachse des Herrenhauses folgend, führte zunächst eine zweite gemauerte Brücke auf die Vorburg und schließlich eine dritte über den äußeren Wassergraben. Diesem axialen barocken Gestaltungsprinzip entspricht auch die sich geradlinig anschließende, über einen Kilometer lange Heltorfer Schlossallee, deren Verlängerung am Schloss Kalkum endet.

Von den barocken Gebäuden blieb lediglich die dreiflügelige, zum Herrenhaus geöffnete Vorburg aus unverputztem Ziegelmauerwerk erhalten. An den beiden äußeren Ecken des eingeschossigen Hauptflügels springen zweigeschossige Türme mit hübschen Schweifhauben vor. Die heutige steinerne Brücke mündet am Torturm, der sich nur durch das mit bossiertem Haustein betonte Portal von den beiden anderen Türmen unterscheidet. Deutlich ist anhand ihrer Blende noch die einstige Zugbrücke erkennbar. Über dem 1693 datierten Portal ist das Wappen von Spee/von Loë eingelassen.

Das heutige Herrenhaus ist ein nobler dreigeschossiger Bau im klassizistischen Stil, dessen Fenster und Fenstertüren mit Hausteinrahmungen versehen sind. Das flache Walmdach wird durch ein Belvedere akzentuiert. Im hofseitigen Giebelfeld der beiden leicht vorgezogenen Mittelrisalite weist das 1825 datierte Allianzwappen auf den Bauherrn hin: Franz Joseph Anton Reichsgraf von Spee, verheiratet mit Sophie Gräfin von Merfeldt, ließ in den Jahren 1822–1827 das baufällig gewordene barocke Hauptgebäude erneuern. Die beiden 1800–1810 errichteten zweigeschossigen Seitenflügel wurden von Baumeister Heinrich Theodor Freyse (1774–1851) geschickt in den Neubau integriert. Gartenseitig bilden eingeschossige, viertelkreisförmige Eckbauten mit Balkonen die Übergänge zwischen den Trakten.

Die Düsseldorfer Kunstakademie erhielt Anfang des 19. Jh. den Auftrag, den Gartensaal mit einem Wandmalereizyklus auszuschmücken. Die Szenen aus dem Leben Friedrich Barbarossas, 1826–1841 von Karl Stürmer sowie den Schadow-Schülern H. Mücke, C. F. Lessing und H. Plüddemann ausgeführt, sind neben den Rethel-Fresken des Aachener Rathauses die einzigen erhalten gebliebenen Beispiele monumentaler Historienmalerei der Romantik im nördlichen Rheinland.

An den östlichen Seitenflügel angrenzend, wurde 1854 anstelle der 1716 gegründeten Schlosskapelle ein dreijochiger neugotischer Saalbau mit Chor im 5/8-Schluss errichtet. Die von Vincenz Statz entworfene Kapelle musste 1951–1953 nach schweren Kriegsschäden weitgehend erneuert werden.

Auf der gegenüberliegenden Hofseite wurde 1862 der achteckige, neugotische Bibliotheksbau errichtet.

Torturm der Vorburg von Süden. Foto: J. Wroblewski, 2001.

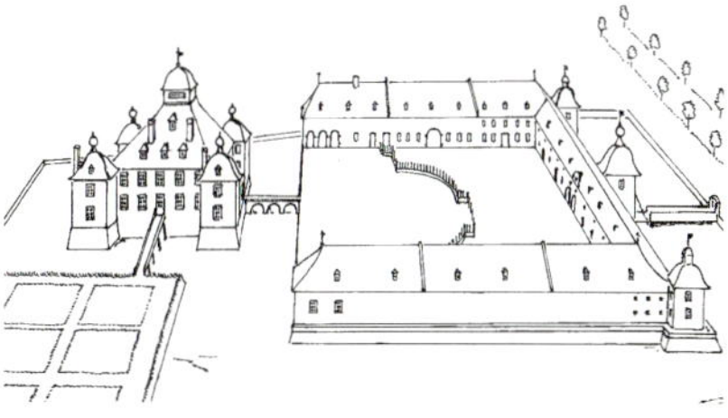

Ansicht der barocken, dreiteiligen Schlossanlage von Westen, Ende des 18. Jh.; A. Wemmers nach einer Federzeichnung im Archiv Schloss Heltorf.

26_Haus Hertefeld

Unmittelbar an den Ufern der Niers bei Weeze liegt das Denkmalensemble Haus Hertefeld, das aus der restaurierten Ruine des früheren Schlosses Hertefeld, einem

Ort:	Weeze, Kreis Kleve
Zustand:	Ruine gesichert
Zugang:	Privatbesitz, kein Zugang
Anfahrt:	B 9, Weeze, Am Tierpark
Gaststätte:	–

barocken Renteigebäude und einem Park französischen und englischen Stils besteht. Dieses wertvolle Kulturgut ist in besitzrechtlicher Hinsicht ein Unikum unter den Burgen und Schlössern des Niederrheins, da es, urkundlich belegbar, seit rund 700 Jahren von ein und derselben Adelsfamilie, den Herren von Hertefeld – den heutigen Grafen zu Eulenburg und Hertefeld –, gehalten wird.

Im Jahre 1179 wird mit Dietrich von Hertefeld erstmalig ein Vertreter jener Familie urkundlich erwähnt, die sich nach einer Örtlichkeit Hertefeld (nddt. „Hirschfeld") nennt. Das befestigte Haus wird erstmals 1317 genannt (*dat huyß ind die haeffstadt van hertevelt*), wobei davon auszugehen ist, dass die Familie schon lange vorher an diesem Ort lebte. Wie weit ihre Wurzeln zurückreichen, ist bisher nicht bekannt.

Das Haus erhebt sich vom Ostufer der Niers, direkt gegenüber dem auf der anderen Flußseite gelegenen Hochchor der Weezer Pfarrkirche St. Cyriakus. Diese räumliche Nähe hat sich keinesfalls zufällig ergeben, sondern hängt vielmehr mit den seinerzeitigen Rechten der Herren von Hertefeld zusammen, die im 14. Jh. auch die niedere Gerichtsbarkeit über die Kirchenleute von St. Cyriakus ausübten.

Zu dieser Zeit verfügten die Herren von Hertefeld neben dem Haus auch über eine gleichnamige Herrschaft, deren Eigenständigkeit jedoch durch eine allmählich Bindung an die Grafen von Kleve verloren ging. 1322 schließlich erwarb Graf Dietrich VII. von Kleve die Herrschaft von Wilhelm von Hertefeld, mit Ausnahme des Hauses, das erst 1325 in den Besitz des Grafen überging. Während einer nur neunjährigen Episode befand es sich ab 1349 aus bisher ungeklärten Gründen im Besitz der Ritter Loef van Hulhusen und Rikart van Kalkar, fiel aber bereits 1358 als klevisches Lehen wieder an Stephan II. von Hertefeld zurück, dem Graf Johann von Kleve zudem die Herrschaft und Vogtei verpfändete.

Als Stephan IV. von Hertefeld 1485 starb, hatten von seinen sechs Söhnen nur zwei überlebt, die fortan zwei Familienlinien

Schlossruine von Osten. Im Hintergrund die Pfarrkirche St. Cyriakus. Foto: V. Janßen, 2000.

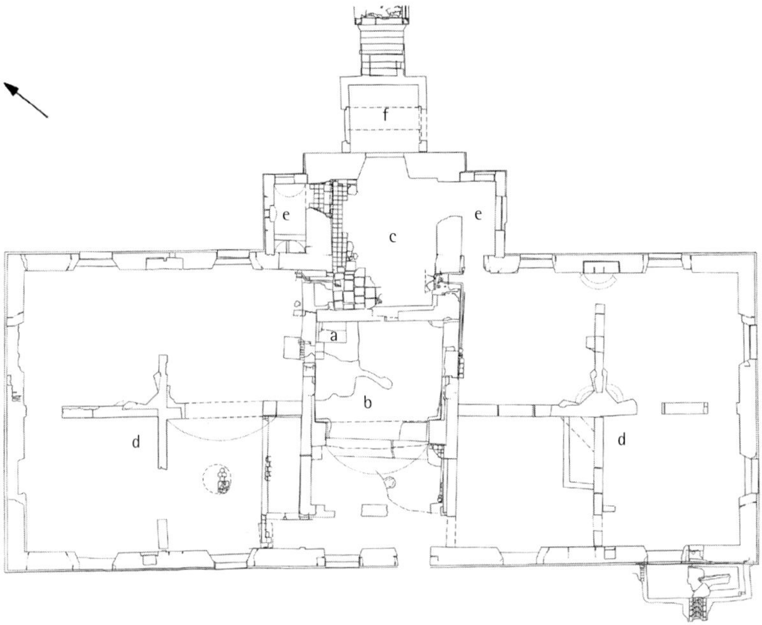

Grundriss des Erdgeschosses. a–f=Bauteile, siehe Text. Zeichnung: P. Dresen, V. Janßen. Büro für Burgenforschung, 1997.

bildeten: Die jüngere Linie mit Heinrich erhielt Haus Hertefeld, die ältere bezog unter Stephan VI. mit Haus Kolk in Uedem einen neuen Stammsitz. Dieser bildete den Ausgangspunkt für den erheblichen Zugewinn an politischem Einfluss, Ansehen und Wohlstand dieses Familienzweiges im 16. und 17. Jh.

Im 16. Jh. traten die Hertefelds als eine der ersten niederrheinischen Adelsfamilien zum reformierten Glauben über, den sie generationenlang in Weeze und Uedem entschlossen unterstützten. Sowohl Hertefeld als auch Kolk dienten hierbei als erste, zunächst noch geheime Versammlungsorte der jungen Kirchengemeinden. Später finanzierte die Familie den Bau der reformierten Kirchen in Weeze und Uedem und bezahlte die jeweiligen Prediger.

Die jüngere Linie auf Haus Hertefeld starb mit Elbert von und zu Hertefeld aus, der das Anwesen 1637 an seinen kinderlosen Stiefbruder Elbert von Steenhaus verpfändet hatte. Der vermögende Jobst Gerhard von Hertefeld zum Kolk nutzt daraufhin die Gelegenheit, den „Ursitz" Haus Hertefeld 1649 für die verbliebene ältere Familienlinie zurückzukaufen. Sein Vater, Stephan VII. von Hertefeld zum Kolk, hatte nach dem Aussterben des klevischen Herzogshauses im Jahre 1609 als Vertrauensmann des Kurfürsten von Brandenburg maßgeblichen Anteil an der Durchsetzung der kurfürstlichen Erbansprüche auf die vereinigten Herzogtümer am Rhein. Auf dieser Grundlage baute Jobst Gerhard die guten Beziehungen zum Großen Kurfürsten, der sich von ihm wiederholt erhebliche Geldsummen lieh, weiter aus. Als Gegenleistung musste ihm der Kurfürst umfangreiche Ländereien in Brandenburg und

Ostpreußen überlassen, die er mit großem Geschick unter Einbindung klevisch-holländischer Landarbeiter urbar machte. 1652 erwarb der nunmehr brandenburgische Oberjägermeister Jobst Gerhard den Besitz Liebenberg in der Mark Brandenburg, der fortan zum bevorzugten Aufenthaltsort der Familie wurde. Die umfangreichen niederrheinischen Besitzungen umfassten bis zur Franzosenzeit u.a. die Rittersitze Boetzelaer, Hoennepel, Kervenheim und Zelhem. Die Güter um Uedem und Weeze wurden von Haus Hertefeld aus verwaltet.

Der Sohn Jobst Gerhards, Samuel von und zu Hertefeld, brandenburgischer Minister und ebenfalls Oberjägermeister, setzte die Kultivierung Brandenburgs fort. Unter seine Ägide fiel z.B. die Urbarmachung des Oderbruches und des Havelländischen Luches. Er wurde von König Friedrich Wilhelm I. von Preußen, der bei seinen niederrheinischen Inspektionsreisen auf Hertefeld logierte, in den Freiherrenstand erhoben. Auch der russische Zar Alexander zählte zu den prominenten Gästen.

1867 starb die Familie mit dem Freiherrn Karl von und zu Hertefeld im Mannesstamme aus. Das Erbe ging über seine Großnichte Alexandrine, geb. Freiin von Rothkirch-Panthen, an die Grafen zu Eulenburg, eines der Wettiner Uradelsgeschlechter. Gräfin Alexandrine und ihr Sohn Philipp erhielten 1898 den Titel der Freiherren von und zu Hertefeld mit königlichem Titel, Wappen und Vermehrungsbrief verliehen. 1900 erhob Kaiser Wilhelm II. seinen engen Berater und Duzfreund Philipp in den Fürstenstand; außerdem verlieh der schwedische König ihm den Titel eines „Grafen von Sandels". Fortan führte das Familienoberhaupt den Titel „Fürst zu Eulenburg und Hertefeld, Graf von Sandels".

Zum Ende des 2. Weltkrieges musste die Familie ihren im Rahmen der so genannten „Bodenreform" enteigneten Hauptsitz Liebenberg in der Mark Brandenburg aufgeben. Dies veranlasste die Familie, nach knapp 300 Jahren wieder an den Niederrhein zurückzukehren. Der heutige Eigentümer, Philipp Graf zu Eulenburg und Hertefeld, hält nun schon in der 21. Generation als IV. Fürst den Besitz Hertefeld.

1995 beschlossen die Eigentümer, die seit 1945 ausgebrannte und völlig zugewachsene Schlossruine vor dem endgültigen Verfall zu bewahren. Nach der Entfernung von Bewuchs und Schutt wurde das freistehende Mauerwerk notdürftig winterfest gemacht. Von 1997 bis 1998 erfolgte unter der Leitung des renommierten Büros für Burgenforschung eine umfassende Befundung und sensible Sanierung. Ziel dieser im Rheinland einmaligen Mustersanierung war, die historische Aussagekraft und Authentizität des Baudenkmals zu bewahren, ohne sich einem rigorosen, schwer verträglichen, objektfremden Nutzungskonzept zu beugen.

Archäologische Funde im Ruineninneren belegen eine Nutzung des Ortes seit dem 13. Jh. Ausgrabungen und Bauforschung wiesen im Kern der heutigen Ruine einen Vorgängerbau (a) nach, der in das 14. Jh. datiert. Aufgrund der fragmentarischen Befundsituation sind konkrete Aussagen zu seiner Baugestalt nicht möglich, doch handelte es sich vermutlich um einen zeittypischen Wohnturm oder ein Burghaus. Um 1500 wurde an dieses Gebäude ein wohl zur Niers hin giebelständiger Anbau (b) angefügt, in dessen Obergeschoss sich ein fast 6 m hoher, repräsentativer Saal mit hohen, schmalen Fenstern befand.

Unter Beibehaltung des gotischen Anbaues ersetzte man um 1600 den Baukörper des 14. Jh. durch den bis heute in Teilen erhaltenen Torturm (c). Feldseitig weist dieser Miniaturschlüsselscharten auf, die als ornamentale Bauelemente einen bewusst rezeptiven Rückgriff auf die alten Adelsattribute der Wehrhaftigkeit darstellen.

Freiherr Samuel von und zu Hertefeld ließ das Haupthaus im Jahr 1700 zu einem barocken Wasserschloss umgestalten. Der Ursprungsbau wurde durch Anfügung von zwei Seitenflügeln (d) mit Walmdächern versehen, der Torturm erhielt eine barocke Haube. In den Innenräumen erhob sich nach dem Umbau über mehreren ebenerdigen Funktionsräumen ein deutlich höheres Hochparterre, das eine großzügige Raumabfolge aufwies. Um den herrschaftlichen Repräsentationsbedürfnissen gerecht zu werden, verfügte jeder dieser Räume über einen Kamin und mehr als 3 m hohe Fenster. Dem allseitig von Wassergräben umgebenen Herrenhaus war eine Vorburg unregelmäßiger Form vorgelagert, in der Samuel 1706 einen barocken Renteiflügel errichtete. Ein hierzu symmetrisch angelegtes Pendant kam nie zur Ausführung. An der Nordseite des heutigen Parks entstand ein französischer Garten. Im ersten Drittel des 18. Jh. fügte man an den Torturm schmale Seitentürmchen (e) an und verkleinerte die Fenster des Haupthauses. Anfang des 19. Jh. wurden die Dächer leicht reduziert und in ihrer Form vereinfacht sowie die Wassergräben teilweise verfüllt. Ab 1904 veranlasste Fürst Philipp die Renovierung der Anlage, wobei er den Turm durch eine Freitreppe (f) erschloss und an der Nordseite des Parks zwei Wächterhäuschen errichtete. Im Februar 1945 brannte das Schloss während der verlustreichen Gefechte um Weeze vollständig aus. Die ebenfalls stark beschädigte Rentei wurde 1946 durch Fürst Friedrich-Wend wiederhergestellt und die Sichtachse des Parks um 90 Grad gedreht.

Im Zuge der Ruinensicherung wurde 1997 der gemeinnützige „Verein der Freunde Schloßruine Hertefeld e.V." gegründet, der den Erhalt der Ruine, weitergehende Forschungen und die Veröffentlichung geschichtlicher Erkenntnisse ermöglichen soll. Zudem will er Kunst und Kultur rund um die Ruine fördern.

Die Schlossruine zu Hertefeld bietet dem Besucher trotz ihrer Sanierung noch immer vielfältig erlebbare Baugeschichte und Ruinenromantik. Ruine und Park sind allerdings Privateigentum und daher nicht jederzeit zugänglich. Mittelfristig sollen öffentliche Veranstaltungen wie Freilichtkonzerte und Theateraufführungen stattfinden. Außerhalb des Ruinengeländes erstreckt sich ein sehenswertes Tiergehege.

Haus Hertefeld (links) und St. Cyriakus (rechts) beiderseits der Niers. Der Hauptturm des Herrenhauses ist mit einer barocken Haube geschmückt. Kupferstich nach Jan de Beijer, 1743.

27_Haus Horst

An der westlichen Gemeindegrenze von Mönchengladbach-Rheydt, im Stadtteil Giesenkirchen, und in unmittelbarer Nachbarschaft zu Korschenbroich-Liedberg be-

Ort:	Mönchengladbach-Rheydt
Zustand:	Haupt- und Vorburg erhalten
Zugang:	Vorburg zugänglich
Anfahrt:	BAB 46, B 230, Polandweg
Gaststätte:	-

findet sich Haus Horst. Der Name Horst erscheint insbesondere am Niederrhein mehrfach, was nicht verwundert, handelt es sich doch um eine mittelalterliche Bezeichnung für Gestrüpp oder Hecke, die allenthalben in der Umgebung von festen Häusern, Burgen oder Siedlungen zu finden waren.

Haus Horst war Stammsitz eines gleichnamigen altfreien Geschlechts, das sich seit dem 12. Jh. nachweisen lässt. 1338 trug Hermann von der Horst seinen mit Vorburg, Gräben und Gewässern befestigten Rittersitz (*castrum dy Hurst*) dem Kölner Erzbischof zu Lehen und Offenhaus auf. Durch Erbschaft und Heirat kam die Burg 1528 an die klevischen Erbmarschälle von Palant und 1609 an die Freiherren von Dorth. Zunehmende Verschuldung der Familie von Dorth führte zur Versteigerung von Haus und Herrschaft Horst, wozu auch die Honschaften Schelsen und Pesch zählten. Den Besitz erwarben 1782 die Freiherren von Hallberg, die wenig später in den Grafenstand erhoben wurden.
In der ersten Hälfte des 19. Jh. gelangte Haus Horst in bürgerlichen Besitz. 1851 erwarb es Hauptmann a.D. Hugo Mundt, der das Herrenhaus zu der heutigen Form umbauen ließ.
Nach 1866 wechselten die Besitzer mehrfach, schließlich ging es 1950 an die Stadt Rheydt über. Ohne geeignete Nutzung verfiel die Anlage zusehends, bis 1978 umfangreiche Restaurierungen eingeleitet wurden, die etwa zehn Jahre andauerten. Dabei wurden im Herrenhaus eine Privatklinik eingerichtet und die einstigen Wirtschaftstrakte der Vorburg zu Wohnzwecken umgebaut.
Durch diese neue Nutzung konnte der dauerhafte Erhalt eines der nobelsten niederrheinischen Beispiele historisierender Architektur der Mitte des 19. Jh. sichergestellt werden. Zwar ist der Klinikbereich nicht öffentlich zugänglich, jedoch besteht die Möglichkeit, sich das Ensemble vom Vorburghof aus anzusehen.

Ansicht von Nordosten. Lithografie: Winckelmann & Söhne nach C. Hohe, um 1867.

Das Herrenhaus erscheint heute als einheitlich mit Stilelementen der Gotik und Renaissance gestalteter, zweigeschossiger Putzbau, der E. Zwirner zugeschrieben wird. Ein vorgesetzter quadratischer Mittelturm, der mit seinem Zinnenkranz und den Eckerkertürmchen über den Dachfirst hinausragt, betont die Hofseite, an der sich der ursprüngliche Haupteingang befindet. Im Zuge der letzten Renovierung wurde der Eingang zum ehemaligen Gartenportal an der rückwärtigen Ostseite verlegt. Eine Freitreppe führt dort auf die wiederhergestellte Terrasse und das spitzbogige Portal zu. Über diesem befand sich ein auf Säulen ruhender Erker, der den Chor der kleinen Hauskapelle im Obergeschoss bildete.
Im Innern zeigt sich an den unterschiedlichen Kellerräumen und Mauerstärken, dass 1853 dem vorhandenen Baukörper lediglich die heutige Fassade vorgeblendet wur-

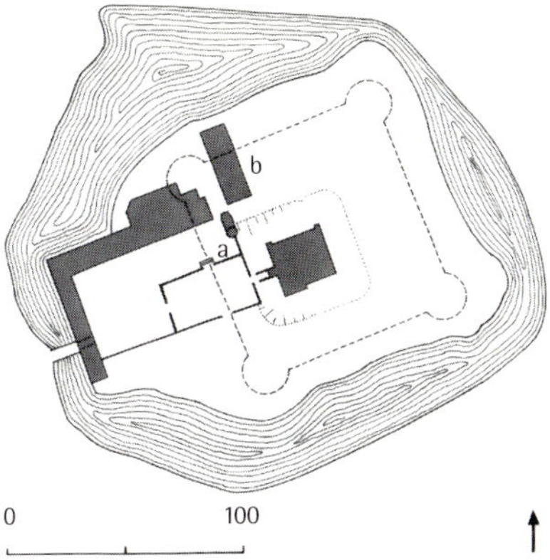

Lageplan; gerastert=Bestand, gestrichelt=vermutl. Verlauf der Ringbefestigung im 16. Jh., eng gestrichelt=verlandeter Innengraben, a=Turm (17. Jh.), b=Kapelle (1866). Umzeichnung BfB nach W. Hansmann, G. Knopp, 1981.

de, die auch Mauervensprünge in den Außenwänden ausglich.
Ältester Kern ist ein spätgotisches Burghaus an der Südwestecke, dem sich nach Norden ein etwas niedrigerer, kurzer Anbau mit Dachreiter anschloss. Die an der vorspringenden Südseite in Ankersplinten angegebene Jahreszahl 1618 verweist auf einen Umbau des alten Burghauses. Im Laufe des 17. Jh. wurden der Südflügel sowie der nördlich an den alten Anbau anschließende Nordflügel errichtet. Bei der Umgestaltung von 1853 wurde der kleine Innenhof mit einem Glasdach geschlossen und eine umlaufende hölzerne Galerie mit Treppe eingebaut. Mit Ausnahme zweier Barocktüren aus der Mitte des 18. Jh. stammt die erhaltene Innenausstattung aus dem 19. Jh.

Bemerkenswert – und in der bisherigen Literatur praktisch unerwähnt geblieben – ist die frühneuzeitliche Befestigung der Anlage. Als Haus Horst nach längerer Belagerung 1585 an den Kölner Erzbischof Ernst von Bayern übergeben wurde, sollen 150 Personen zur abziehenden Burgbesatzung gezählt haben, was auf weitläufige Wehranlagen schließen lässt.
Eine Ansicht von Franz Hogenberg (1585) zeigt bastionsartige Festungswerke, die durch einen mauerverstärkten Viereckwall und Türme das Burghaus im Zentrum sicherten. Zwar wurden diese im 16. Jh. angelegten Befestigungen später gründlich geschleift, doch lassen sie sich an der Form der Burginsel – besonders im Vergleich mit Schloss Hardenberg – recht gut nachvollziehen.
An der Nordwestecke des Grabens um das Herrenhaus steht ein viergeschossiger polygonaler Turm aus dem 17. Jh., der wohl eine Ergänzung der Wallbefestigung darstellt. 1866 wurde nördlich an diesen eine schlichte neugotische Kapelle angebaut, in der heute die Klinikverwaltung untergebracht ist.

Von den Gebäuden der mehrfach veränderten Vorburg verdient das im Wesentlichen aus dem 17. Jh. stammende Torhaus Beachtung: an dem feldseitigen Sandsteinportal sind noch Reste der Zugvorrichtung für die Brücke erhalten.

Ansicht von Westen. Foto: J. Wroblewski, 2001.

28_Schloss Hueth

Etwa 1,5 km nördlich der Ortschaft Bienen liegt, hinter hohen Bäumen versteckt, Schloss Hueth (Hüth gesprochen).

Ort:	Rees-Bienen, Kreis Kleve
Zustand:	Ruine, Vorburg z.T. erhalten
Zugang:	Privatbesitz, kein Zugang
Anfahrt:	BAB 3, B 67/8, Alter Deichweg
Gaststätte:	–

1361 erhielt der vor allem im Kirchspiel Bienen begüterte Rutger von Heckeren die Erlaubnis des Grafen Johann von Kleve, in der Hetter eine Burg anzulegen. Drei Jahre später war der Bau soweit fertig gestellt, dass Rutger sie 1364 Erzbischof Engelbert III. von Köln als Lehen und Offenhaus auftragen konnte.
In den 1370er Jahren bis 1378 diente von Heckeren dem Klever Grafen als Amtmann in der Hetter. Vermutlich bis Ende des 14. Jh. hatte seine Familie die Gerichtsbarkeit in Bienen inne.
Im 15. Jh. ging Haus Hueth an die später in den Grafenstand erhobene Familie von Wilich. Im 80jährigen spanisch-niederländischen Krieg plünderten 1598 spanische Truppen das Schloss und brannten die Wirtschaftshöfe nieder.
Um 1740 kaufte Friedrich Wilhelm Freiherr von Borke das Anwesen. Später ging der Besitz an die Herren von Galen, dann an die Grafen von der Recke und schließlich an die Reichsfreiherren von Wittenhorst-Sonsfeld, die Schloss Hueth bis heute bewohnen und bewirtschaften.

Die rechteckige, grabenumwehrte Anlage weist einige Ähnlichkeiten mit Schloss Winnenthal auf, was sich zum einen aus der analogen Baugeschichte und zum anderen aus dem Umstand erklärt, dass beide Schlösser über lange Zeit im Besitz der Familie von Wilich waren.
Das von einer Böschungsmauer eingefasste, leicht erhöhte Schlossplateau besteht aus der östlich gelegenen Hauptburg und der etwa doppelt so großen Vorburg. Der ursprüngliche, spätestens Mitte des 17. Jh. verfüllte Mittelgraben lässt sich noch als schwache Vertiefung im Gelände erkennen. Eine Katasterkarte der Herrlichkeit Bienen von 1741 und eine im Jahr darauf von Jan de Beijer gezeichnete Ansicht vermitteln einen recht genauen Eindruck von der damaligen Bebauung, die zu dieser Zeit ihren größten Umfang besaß.

Hauptgebäude von Nordosten. Links der Archivturm (14. Jh.). Stich: F. Pützer, um 1892.

Infolge der Zerstörung im 2. Weltkrieg blieb von dem ausgedehnten Gebäudekomplex nur knapp die Hälfte erhalten. Doch mit den Gebäuden ging leider auch das umfangreiche Schloss- und Familienarchiv mit seinen bis 1360 zurückreichenden Beständen verloren. Durch diese Verluste lässt sich die wechselvolle Baugeschichte von Schloss Hueth nur noch teilweise rekonstruieren.

Den Eingang zum Schlosshof bilden zwei Torpfeiler mit der vor einigen Jahren erneuerten Inschrift „*Anno 1687*". Sie sind heute in ihrer Höhe reduziert und schließen mit zwei Sandsteinfiguren ab, die wohl zum Fassadenschmuck des Hauptgebäudes gehörten.
Die von runden Ecktürmen flankierten Vorburggebäude bestanden aus zwei lang gestreckten Wirtschaftstrakten, die später jeweils zur Hälfte abgebrochen wurden.

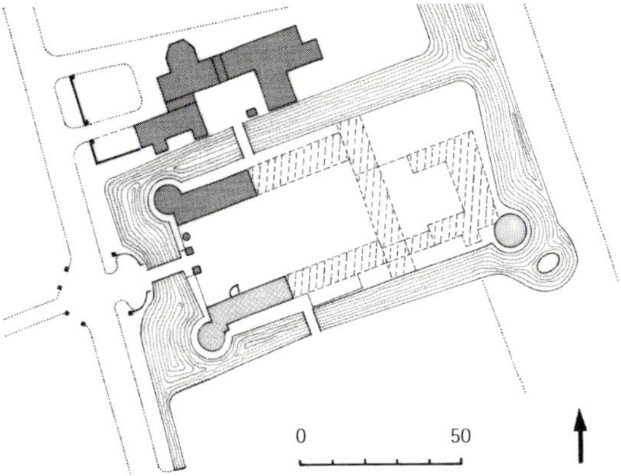

Lageplan; dunkel gerastert= Baubestand, hell gerastert= Ruine, schraffiert=abgebrochen. Umzeichnung BfB nach P. Clemen, 1892.

Der Nordflügel, in dem zuletzt Stallungen und Remise untergebracht waren, wurde nach dem 2. Weltkrieg zu Wohnzwecken umgebaut. Während die Hoffassade zahlreiche Spuren verschiedener Umbauten aufweist, zeigt sich an der grabenseitigen Außenwand mit ihrem Backsteinfries und den vermauerten Schießscharten, dass sowohl dieser Flügel als auch beide Türme aus dem 15. Jh. stammen.
Der etwas höhere Südflügel, von dem nur noch die ruinierten Außenmauern stehen, ist jünger: Auf der ältesten Ansicht der Schlossanlage, einer kleinen Strichzeichnung von 1667, ist an seiner Stelle nur eine hohe Mauer dargestellt. Von der abgebrochenen Osthälfte dieses Flügels sind noch die beiden tonnengewölbten Kellerräume erhalten. Südlich angrenzend stehen die Reste eines in die Grabenböschung gebauten Gewächshauses.

Die Hauptburg bestand um 1741/42 aus einem dreiflügeligen Konglomerat unterschiedlich gestalteter Gebäudeteile, die das an der Ostseite errichtete Burghaus umschlossen. In der 2. Hälfte des 18. Jh. ließen die Grafen von Borke Teile des Gebäudes – wie den in der Mittelachse vorgesetzten, rechteckigen Treppenturm – abreißen, und gestalteten es im Rokokostil um. Im 2. Weltkrieg wurde der Bau mit seinen Kunstschätzen weitgehend zerstört und um 1960 abgetragen. Einzig verbliebener, ruinöser Rest ist der so genannte Archivturm aus dem 14. Jh., der beinahe freistehend an der Südostecke des Hauptgebäudes lehnte. Die drei Geschosse des Rundturms wurden durch eine in der 2,5 m starken Turmmauer liegende Wendeltreppe erschlossen, die durch den Einbau eines modernen Zugangs in den eingewölbten Erdgeschossraum eine teilweise Zerstörung erfuhr. Ein Kamin und eine verschließbare Abortnische sorgten für zeitgemäßen Wohnkomfort.
Im 19. und beginnenden 20. Jh. wurden unter anderem die Schlossbrücken erneuert und nördlich der Anlage ein Wirtschaftshof errichtet.

Nordwestturm der Vorburg (15. Jh.). Foto: A. Wemmers, 2000.

29_Schloss Hugenpoet

Westlich des Essener Stadtteils Kettwig, in unmittelbarer Nachbarschaft zu Schloss Landsberg, liegt Schloss Hugenpoet in eine malerische Landschaft eingebettet. Der Na-

Ort:	Essen-Ketwig
Zustand:	Schloss erhalten
Zugang:	Hotel
Anfahrt:	BAB 52, Abfahrt Breitscheid
Gaststätte:	Restaurant, Tel. 02054/12040

me Hugenpoet, der sich mit Krötenpfuhl übersetzen lässt, verweist auf das sumpfige Auengelände des Ruhrtales. Der Bauplatz lag strategisch sehr günstig, ließen sich doch von hier gleich mehrere Hohlwege über die Ruhrhöhen und die nach Kettwig führende Ruhrbrücke kontrollieren. Die 1282 erstmals erwähnte und im Dreißigjährigen Krieg umkämpfte Brücke ließ Wolfgang Wilhelm von Pfalz-Neuburg 1635 zum Schutz des stark in Mitleidenschaft gezogenen Dorfes Kettwig abbrechen.

Hugenpoet war ursprünglich ein Oberhof der Abtei Werden, mit dem 1344 der Ritter Vlecke von Hugenpoet belehnt wurde. Der Hof blieb im Besitz dieser Familie, die sich etwa seit 1600 von Nesselrode-Hugenpoet nannte. 1831, drei Jahre nach dem Tod der Elisabeth Augusta von Nesselrode auf Hugenpoet, verkauften die Erben das Schloss. Seither ist Hugenpoet Eigentum der freiherrlichen Familie von Fürstenberg.
1944/45 wurden im Schlosskomplex wehrwirtschaftliche Dienststellen, in den ersten Nachkriegsjahren Flüchtlingsfamilien einquartiert. Das Erdgeschoss des Hauptgebäudes wurde zum Domizil des Folkwang-Museums, dessen Gebäude in Essen ausgebombt war.
Schließlich pachtete die Familie Neumann das Schloss und eröffnete 1955 in den renovierten Räumen einen internationalen Hotelbetrieb.

Die Geschichte Hugenpoets beginnt mit dem im 8. Jh. erwähnten *Nettlinghave toe Loepenheim*. Diese hochwasserfrei gelegene, 1478 in einer Fehde zerstörte Burganlage befand sich etwa 200 m westlich des heutigen Schlosses. 1756 standen von ihr noch ein Turm und eine Nebenwohnung, an deren Stelle wohl noch im 18. Jh. das heutige Gehöft August-Thyssen-Straße 57, das als Gärtnerhaus diente, errichtet wurde. Reste der Grabenanlage und ein zur Burg gehörender Weiher haben sich bis heute erhalten.

Um 1509 errichteten die Ritter von Hugenpoet an der Stelle des heutigen Schlosses eine neue Burg, die allerdings 1633 von hessischen Truppen verwüstet wurde. 1647–1696 erfolgte der Wiederaufbau der dreiteiligen wasserumwehrten Anlage in der weitgehend bis heute erhaltenen Form.

Das auf rechteckigem Grundriss frei im Wasser stehende Hauptgebäude wird an seiner Rückseite von zwei mächtigen rechteckigen Türmen flankiert, die mit geschweiften, laternenbekrönten Hauben gedeckt sind. Das Ziegelmauerwerk wird durch Sandsteinlagen und Eckquaderung gegliedert. Der flache Risalit, der den in der Mittelachse gelegenen Eingang betont, wurde um 1872 errichtet.
Seit dem Erwerb Hugenpoets hatte die Familie von Fürstenberg durch Heinrich Theodor Freyse insbesondere die Wirtschaftsgebäude umfangreich renovieren lassen. In Vorbereitung der Verlegung ihres Hauptwohnsitzes von Borbeck nach Hugenpoet (1879) wurden in den 1870er Jahren die Um- und Ausbauten des Hauptgebäudes intensiviert. Im Zuge der von dem Architekten August Lange durchgeführten Umgestaltung im Neorenaissancestil wurden unter anderem auch die werksteingerahmten Kreuzstockfenster durch die heutigen ersetzt.
Prunkstücke der weitgehend erneuerten Innenausstattung sind drei beeindruckende, bis zu 4 m hohe Renaissancekamine (1560 und 1578 datiert), deren Sandsteinreliefs biblische und antike Szenen zeigen. Sie

stammen aus dem bei Gelsenkirchen gelegenen Haus Horst, das 1706–1988 ebenfalls in fürstenbergischem Familienbesitz war. Auch einige Zierwerksteine und Karyatiden der dortigen, 1850 wegen Baufälligkeit abgetragenen Fassade fanden auf Schloss Hugenpoet unter anderem als Kamineinfassungen eine Zweitverwendung.
Zur ursprünglichen Innenausstattung gehören noch das 1696 datierte, freistehende Portal in der Eingangshalle und das anschließende barocke Treppenhaus, die beide aus schwarzem Marmor gefertigt wurden.
Die Umnutzung des Schlosses zu einem Hotel bedingte eine Reihe baulicher Veränderungen: während das historische Ambiente der Innenräume bei der 1969 erfolgten Neugestaltung durch den Frankfurter Innenarchitekten Rudolf Holstein weitgehend gewahrt blieb, wurde die parkseitige Außenansicht durch einen 1954 errichteten Terrassenanbau und eine Feuerleiter beeinträchtigt.

Die dem Hauptgebäude südlich vorgelagerte innere Vorburg wird an der Ost- und Westseite jeweils von einem zweigeschossigen Wirtschaftstrakt aus Bruchstein begrenzt, wobei an den beiden südlichen Ecken vorgesehene Flankierungstürme nie über ihre Fundamente hinaus kamen. Die Symmetrie anstrebende Bebauung mit den werksteingerahmten Kreuzstockfenstern stammt einheitlich aus der 2. Hälfte des 17. Jh. Bauherr war Constantin Erasmus von Nesselrode zu Hugenpoet, wie dessen Wappen über dem Portal zur äußeren Vorburg belegt.
Nördlich der Tordurchfahrt verbirgt sich in dem schlichten Westflügel, von außen nicht erkennbar, die seit dem 18. Jh. nachweisbare Schlosskapelle, die heute gern für Trauungen genutzt wird.
Um 1880 wurde die Innenausstattung gänzlich im Stil des Historismus erneuert.

Westlich des Hauptkomplexes liegt die niedrigere äußere Vorburg. Eine mit einem Tonnengewölbe unterfangene Rampe bildet die Zufahrt auf die Verbindungsbrücke zwischen den Vorburgen. Gemeinsam mit dem 1647 errichteten freistehenden Portal deutet auch die Bebauung an der Westseite auf eine regelmäßig konzipierte barocke Anlage mit zentrierter Zufahrt, anschließenden Winkelbauten (der Nordflügel fehlt) und eingeschossigen Ecktürmen hin. Jedoch verweisen u. a. Schießscharten auf verbaute Reste der um 1500 errichteten Burganlage.

Blick auf den Westflügel der inneren Vorburg und das Hauptgebäude (links). Foto: H. G. Engelhardt, 1982.

Das Tor zur äußeren Vorburg von Südwesten. Foto: H. G. Engelhardt, 1982.

30_Schloss Hülchrath

Schloss Hülchrath im Kreis Neuss ist ohne Zweifel ein „Kleinod" der niederrheinischen Burgen- und Schlösserlandschaft. Ähnlich wie in Linn blieb auch in Hülchrath ein

Ort:	Grevenbroich-Hülchrath, Kreis Neuss
Zustand:	Haupt- und Vorburg erhalten
Zugang:	Vorburg und Außengelände
Anfahrt:	BAB 46 bzw. B 477, Hülchrath
Gaststätte:	„Catering"-Service, Tel. 0173/5364477

Großteil der mittelalterlichen Bausubstanz in eindrucksvoller Anschaulichkeit erhalten.
Pflege, Erhaltung und eine sensible, dem Objekt angepasste Nutzung unterstreichen den Ausnahmecharakter dieser Burganlage.

Schloss Hülchrath wird als *castellum vetustissimum et munitissimum* schon 1120 in den Schriftquellen bezeugt. Die mit der Burg verbundene Grafschaft Hülchrath ging aus einer frühmittelalterlichen Grafschaft im Gillgau hervor, deren Wurzeln auf einen fränkischen Königsgau zurückreichen. Die Grafschaft gelangte nach dem Aussterben der Grafen von Hülchrath 1175 in den Besitz der Grafen von Sayn, denen ab 1247 die Grafen von Sponheim nachfolgten. 1255 kam das reiche Erbe über die Heirat der Aleidis von Sponheim mit dem späteren Grafen Dietrich V. (1260–1275) an die Grafschaft Kleve.
1285/87 erhielt Dietrich Luf II. von Kleve, ein Sohn des Grafen Dietrich V., die Grafschaft Hülchrath zugewiesen und titelte sich ab 1296 auch Graf von Hülchrath. 1309 folgte ihm sein Sohn Dietrich Luf III. nach, der aufgrund hoher Schulden, die z.T. aus der Gefangennahme des Vaters in der Schlacht von Worringen 1288 resultierten, die Grafschaft 1314 an den Kölner Erzbischof Heinrich von Virneburg für die stattliche Summe von 30000 Pfund Silber verkaufen musste. Dietrich konzentrierte sich fortan auf seine Güter und Rechte in Kervenheim und Oedt. Erst 1323 gelangte Hülchrath endgültig an Köln, das die neu hinzugewonnene Herrschaft sogleich in ein kölnisches Amt und die Burg zur Landesburg umfunktionierte.
Im Truchsessischen Krieg (1583–1588) wurde die Burg 1583 belagert und eingenommen, der Ort Hülchrath zerstört. Als man diesen ab 1608 wiederaufbaute, befestigte man sowohl den Ort als auch die Burg mit Bastionen, Wällen und Gräben. Im Dreißigjährigen Krieg wurde das Schloss beschossen, 1687 im französisch-niederländischen Krieg beschädigt und eingenommen. Im Jahr darauf musste sich der kölnische Landesherr verpflichten, die neuzeitlichen Festungswerke um Hülchrath herum abzutragen. Die ruinöse Burganlage verfiel fortan immer mehr.
1803 verkaufte die französische Regierung das Schloss an einen Privateigentümer. 1874 kam es an Fürst Alfred von Salm-Reifferscheidt-Dyck, danach an den Grafen von Benningsen, der es ab 1907 renovieren und ausbauen ließ. 1954 kaufte die Familie Wennmacher das Schloss, in deren Besitz es sich heute noch befindet.

Die Baugeschichte des Schlosses Hülchrath ist durch intensive Untersuchungen des rheinischen Burgenforschers Theodor Wildemann in ihren Grundzügen geklärt. Im Detail bleiben jedoch noch viele Fragen offen, zu deren Beantwortung es der gründlichen Erforschung der vorhandenen Bausubstanz mit den Methoden der modernen Burgenforschung bedarf.

Bisher ist Hülchrath in der älteren fachwissenschaftlichen Literatur hauptsächlich unter wehrtechnischen Gesichtspunkten betrachtet und interpretiert worden. Dieser „Tunnelblick" verstellte freilich die Sicht auf andere, z.T. wichtige funktionale Aspekte der Burg.
Schloss Hülchrath war im 13./14. Jh. ein äußerst repräsentatives, auf Machtdemonstration hin ausgelegtes Bauwerk einer hochadeligen Führungsschicht. Dass dieses im Kriegsfalle auch einen adäquaten Schutz bot, versteht sich von selbst. Doch bedeuteten Kampfsituationen in der „Le-

bensspanne“ der Burg Hülchrath eher die Ausnahme als die Regel. Demgegenüber waren ihre Funktionen eher im sozialen, rechtlichen und ökonomischen Bereich anzusiedeln.

Haupt- und Vorburg entstanden in der feucht sumpfigen Niederung des Gillbaches, so nutzte man den naturräumlichen Schutz des Geländes optimal aus. Schon früh dürfte sich neben der Burg eine dazugehörige Siedlung – die spätere Ortschaft Hülchrath – entwickelt haben.

Die Hauptburg ist unverkennbar aus einer hochmittelalterlichen Motte hervorgegangen, auf deren Kuppe sich mittig ein etwa 8,5 m durchmessender Rundturm (c) aus Basaltblöcken erhob. Er ist heute noch als Aufmauerung im Burghof kenntlich. Diese Bauphase ist ohne Ausgrabungen nur generell in das 12./13. Jh. zu datieren. Gleichermaßen bleibt ungeklärt, ob es sich

Historischer Stich von Schloss Hülchrath, um 1630, nach einer Vorlage von Hogenberg. Haupt- und Vorburg sind relativ genau wiedergegeben. Die polygonale Hauptburg hat der Künstler jedoch rechteckig dargestellt. Zeichnung: Meisner/Kieser, Politisches Schatzkästlein, 1625-26, 1627-31.

Luftaufnahme von Schloss Hülchrath mit Haupt- und Vorburg. Foto: Krapohl-Verlag, 2001.

bei diesem Rundturm um einen Wohnturm oder Bergfried handelte. Doch spricht dessen geringe Größe für Letzteres.

In einer zweiten Bauphase umgab man die Motte mit einer polygonalen Ringmauer, die drei halbrunde Flankierungstürme (d, e, g) besaß. Diese Umwehrung ist in großen Teilen im Mauerwerk des heutigen Hochschlosses erhalten geblieben. Ihr Unterbau bestand aus horizontal geschichtetem Basalt und Liedberger Sandstein mit Ausgleichsschichten in Tuff. Darüber erstreckte sich Tuffmauerwerk. Das westlich an den Torturm (a) anschließende Mauerstück enthält noch die vermauerten originalen Zinnen dieser Ringmauer. Schon Wildemann vermutete eine Entstehung dieser Ringmauer im 13. Jh., deren Mauertechnik an anderen niederrheinischen Stadtmauern und Burgen des 13. Jh. erscheint. Die halbrunden Flankentürme sind allerdings kaum vor der 2. Hälfte des 13. Jh. vorstellbar.

Ob auch der heutige Torturm (a) des Hochschlosses in seinem unteren Drittel noch dieser Bauphase angehört, lässt sich ohne Bauforschung nicht beantworten. Sein Mauerwerk zeigt hier Basaltquader und punktuell eingestreute Tuffsteine. Der restliche Aufbau des Turmes hingegen besteht, ausgewiesen durch eine klare Baunaht, ganz aus Tuff.

Im 14./15. Jh. wurde das Hochschloss umfassend ausgebaut. Auch diese Bauphasen sind in ihrer Abfolge und Datierung z.T. noch nicht befriedigend geklärt. Wahrscheinlich beseitigte man mit diesen Ausbauten den romanischen Rundturm (c).

Ins 14. Jh. gehört der imposante, alles überragende quadratische Torturm (a). Das vorgekragte Wehrganggeschoss unterhalb der spitzen Turmhaube ruht auf einem schönen Rundbogenfries, der wiederum von Kragsteinen aus Trachyt getragen wird. Ein Teil dieser Kragsteine wurde aus jüdischen Grabsteinen gefertigt, deren hebräische Inschriften noch immer gut sichtbar sind. Polygonale Eckerkertürmchen betonen die Ecken der Wehrganggalerie. Wurflöcher in diesen Türmchen und in der Wehrganggalerie erlaubten eine effiziente Verteidigung des unten im Turm liegenden Tores. Wie die meisten Türme des 14. Jh. war der Torturm von Hülchrath mit Kamin, Abtritten und Fenstern mit Sitznischen durchaus wohnlich ausgestattet. Als höchster Turm der Burg erfüllte er auch eine machtsymbolische Funktion.

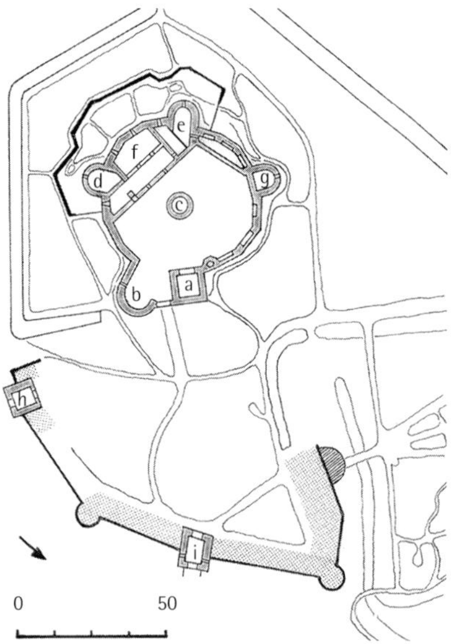

Lageplan von Haupt- und Vorburg. a=Torturm, b=Bastionsturm, c=romanischer Rundturm, d,e,g=Flankentürme, f=Palas, h=altes Vorburgtor, i=neues Vorburgtor. Umzeichnung BfB nach Th. Wildemann 1959.

Ebenfalls noch im 14. Jh. wurde an der Südseite des Burghofs unter Verwendung der Ringmauer und zweier Flankentürme ein gut 35 m langer, repräsentativer Palas errichtet (f), dessen Grundmauern sich bis heute erhalten haben. Sein Erdgeschoss nahm einen großen, zweischiffigen, tonnengewölbten Saal auf. In der Nähe des südöstlichen Rundturmes (d) scheint die Burgkapelle gelegen zu haben.

Im 14., spätestens im 15. Jh. wurde die gesamte Ringmauer in Backstein mantelmauerartig erhöht. Noch im 15. Jh. entstand an der Südseite des Hochschlosses der als Ruine erhalten gebliebene Zwinger, der sich im Gegensatz zur Burg Linn nicht um die gesamte Kernanlage herumzog.

In der 2. Hälfte des 16. Jh. gestaltete man das Hochschloss im Stil der Renaissance um, indem man im Burghof einen Flügel mit zweigeschossigen Renaissancearkaden und einen Observatoriumsturm errichtete. Von diesen Bauteilen blieb leider nichts erhalten. Lediglich vier nach dem 2. Weltkrieg verschollene, um 1795 angefertigte Gemälde des Malers F.A. Reuter vermitteln einen ungefähren Eindruck dieser hochqualitativen Architektur.

1608 wurde der östlich vom Torturm liegende Bastionsturm (b) erbaut, dessen Mauerwerk gleichmäßige Schichtungen aus Backstein und Tuff zeigt. Zeitgleich muss das westlich des Bastionsturms gelegene heutige Eingangstor zum Hochschloss entstanden sein. Dies wiederum führte zur Vermauerung des alten Burgtores im Torturm.
Nach der Belagerung und teilweisen Beschädigung von 1687/88 setzte der Verfall der Burg ein. Ab 1907 erfolgte ein romantischer Ausbau der Schlossruine, insbesondere an der Nordseite, unter weitgehender Wahrung der originalen Situation. Bis 1959 waren alle Kriegsschäden behoben.

Nordwestlich vom Hochschloss liegt die längliche, unregelmäßig geformte Vorburginsel. Neben der feldseitigen Außenmauer blieben zwei Rundtürme mit Pyramidendächern und ein Torturm (h) an der Südostecke erhalten. Diese Bauteile datieren noch ins 14. Jh.
Im 17. Jh. verlor der Torturm durch den Bau des neuen Torgebäudes (i) mit achtfach getrepptem Giebel seine alte Funktion und wurde aufgegeben. Eine Backsteinbrücke verbindet dieses barocke Torgebäude mit der Ortschaft Hülchrath. Der gotische Torturm (h), mit Eckverklammerungen aus Trachytquadern, besitzt auf der Außenseite ein spitzbogiges Portal, das von einer hohen rechteckigen Blende eingerahmt wird. In dieser war früher das Fallgatter eingelassen, das über eine rinnengeführte Kette hochgezogen werden konnte. Über der Rinne befindet sich ein vorgekragter Wurferker. Das Wehrganggeschoss wurde früher durch Eckerkertürmchen betont, von denen heute nur noch die Kragsteine zeugen. Die Wirtschaftsgebäude in der Vorburg erfuhren jüngsthin eine Umgestaltung zu Wohnzwecken.

Schloss Hülchrath ist Privateigentum. Daher sind lediglich der Hofbereich der Vorburg sowie die Außenanlagen für Besucher zugänglich. Seit 2000 kann man das Schloss quasi als malerische Kulisse für geschlossene Veranstaltungen, u.a. in Verbindung mit „Catering“, partiell anmieten und flexibel nutzen.

Nordseite der Hauptburg. Deutlich erkennbar sind die Zinnen der alten Ringmauer (13. Jh.), die im 14./15. Jh. überbaut wurden. Foto: J. Wroblewski, 2001.

31_Pfalz Kaiserswerth

Als die alte Pfalz zu Duisburg im 12. Jh. zunehmend an Bedeutung verlor, wurde die Pfalz zu Kaiserswerth zum bevorzugten Aufenthaltsort des Königs am Niederrhein.

Ort:	Kaiserswerth, Stadt Düsseldorf
Zustand:	Hauptburg Ruine, gesichert
Zugang:	jederzeit zugänglich
Anfahrt:	BAB 44, B 8 Kaiserswerth
Gaststätte:	–

Die heute frei zugängliche Ruine vermittelt noch immer einen guten Eindruck von der früheren Baugestalt dieser einmaligen Stauferburg.

Kurz vor dem Jahr 700 gründete der fränkische Hausmeier Pippin II. auf einer weitgehend hochwassergeschützten Sandinsel am östlichen Rheinufer ein Kloster, in dessen Schatten gegen Mitte des 11. Jh. eine erste, 1101 erstmals urkundlich erwähnte Königspfalz entstand. Mit der Verlegung des Rheinzolls von Tiel (Niederlande) nach Kaiserswerth 1174 schuf man die Rahmenbedingungen für den Neubau der staufischen Pfalz, deren Baubeginn wohl im Jahr 1184 erfolgte. Vor seinem Aufbruch zum Kreuzzug beauftragte Kaiser Friedrich Barbarossa 1189 seinen Sohn Heinrich VI., die Burg in Kaiserswerth zu vollenden und bestens zu bewachen. Während des Thronstreits 1198 überließ König Otto IV. dem Erzbischof von Köln die Pfalz zur wahrscheinlich unausgeführt gebliebenen Zerstörung. 1215 nahm Graf Adolf von Berg die Burg nach fünf Monaten Belagerung ein. Wohl nicht zuletzt aufgrund dieser Kriegserfahrungen ließ der Burggraf 1243 den Turm der nahen Stiftskirche abreißen, um Belagerern keine „Platzvorteile" zu gestatten. Im gleichen Zug wurde die Ringmauer der Burg verstärkt. Nur vier Jahre später belagerte der zum Gegenkönig von Friedrich II. gewählte Graf Wilhelm von Holland die Burg ein Jahr lang, bis die Verteidiger schließlich wohl wegen Hungers aufgeben mussten. In der Folgezeit gelangte die Burg an den Kölner Erzbischof. Mehrfache Besitzerwechsel kennzeichnen ihre weitere Geschichte. Für das 16. und 17. Jh. sind wiederholt umfangreiche Bauaktivitäten belegt. Eine Pulverexplosion zerstörte 1656 die Pfalzkapelle sowie weitere Gebäude. Während einer Belagerung 1689 wurde die Burg schwer beschädigt. Was übrig blieb, wurde 1702 gesprengt bzw. 1711 abgetragen. Der Bau eines Hochwasserdammes 1848 führte zur Zerteilung des Pfalzgeländes. 1899/1900 wurden umfassende Ausgrabungen durchgeführt und die Ruine bis 1908 im Bestand gesichert. Weitere Ruinensanierungen folgten 1968–1975 sowie 1999–2001.

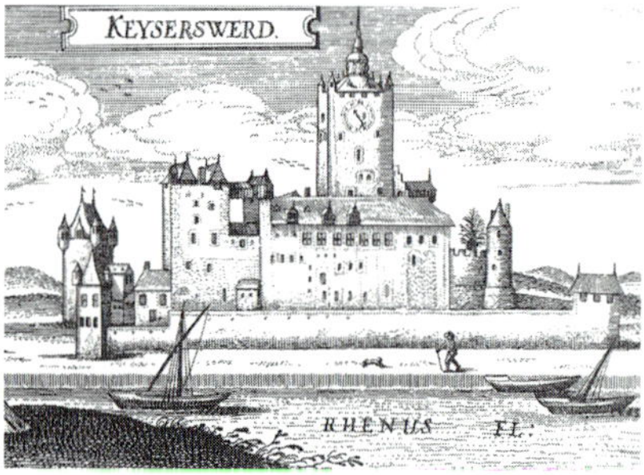

Kaiserswerth von Westen um 1630. Zeichnung: Meisner/Kieser, Politisches Schatzkästlein, 1625–26,1627–31.

Von der Kernburg blieben die 50 m lange und etwa 19 m hohe rheinseitige Westwand sowie der nördliche und südliche Teil des Baukörpers erhalten, wohingegen fast die gesamte Osthälfte verloren ging. Die verschwundenen Bauteile ließen sich archäologisch nachweisen. Der seit dem Spätmittelalter so genannte „Klevische Turm" wurde modern aufgemauert, um die einstige Zugangssituation zur Kernburg wieder zu verdeutlichen.

Die Ruine ist Bestandteil eines früher 50,8 x 30 m großen, annähernd rechteckigen Baublocks. Über den im Norden gut 5 m weit entfernt stehenden „Klevischen Turm“ gelangte man von der Vorburg aus über eine Brücke in die Kernburg. Diese Brücke überspannte einen vom Rhein gespeisten Kanal. Die ergrabene Vorburg wurde von einer halbkreisförmigen Ringmauer aus Tuffquadern umschlossen, die ein Doppelturmtor im Norden und einen runden Schalenturm im Südwesten aufwies. Landseitig war ihr ein breiter Wassergraben vorgelagert. Die Vorburgringmauer ist ihrer Form nach kaum vor der 2. Hälfte des 13. Jh. denkbar und dürfte einer späteren Ausbauphase angehören. Die im Bereich der Vorburg entdeckten älteren Mauerzüge werden z.T. als Reste der salischen Pfalz (11. Jh.) gedeutet. Diese Befunde sind jedoch sowohl funktional als auch zeitlich nicht näher zu bestimmen, da man 1899/1900 weder archäologische Schichten noch irgendwelches Fundmaterial dokumentierte.

Als Baumaterial für die staufische Kernburg kamen Säulenbasalt und Tuff für die Wände, Trachyt für Öffnungen und Außenecken sowie großformatige Backsteine für Bögen und Fenster zur Verwendung.

In der zum Rhein liegenden 5,6 m dicken Westwand blieb die monumentale Haupttreppe erhalten, die das Erdgeschoss mit den beiden Obergeschossen verband. Im südlichen Ruinenteil steht ein etwa 9 m hoher Zylinder aus Backstein und Tuff. Es handelt sich um den Rest einer in ihrer Art einmaligen Filterzisterne. Eine um den Zylinder liegende Sandfüllung reinigte das Regenwasser von den Dächern. Für sanitären Komfort sorgte eine im östlichen Teil der Kernburg untergebrachte sorgfältig ausgeklügelte Abortanlage. Über eine sich zum Rhein hin entleerende Sickergrube, die man früher irrigerweise als Innenhof deutete, wurden die Fäkalien entsorgt. Diese Abortanlage findet Parallelen in einer zeitgleichen Anlage auf der Klever Schwanenburg. Die Wohnräume des Königs waren im ersten, die Repräsentationsräume – darunter der große Saal – im zweiten Obergeschoss untergebracht. Geradezu riesig war der im Ostteil der Kernburg gelegene viereckige Hauptturm (17x17 m) mit 5 m dicken Mauern und einer Höhe von gut 55 m.

Kaiserswerth ist eine singuläre Erscheinung innerhalb des hochmittelalterlichen Pfalzen- und Burgenbaus. Ihre massige und hohe Baugestalt, die beachtlichen Dimensionen des Hauptturmes, der wie eine Kombination aus Bergfried und Wohnturm wirkt, erschweren eine typologische Einordnung.
Kaiserswerth war in erster Linie ein Herrschaftssymbol königlicher Macht mit hohem Repräsentationswert.

Pfalzruine von Südwesten. Auf der vorderen Freifläche stand der große Hauptturm. Foto: J. Wroblewski, 2001.

Blick von der Haupttreppe nach Norden. Foto: J. Wroblewski, 2001.

32_Schloss Kalkum

Schloss Kalkum, umgeben von einer weitläufigen schönen Parkanlage, ist eines der herausragendsten Zeugnisse des klassizistischen Schlossbaus im Rheinland.

Ort:	Düsseldorf-Kalkum
Zustand:	Herrenhaus und Park erhalten
Zugang:	Herrenhaus Archiv, Park zugänglich
Zufahrt:	BAB 44, B 8, Kalkumer-Schlossallee
Gaststätte:	–

Die imposante Anlage beherbergt heute eine Zweigstelle des Hauptstaatsarchivs Düsseldorf und wird für diverse kulturelle Veranstaltungen wie etwa Schlosskonzerte genutzt.

Die Geschichte Kalkums reicht weit über die des bestehenden Schlosses hinaus. In der Reimchronik des Eberhard von Gandersheim wird die Schenkung des Könighofes zu Kalkum durch Kaiser Arnulf (887–899) erwähnt, die Kaiser Otto I. 947 urkundlich bestätigte. Dieser Königshof wird heute im Nedenhof im Unterdorf Kalkum gesucht, wohingegen das jetzige Wasserschloss, der Stammsitz der ritterbürtigen Herren von Kalkum, im Oberhof lokalisiert wird.
Die Herren von Kalkum, die mit *Willelmus de Calecheim* 1174 erstmals in den Archivalien nachweisbar sind, standen seit dem 13. Jh. in Diensten der Grafen von Berg.

Während des Spätmittelalters sahen sich die niederrheinländischen Adeligen, und mit ihnen die Herren von Kalkum, einer zunehmenden Konkurrenz von Seiten der aufstrebenden Städte ausgesetzt, die sowohl in politischer als auch in wirtschaftlicher Hinsicht immer mehr an Einfluss gewannen, während der „klassische" Ritter mit seinen militärischen Aufgaben durch anonyme Söldnerheere verdrängt wurde und sich mit neuen Aufgaben in der Landesverwaltung abfinden musste. In dieser Umbruchphase, die einige Adelige in die Armut und damit ins Raubrittertum trieb, kam es zu vereinzelten kriegerischen Konflikten zwischen Städten und dem Adel. So wurde 1405 auch Haus Kalkum von der Stadt Köln belagert und zerstört. Anlass war eine Fehde mit dem Herrn von Kalkum, in die auch der Sohn des amtierenden Grafen von Berg verwickelt war. Über die nach 1405 wieder aufgebaute Burg der Herren von Kalkum unterrichtet uns lediglich eine historische Karte aus der Zeit um 1600, die drei auf dreieckigem Grundriss angeordnete, von einem Wassergraben umgebene Häuser zeigt. Die Herren von Kalkum starben vermutlich Mitte des 15. Jh. im Mannesstamm aus, woraufhin ihr Erbe an die Herren (seit 1711 Reichsgrafen) von Winkelhausen fiel.

Durch Ludger von Winkelhausen erfolgte von 1656–1663 unter Verwendung älterer Bausubstanz der Ausbau der zweiteiligen Wasserburg zu einem barocken und äußerst repräsentativen Landschloss. Der vierflügeligen Vorburg auf quadratischem Grundriss lag im Westen das zweigeschossige, winkelförmige Herrenhaus gegenüber, dessen Südwestecke ein markanter Eckturm mit geschweifter Haube und Laterne betonte.

Mit dem Aussterben der Familie von Winkelhausen 1739 ging Schloss Kalkum an die Grafen von Hatzfeld-Wildenburg über. Die Witwe des Jülicher Landmarschalls Edmund Gottfried von Hatzfeld, Maria Anna geborene von Kortenbach (1758–1833), ließ den Barockbau in der 1. Hälfte des 19. Jh. zu einem aufwändigen klassizistischen Schloss umgestalten. Mit den Arbeiten (1806–1815) wurde der Krefelder Baumeister Georg Peter Leydel betraut. Dabei kam es zur Verfüllung des Zwischengrabens und der Zusammenführung von Herrenhaus und Vorburggebäude zu einem geschlossenen Quadrat unter Respektierung der Altsubstanz. Hierfür wurde der Westflügel der Vorburg niedergelegt und an der Nordwestecke eine Kopie des barocken Herrenhauses, ebenfalls mit Eckturm, errichtet. Beide Bauteile verband ein nied-

Schloss Kalkum von Südwesten mit der Hauptfassade. Der rechte Eckturm sowie die an ihn stoßenden Flügel gehen auf das barocke Herrenhaus zurück. Foto: J.. Wroblewski, 2001.

riger Zwischenflügel, der einen 1811 fertig gestellten Torbau enthielt. Von diesem führte eine steinerne Bogenbrücke in einen weitläufigen Landschaftspark, den der Düsseldorfer Gartenarchitekt Maximilian Friedrich Weyhe gestaltete. Damit war die heute noch eindrucksvolle Westfassade des Schlosses geschaffen.
Auf der Südseite schloss Leydel die Lücke zwischen dem barocken Herrenhaus und der z.T. mittelalterlichen Vorburg durch einen weiteren Flügel mit Durchfahrt, der die Küche aufnahm und 1821/22 um ein Stockwerk erhöht wurde. Eine zweite Zufahrt findet sich im ehemaligen Nordflügel der Vorburg, wo ein barockes Portal mit bossierten Quadern, dem Winkelhausenschen Wappen und der Jahreszahl 1663 geschmückt ist.

Im Inneren des Schlosses haben sich die spätklassizistisch dekorierten Wohn- und Gesellschaftsräume weitgehend authentisch erhalten. Sie zählen zu den schönsten im Rheinland und wurden 1836/42 unter der Leitung von Heinrich Theodor Freyse, der u.a. auch in Borbeck wirkte, ausgestaltet. Unter seiner Ägide erhielt das Schloss seine nach Befund rekonstruierte rosarote Außenfassung.

Das seit 1842 fertig gestellte Schloss diente der gräflichen Familie nur noch selten als Wohnsitz, lediglich ein Rentmeister verwaltete von hier aus die niederrheinischen Besitzungen. Später wurde das Schloss mehrfach vermietet, bevor das 1946 neu gebildete Land Nordrhein-Westfalen das Anwesen käuflich erwarb, um hier den Sitz des „Vereins für Kultur- und Heimatpflege“ unterzubringen. 1953 bezog das Staatsarchiv Düsseldorf mit einem Zweigarchiv das Schloss.

33_Haus Kemnade

Verlässt man das heute zur Stadt Kalkar gehörende Dorf Wissel in nordöstlicher Richtung nach Grieth, liegt kurz vor dem Ortsausgang linkerhand ein echtes Kleinod

Ort:	Kalkar-Wissel, Kreis Kleve
Zustand:	Herrenhaus und Graben erhalten
Zugang:	Stiftsmuseum, Tel. 02824/965760
Anfahrt:	BAB 3 Abfahrt Rees, B 67, Wissel
Gaststätte:	Zum Schwan, Tel. 02824/6018

der niederrheinischen Burgenlandschaft: Haus Kemnade. Der Name Kemnade leitet sich ab von der Kemenate, einem beheizbaren Raum (lat. *caminata*=Kamin). Da die Bezeichnung häufig auf das ganze Wohngebäude übertragen wurde, existieren am Niederrhein mehrere kleinere Herrensitze dieses Namens.

Wissel liegt auf einer ehemaligen Insel des Rheins, der während des Mittelalters fortwährend sein Flussbett verlagerte.
Wie jüngste Ausgrabungen entlang der durch den Ort führenden Dorfstraße belegen, wurde Haus Kemnade unmittelbar an einem alten Rheinarm angelegt. Gewissermaßen einen Gegenpol bildete am südlichen Ortsausgang das 825 gegründete Stift mit seiner spätromanischen Gewölbebasilika.
Die topografische Lage spricht dafür, in Haus Kemnade einen Nachfolgebau der bereits 1115 von Köln zerstörten, klevischen Burg Wissel zu vermuten. Allerdings hören wir von dieser Burg erst wieder 1370, in Zusammenhang mit älteren Rechten der Ritter von Wissel. Das *castrum* selbst existierte damals längst nicht mehr, da es nach seiner Zerstörung vermutlich nicht mehr wieder aufgebaut wurde.
Haus Kemnade hingegen wird erstmals 1368 in den klevischen Lehnsregistern erwähnt als *hoff tot Wysgel die geh. ter Kemenaden*. Da es jedoch bis in die Neuzeit stets nur als Hof bezeichnet wird, muss die Lokalisierung der Burg an dieser Stelle vorerst fraglich bleiben.

Die Ritter von Wissel lassen sich seit 1144 urkundlich nachweisen und gehörten im 12./13. Jh. zu den einflussreichsten Familien am unteren Niederrhein. Als Ministeriale zählten sie vorrangig zu den engsten Dienstmannen der Grafen von Kleve, standen jedoch auch in Diensten des Stifts Xanten und des Kölner Erzbischofs.
Um 1600 starb die Familie im Mannesstamm aus und Haus Kemnade ging über die Erbtöchter kurzfristig an andere Adelsfamilien. In der 2. Hälfte des 17. Jh. war Kemnade im Besitz der Freiherren von Spaen, denen auch Schloss Moyland gehörte.
1713 ersteigerte Gerhard Schleuffert das Anwesen, seine Witwe vererbte es 1728 an den Schwiegersohn Johann Elsbergen gen. von Wylich. Bis heute ist es im Besitz der Familie van Elsbergen, die das stattliche Herrenhaus und sein historisches Mobiliar sorgsam pflegt. Die Nutzung als Feldlazarett im 2. Weltkrieg hat das ehemalige Rittergut unbeschadet überstanden, jedoch ging das umfangreiche Familienarchiv, das 1944 in die Nähe von Schwerin ausgelagert worden war, verloren. Mit dem Tode Karl van Elsbergens wurde 1971 der landwirtschaftliche Betrieb auf Kemnade eingestellt.

Vorderfront von Süden.
Foto: A. Wemmers, 2001.

Das unregelmäßig erhöhte Gutsgelände, dessen Eingang sich im Westen befand, war ursprünglich von einem 9 m breiten und 3 m tiefen Graben umgeben, der im Bereich der Dorfstraße noch erhalten ist.

Rückfront von Nordwesten.
Foto: A. Wemmers, 2001.

Das Herrenhaus präsentiert sich von Südosten als zweigeschossiger verputzter Backsteinbau mit hohem Walmdach. Von seiner Fassade springt am südlichen Ende ein achtseitiges Treppentürmchen hervor, das tatsächlich die Mittelachse des um 1500 errichteten Kernbaues markiert. Dessen Grundriss lässt sich sowohl an den unterschiedlichen Mauerstärken wie auch an der Kellerdisposition deutlich ablesen. Dieser Gründungsbau wurde später nach Nordosten bis unmittelbar an die Grabenkante erweitert, wobei man auch die werksteingerahmten, heute unter dem Putz verborgenen alten Kreuzstockfenster veränderte. Zugleich entstand an der Gebäuderückseite ein kleiner Anbau.
Diese Umgestaltungen und Erweiterungen veranlasste wahrscheinlich Freiherr von Spaen. Eine gusseiserne Kaminplatte mit der Jahreszahl 1672 verweist indirekt auf entsprechende Baumaßnahmen.
Die heutige Fassadengestaltung resultiert aus dem19. Jh., als man die Obergeschossfenster verkleinerte und zu Biforien umgestaltete. Der rückseitige Anbau wurde in Höhe und Breite erweitert, sodass er mit dem Vorderhaus einen geschlossenen Kubus bildete. Die vorgeblendete Fassade versah man damals mit Zinnenkranz und Eckerkertürmchen.
Während sich die rückseitige Erweiterung in das Jahr 1877 datieren lässt, sind die übrigen Bauphasen schwer zu differenzieren, zumal das Gebäude schon 1850 innen und außen restauriert und aufs Prächtigste wiederhergestellt wurde.

Eine Besichtigung von Haus Kemnade ist nicht möglich, doch kann die Privatanlage von den beiden Zufahrtswegen aus eingehend studiert werden. Weitergehende Informationen zur Geschichte des Dorfes und Hauses erhält man im örtlichen Stiftsmuseum.

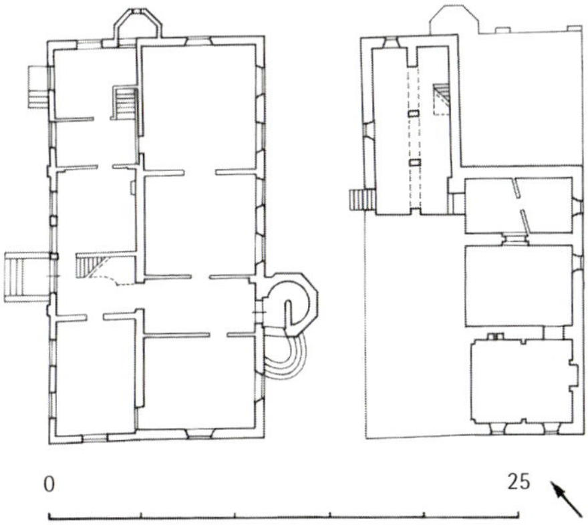

Grundrisse von Keller (rechts) und Erdgeschoss (links). Umzeichnung BfB nach H. P. Hilger, 1970.

34_Burg Kempen

Kempen entwickelte sich aus einem seit Anfang des 11. Jh. bezeugten Hof des Kölner Erzbischofs zu einer befestigten Siedlung, die 1294 Stadtrechte erhielt. Die

Ort:	Kempen, Kreis Viersen
Zustand:	Hauptburg erhalten
Zugang:	Kulturamt Tel. 02152/917271
Anfahrt:	BAB 40, Kempen Stadtmitte
Gaststätte:	–

am Nordostrand der mittelalterlichen Stadt gelegene Burg wird erstmals 1347 erwähnt, als Ritter Reinhart von Schönau zum weltlichen Generalvikar im Erzstift ernannt wurde und gleichzeitig Burg, Stadt und Land Kempen mit allen Einkünften übertragen bekam. Von der kurzfristigen Verpfändung 1320–1330 an Dietrich Luf von Kleve abgesehen, blieben Burg und Stadt Kempen als Sitz des Amtmanns bis 1794 in kölnischem Besitz.

Die seit dem 17. Jh. tradierte Gründung der Burg im Jahr 1316 beruht auf einer falsch gelesenen Bauinschrift: Die früher über dem Eingangsportal angebrachte, heute im Städtischen Kramer-Museum ausgestellte Bronzetafel bezieht sich tatsächlich auf den 1396–1400 erfolgten Neubau. Damals errichtete Johann Hundt im Zuge des zeitgleichen Ausbaus der Stadtbefestigung anstelle der älteren Anlage die bis heute im wesentlichen erhaltene Burg. An den Bauherrn erinnert der Wappenstein des Kölner Erzbischofs und Kurfürsten Friedrich von Saarwerden über dem Hauptportal.

Der mächtige Backsteinbau wird von drei runden Ecktürmen flankiert und erinnert in seiner äußeren Erscheinung an Schloss Moyland. Wie die unterschiedlichen Mauerstärken anzeigen, wurde der Burghof ursprünglich nur von dem zweiflügeligen Winkelbau und nach Norden von einer starken Wehrmauer begrenzt. Erst nachträglich baute man an die Wehrmauer weitere Gebäude an, die gemeinsam einen dritten Flügel bildeten.

Kurz vor 1570 ließ Erzbischof Salentin von Isenburg umfangreiche Instandsetzungsarbeiten an der Burg durchführen, wobei 1569 auch das baufällige Torhaus der Vorburg erneuert werden musste. Die grabenumwehrte, winkelförmige Vorburg lag südlich der Hauptburg. Mit ihrem Torhaus und den nach Norden und Osten anschließenden Wirtschaftsgebäuden riegelte sie den Burgbereich zur Stadt hin ab. Die freie Hoffläche diente im 16./17. Jh. auch als Versammlungsplatz, auf dem der Amtmann unter einem Nussbaum Vogtgeding (Gericht) abhielt.

Ansicht von Osten. Foto: Krefelder Fotofreunde, B. Dembkowski, 2000.

Um 1634 erfolgte unter dem Kölner Erzbischof Ferdinand von Bayern die Umgestaltung der mittelalterlichen Burg zu einem Schloss, wobei insbesondere die kleinen Fensteröffnungen durch große Kreuzstockfenster aus Haustein ersetzt wurden. Dass die Anlage dennoch wehrhafte Funktionen bewahren sollte, zeigt sich an der Zugbrückenblende des schlichten Hauptportals. Nördlich der Burg entstand eine vom Burghof über eine Brücke zugängliche Bastion.

1642 wurde Kempen nach zehntägigem heftigen Beschuss von hessischen Truppen eingenommen und bis zum Ende des Dreißigjährigen Krieges besetzt gehalten.

Nach der Säkularisation wurde die Burg Anfang des 19. Jh. an den Krefelder Seidenfabrikanten Peter von Loewenich verkauft, der die Bastion schleifen und den Nordflügel abbrechen ließ. Den verbliebenen, 1851 teilweise durch einen Brand ruinierten Komplex erwarb 1857 die Stadt Kempen, um ihn als Schulgebäude für das Gymnasium Thomaeum herzurichten. August Stüler führte daraufhin 1861–1863 tief greifende Umbauarbeiten durch. Die Burg wurde weitgehend entkernt und die Stärke der 2,5 m dicken Außenmauern um fast 1 m verringert. Die infolge verschiedener Um- und Anbauten unregelmäßig ausgeformte Hofseite des Westflügels erhielt eine einheitliche Fassade, die mit kleinen Treppengiebeln über den Dachgeschossfenstern abschloss. Auch die übrigen Fassaden wurden gotisierend überarbeitet, die Fenster mit profilierten Werksteinrahmen erneuert und die Zinnenkränze der Türme wiederhergestellt.

Die Vorburg brach man bis 1868 für die Anlage eines Schulhofes ab.

Nach dem Auszug der schulischen Einrichtungen bezog die Kreisverwaltung des damaligen Landkreises Kempen-Krefeld die seit 1929 angemieteten Räumlichkeiten. Seit 1939 ist die Burg in Kreisbesitz. Beim 1934 erfolgten Umbau wurde das Burginnere in kleinere Büros untergliedert, der Dachboden zu einem leicht vorkragenden Geschoss ausgebaut. Getragen wird es vom einstigen Traufgesims, das nach einer Tieferlegung dicht über den Sturzbögen der Obergeschossfenster neu aufgemauert wurde. Störend wirkt die unglückliche Befensterung des Dachgeschosses.

Seit dem Auszug der Kreisvolkshochschule im Juli 2001 wird die Burg ausschließlich vom Kreisarchiv genutzt. Die Aussenanlage ist jederzeit zugänglich; Gruppenführungen mit Turmbesichtigung können mit dem Kulturamt der Stadt vereinbart werden.

Der Torturm von Südwesten. Foto: Krefelder Fotofreunde, B. Dembkowski, 2000.

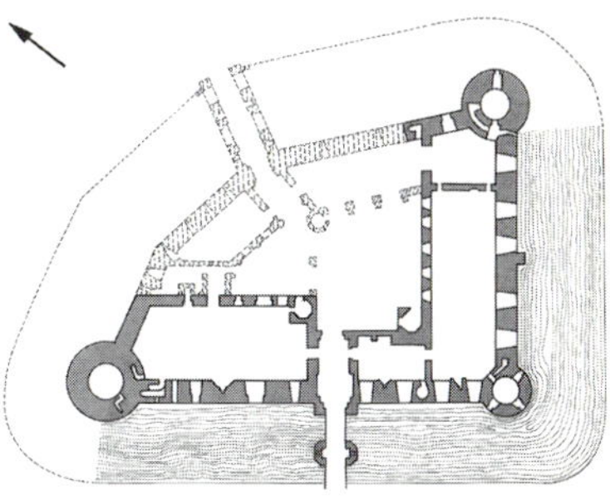

Grundriss 1. Hälfte 19. Jh.; gerastert=Baubestand, schraffiert =abgebrochen, gestrichelt= Umriss des zugeschütteten Wassergrabens. Umzeichnung BfB nach P. Clemen, 1891.

35_Haus Kolk

Haus Kolk, versteckt gelegen in der idyllischen Landschaft des Uedemerbruches, ist ein Denkmalensemble aus Herrenhaus (a) (Mitte 17. Jh.), Scheune (b) (Anfang 19. Jh.) und einem Graben- und Wallsystem (16. Jh.). Seit Mitte des Jahres 2000 wird die Anlage durch den Eigentümer Siegwart Graf zu Eulenburg und Hertefeld behutsam wiederhergestellt.

Ort:	Uedem, Kreis Kleve
Zustand:	Haupthaus, Wall und Graben erhalten
Zugang:	Privatbesitz, Außenbesichtigung
Anfahrt:	BAB 57, Uedem, Uedemerbruch
Gaststätte:	–

Um 1319 wird im Urbar der Grafen von Kleve innerhalb des Kirchspiels Uedem ein *Dideric de Collich* als Besitzer des Gutes *Nyenhuyss* genannt. Mitglieder dieser wahrscheinlich aus dem Ministerialadel stammenden Familie sind im 14./15. Jh. mehrfach als gräfliche Richter und Amtleute nachweisbar. Ihr Besitztum muss im 15. Jh. an die Familie van Egeren gekommen sein. 1531 bringt Ida van Egeren den Besitz Kolk in ihre Ehe mit Stephan VI. von Hertefeld ein. Kolk wird dadurch Stammsitz der älteren Familienlinie derer von Hertefeld, während die jüngere Linie auf dem Ursitz Haus Hertefeld bei Weeze bleibt. Stephan VI. bekennt sich früh zum Protestantismus und erhebt Haus Kolk zum ersten Versammlungsort der jungen protestantischen Kirchengemeinde in Uedem. Als 1609 das Klever Herzoghaus ausstirbt, nimmt der 1561 auf Kolk geborene Stephan VII. als Vertrauensmann und Bevollmächtigter des brandenburgischen Kurfürsten dessen Erbansprüche auf das vakante Herzogtum wahr. Dies ruft den Unmut der Spanier hervor: Sie überfallen noch im selben Jahr Haus Kolk, um Stephan zu ergreifen. Diesem gelingt zwar rechtzeitig die Flucht, doch muss er von seinem Versteck aus die Zerstörung seines Elternhauses mitansehen. Jobst Gerhard, Stephans Sohn, intensiviert die guten Beziehungen zu den Brandenburgern und vermehrt den politischen Einfluss und Wohlstand der Familie erheblich. So stellt er dem Großen Kurfürsten die gewaltige Summe von 90.000 Reichstalern zur Verfügung, für die ihm der Kurfürst Ländereien in Ostpreußen und in der Uckermark abtreten muss. 1649 löst Jobst Gerhard den von der erloschenen jüngeren Linie verpfändeten Ursitz Hertefeld wieder ein. 1652 kauft er das Gut Liebenberg in der Mark Brandenburg, das bis 1945 zum Hauptsitz der Familie avanciert. 1867 erlischt die Familie der Freiherren von und zu Hertefeld im Mannesstamm. Titel und Besitz – und damit auch Kolk – fallen über die Großnichte des letzten Hertefelds an die Familie der Grafen zu Eulenburg. Erst nach dem 2. Weltkrieg – nach dem Verlust der Güter im Osten – konzentriert sich die Familie wieder auf ihren Besitz am Niederrhein.

Zur Schaffung einer fundierten Planungsgrundlage wurde die Gesamtanlage vor der jüngsten Restaurierung in exemplarischer Weise von Archäologen, Burgenforschern und Historikern befundet. Als Bauplatz für Haus Kolk wählte man seinerzeit eine natürliche Erhebung in den Sümpfen des Uedemer Bruches. Eine viereckige, mit Gräben und Wällen geschützte Insel (c) war im Norden und Osten von einer hakenförmigen, wohl hauptsächlich landwirtschaftlich genutzten zweiten Insel (d) umgeben.

Die bislang ältesten nachweisbaren Baubefunde stammen aus der 1. Hälfte des 14. Jh. Damals wie heute betrat man die Burginsel über eine Zufahrt von Westen her. Eine dendrochronologisch um 1340 datierte Holzbrücke führte zu einem einfachen Torgebäude aus Backstein. Im Süden der Insel stand ein wahrscheinlich viereckiger Wohnbau, vermutlich ein Wohnturm. Dieser kleine, burgähnliche Wohnsitz ist in den Urkunden des 14. und 15. Jh. als „Haus“, d.h. als Burg, nicht nachweisbar. Dies lässt darauf schließen, dass es damals keinen solchen Status besaß.

Noch im 15. Jh. wurde ein weiteres, rechtwinklig zum bestehenden Bau angelegtes Wohnhaus erbaut. Im 16. Jh. entstand an Stelle der beiden Wohngebäude ein Neubau, aller Wahrscheinlichkeit nach durch Stephan VI. von Hertefeld. Er errichtete ein rechteckiges Burghaus (a) mit vorgelagertem Graben, der die Burginsel in eine Haupt- und Vorburg teilte. Diese Zweiteiligkeit der Burganlage war wichtig für die Landtagsfähigkeit des Adelssitzes, die konsequenterweise seit dem 16. Jh. in den Archivalien bezeugt ist. Dieser Bau wurde 1609 durch die Spanier zerstört, was archäologisch in den Grabenverfüllungen belegbar ist. Nach dem Ende des Dreißigjährigen Krieges muss unter Jobst Gerhard um 1650 mit dem Neubau des barocken Herrenhauses auf den Fundamenten des zerstörten Burghauses begonnen worden sein. Die Proportionen und die hofseitige Lisenengliederung lassen dabei architektonische Parallelen zum Schlösschen Borghees bei Emmerich erkennen.

In der Franzosenzeit (ab 1794) verlor Kolk erheblich an Bedeutung. Zu Beginn des 19. Jh. wurde das Objekt schließlich den Erfordernissen eines landwirtschaftlichen Pachthofes abgepasst, indem man das Obergeschoss des Herrenhauses abtrug und die Fensterfronten vereinfachte. Mit dem Abbruchschutt verfüllte man Teile der Wassergräben. Auf der Burginsel entstanden um 1810 zwei Scheunen und ein Backhaus, das um 1868 gemeinsam mit einer Scheune abbrannte. Um 1900 wurde das ehemalige Herrenhaus für den Einbau zweier Waldarbeiterwohnungen der Länge nach unterteilt, im Laufe der folgenden Jahrzehnte außerdem mit zahlreichen Anbauten und Betonputz versehen. 1979 begannen erste Restaurierungen am Haus. Diese Vorarbeiten finden ihren endgültigen Abschluss in den laufenden Baumaßnahmen und haben die Wiederherstellung des im Kern noch vollständig erhaltenen barocken Hauses zum Endziel.

Ein nahegelegener Weg ermöglicht einen guten Blick auf das Denkmalensemble. An bestimmten Tagen im Jahr ist das private Anwesen auch für die Öffentlichkeit zugänglich.

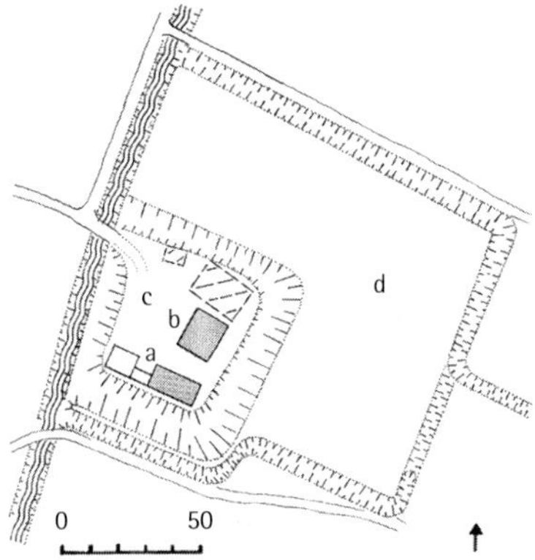

Lageplan von Haus Kolk. Mit erhaltener (gerastert) und verlorener (schraffiert) Bebauung. a–d=Bauteile, siehe Text. Umzeichnung BfB nach H. P. Hilger, 1967.

Rekonstruktionsversuch des Herrenhauses um 1700. Zeichnung: W. van Basten, 1997.

36_Schloss Krickenbeck

Inmitten des herrlichen Naturschutzgebietes der im 17./18. Jh. durch Austorfungen entstandenen und von den Flüssen Nette und Renne gespeisten Krickenbecker Seen

Ort:	Nettetal, Kreis Viersen
Zustand:	Haupt- und Vorburg erhalten
Zugang:	09. Sept. bzw. „Tag des Offenen Denkmals"
Anfahrt:	BAB 40, B 221, Schloßallee
Gaststätte:	Forsthaus, Tel. 02153/13298.

liegt eines der schönsten Wasserschlösser des Niederrheinlandes: Schloss Krickenbeck.
Noch in den 1980er Jahren des stand das Schloss kurz vor dem Untergang. 1988/89 übernahm die WestLB die seit vielen Jahren im Verfall begriffene Anlage, um hier ein Seminar- und Schulungszentrum, die „Akademie Schloss Krickenbeck", einzurichten. Parallel zum Schloss setzte man auch den historischen Landschaftspark vorbildlich in Stand.

Im Jahr 1104 ist mit *Henricus de Krikenbach* ein erster Vertreter jener edelfreien Adelsfamilie nachweisbar, deren gleichnamige Burg in etwa 2 km Entfernung vom heutigen Schloss am linken Ufer der Nette lag. Diese erste Burg Krickenbeck bestand aus einer zweiteiligen Motte, die zuletzt 1987 archäologisch mittels Bohrprofilen untersucht wurde. Der Erdhügel hatte einen Durchmesser von etwa 50 m. Brandhorizonte an seiner Südseite deuten auf eine wiederholte Zerstörung der Burg hin. Die Grafen von Krickenbeck, verwandt mit den Grafen von Geldern und Kleve, verkauften ihre Burg 1188 an Erzbischof Philipp von Heinsberg. In der 1. Hälfte des 13. Jh. gelangte Krickenbeck an Graf Adolf von der Mark, der die Herrschaft 1243 an Graf Otto II. von Geldern veräußerte.

Eine neue Burg – das heutige Schloss – wird zuerst 1294/95 gemeinsam mit Burgbediensteten und einer Kapelle als *castrum* in den Archivalien genannt, muss jedoch schon um 1250 an dieser Stelle vorhanden gewesen sein, während die alte Burg aufgelassen wurde.
Unter den Grafen von Geldern wurde die Burg Krickenbeck Landesburg und Verwaltungszentrum eines gleichnamigen Amtes. Eine bei der Burg liegende Siedlung sollte 1312 städtische Freiheiten erhalten, musste jedoch letztlich hinter die aufstrebende Stadt Venlo zurücktreten. Spätestens 1357 hatte Krickenbeck seine Funktion als Landesburg eingebüßt. Mittelpunkt des Amtes wurden im Wechsel die außerhalb gelegenen Burgen Wachtendonk, Erkelenz, Wickrath und Neersen.
Bis 1430 saßen auf der geldrischen Burg die Herren von Krickenbeck, ein nachgerücktes niederadeliges Geschlecht. Nach zweimaligen Besitzerwechseln gelangte Krickenbeck 1623 an die aus Limburg stammende Familie von Schaesberg (seit 1706 Reichsgrafen), die im 17./18. Jh. – gleich den Herren von Hertefeld – eine führende politische Rolle in der brandenburgischen Regierung einnahmen. 1514 wurde Krickenbeck durch burgundisch/österreichische Truppen zerstört und bis zur Mitte des 16. Jh. wiederhergestellt.
Eine zweite Zäsur bedeutete der durch einen unachtsamen Anstreicherlehrling 1902 ausgelöste Großbrand, in dessen Folge das Schloss in seinen heutigen Neo-Renaissanceformen bis 1904 wieder aufgebaut wurde. 1943 gab die Familie Schaesberg Krickenbeck als Wohnsitz auf, das seitdem ein Kreisaltersheim beherbergte. Das seit 1969 leer stehende Schloss verfiel rapide, zumal starker Schwammbefall die Innensubstanz fast komplett zerstörte.

Wie viele Burgen und Schlösser hat auch Krickenbeck alle Stilepochen seit der Gotik durchlebt, wurde entsprechend oft überformt und modernisiert.
Im Zuge des Wiederaufbaues konnten Archäologen und Burgenforscher wichtige Erkenntnisse zur Baugeschichte des Schlosses sammeln. Demnach stand hier

im 13. Jh. eine zweiteilige, regelmäßig konzipierte Burganlage mit Zugang im Süden. Von dieser Gründungsburg erhielten sich in den Fundamenten des Schlosses Mauerreste aus Sandsteinblöcken. Sie umfassen den heutigen großen Rundturm, einen an diesen anbindenden, funktional als Palas zu deutenden Nordflügel (18x6 m) und eine 22 m lange, nach Süden verlaufende Außenmauer am Rande der Burginsel. Diese Burg baute man im 14. Jh. nach dem Muster von Brüggen, Kempen und Moyland zu einer für das Niederrheinland typischen Kastellburg mit vier runden Ecktürmen aus. Der neue Palas lag vermutlich an der Ostseite. Die übrigen Seiten wurden durch Wehrmauern geschützt.
Von dieser mächtigen gotischen Burg erneuerte man nach den Zerstörungen im Jahr 1514 nur die nördliche Hälfte im Stil der Renaissance mit im Innenhof liegender zweigeschossiger Galerie und umgab sie mit modernen Bastionsanlagen. Letztere dienten 1536 der Stadt Geldern als Vorbild für die eigenen Festungsbauten.
Nach der Plünderung durch die Franzosen 1684 entstand 1695 die heutige dreiflügelige Vorburg, deren originaler Dachstuhl einmalig im Rheinland sein dürfte. 1708–1718 modernisierte man das Schlossinnere, ebnete die Bastionsanlagen ein und umgab das Anwesen mit Barockgärten.

Unter Vincenz Statz, der das bestehende Gebäude mit Spitzbogenfriesen, Zinnen und Erkern zurückhaltend überformte, erfolgte 1856–1860 die Regotisierung des Herrenhauses. Nach dem Brand von 1902 musste der Großteil des Schlosses komplett erneuert werden. Es entstand unter dem Architekten Hermann Schaedtler eine Dreiflügelanlage im Stil der Neo-Renaissance mit Ehrenhof, die auch die seit dem 16. Jh. aufgegebene südliche Hälfte der Hauptinsel einbezog. Zahlreiche Erker, Giebel und Risalite sowie eine üppige Ornamentik belebten das Äußere. Das Gebäudeinnere erfuhr eine äußerst wohnliche Ausgestaltung, die auch eine ausgemalte Kapelle umfasste.

Beim Wiederaufbau des Schlosses wurde die Raumdisposition der unteren Geschosse rekonstruiert, in den oberen Geschossen jedoch den neuen Erfordernissen angepasst. Auch die Vorburg wurde der neuen Nutzung angepasst. Ein im Vorfeld der Anlage untergebrachtes modernes Gästehaus verhindert eine Übernutzung des Schlosses, das für Besucher einmal im Jahr am „Tag des Offenen Denkmals“ geöffnet ist.

Luftaufnahme von Osten. Das Äußere des Herrenhauses wird von der Neo-Renaissance (1902/04) geprägt, die Vorburg dagegen vom Barock (1695). Foto: C. Voigt, 1993.

37_Schloss Landsberg

Etwa 1 km südöstlich von Essen-Kettwig erhebt sich über dem Ruhrtal malerisch auf einem Bergrücken Schloss Landsberg.

Ort:	Ratingen-Breitscheid, Kreis Mettmann
Zustand:	Schloss und Park erhalten
Zugang:	Gruppenführungen, Tel. 02 11/82 43 80 12
Anfahrt:	BAB 52, Abfahrt Breitscheid
Gaststätte:	–

Landsberg diente, ähnlich wie auch Hugenpoet, zur Sicherung von Machtansprüchen nahe des Ruhrübergangs bei Kettwig und der Straße nach Ratingen.
Etwa zeitgleich mit der 1282 erstmals erwähnten Brücke wurde auch die Burg durch Graf Adolf V. von Berg gegründet. In einer Urkunde von 1289 wird erstmals Ritter Philipp, der einer seit 1055 nachweisbaren Werdener Ministerialenfamilie entstammte, als Burggraf – *castellanus* – von Landsberg erwähnt. 1548 wurden Amt und Burg Landsberg erbliches Lehen. Die Burg konnte allerdings als so genanntes Offenhaus während kriegerischer Auseinandersetzungen weiterhin vom bergischen Landesherrn militärisch genutzt werden.
Als 1705 die Familie von Landsberg im Mannesstamm ausstarb, ging der Besitz durch die Heirat der Erbtochter Anna Wilhelmine an die Familie von Bevern.
1825 erwarb Freiherr von Carnap das Schloss, veräußerte es allerdings schon 1837 an die Reichsfreiherren von Landsberg-Velen – einer westfälischen Nebenlinie der einstigen Besitzer.
Ende des 19. Jh. verfiel die nur gelegentlich genutzte Anlage zunehmend, bis sie 1903 der Mülheimer Großindustrielle August Thyssen kaufte und als künftigen Wohn- und Ruhesitz umfangreich erneuern ließ. Nach seinem Tod 1926 wurde die Anlage in die von seinen Erben gegründete August-Thyssen-Stiftung eingebracht.
Nach wechselvoller Nutzung – unter anderem 1947–1966 als Kinderheim – wurden 1989–1992 die Schlossgebäude und die zugehörigen Gartenanlagen umfassend saniert und restauriert. Seither dient Schloss Landsberg der Thyssen Krupp AG als Tagungs- und Seminarstätte.

Ansicht von Nordosten um 1906. Repro: H. Rautwurm, 1990.

Das annähernd halbkreisrunde Burgplateau wird von einer auf dem gewachsenen Fels fußenden, außen noch bis zu 13 m hohen Ringmauer eingefasst, die ursprünglich mit einem gedeckten Wehrgang abschloss.
Große Teile dieser Sandsteinmauer stammen noch aus der Erbauungszeit Ende des 13. Jh. Dieser gehört auch der rechteckige Bergfried an, der ursprünglich als Machtsymbol diente, später mit einer Backsteinbrüstung versehen wurde.
Neben ihm steht das nach den Zerstörungen im Dreißigjährigen Krieg erneuerte Torhaus mit seiner Zugbrückenblende und seinem eisenbeschlagenen Tor.

An der Südwestseite des Plateaus liegt das aus dem Mauerbering vortretende Herrenhaus, das 1666 auf den Grundmauern des ursprünglichen Palas errichtet wurde. Dessen Nordeck wird seit 1655 von einem lang gestreckten, zweigeschossigen Wohnflügel umschlossen, der an der Ringmauer lehnt, und den ein eingeschossiger, ehemaliger Remisentrakt bis an den nördlichen Rundturm fortführt. Seine barocke Schweifhaube erhielt dieser Turm im Jahr 1639.

In der Mitte des Burghofes steht der mehrfach umgebaute runde Brunnenturm. Anfang des 18. Jh. ließ Sigismund von Bevern das Burgschloss zu einer geräumigen Barockanlage ausbauen. Zwar wurden die von ihm entlang der nordwestlichen Ringmauer errichteten zweigeschossigen Gebäude bereits Mitte des 19. Jh. wieder abgebrochen, aber durch die Anschüttung der von einer 100 m langen Mauer gestützten Terrasse (1717) schuf Bevern die Voraussetzung für die bis heute bestehende Gartenanlage.

Ansicht von Südwesten; rechts der Schweifgiebel des Herrenhauses von 1655. Lithografie: Winckelmann & Söhne nach H. Deiters, um 1860/61.

Bei der 1903/04 von Architekt Otto Lüer (1865–1947) für August Thyssen durchgeführten Umgestaltung wurden die vorgefundenen Gebäudeproportionen weitgehend beibehalten, die teilweise baufälligen Wohntrakte jedoch in erheblichem Umfang neu aufgemauert. Im Westen kam ein von den Repräsentationsräumen im Erdgeschoss zugänglicher Terrassenanbau mit Wintergarten hinzu, im Obergeschoss wurden Privaträume und Gästezimmer untergebracht. Höhepunkt der qualitätvollen Innenausstattung ist das „Straßburger Jugendstilbad", das auf der Pariser Weltausstellung 1900 großes Aufsehen erregte. Im Bergfried installierte man eine neugotische Kapelle, woraufhin das Untergeschoss 1928 zur Familiengruft ausgebaut wurde.

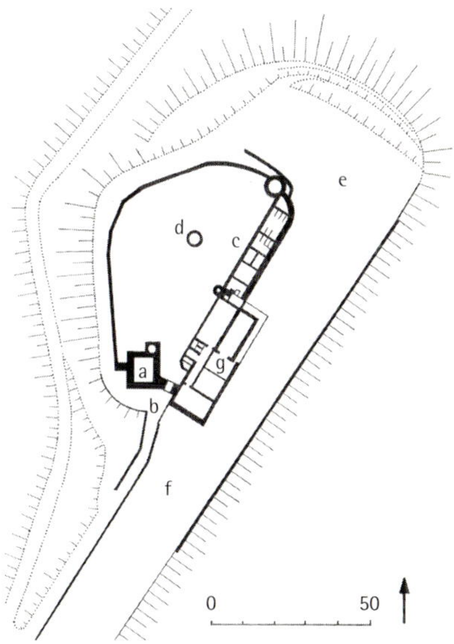

Lageplan mit Gartenanlage von 1903; a=Bergfried, b=Burgtor, c=Stallungen, d=Brunnen, e=Lawn-Tennis, f=barocke, g=ehem. Palas-Gartenanlage. Umzeichnung BfB nach G. Knopp, 1995.

Heute befinden sich in den ehemaligen Bedienstetenquartieren und im Remisentrakt Seminarräume. Zur Unterbringung der Tagungsteilnehmer entstand im südlichen Gartenbereich neben dem wieder aufgebauten Gärtnerhaus ein moderner „Wohnturm", der die Formensprache des Schlossturms aufgreift, ohne sie zu imitieren.
Schloss Landsberg ist im Gartenbereich öffentlich zugänglich; Besichtigungen der Burggebäude sind nur im Rahmen angemeldeter Gruppenführungen möglich.

38_Haus Langendonk

Wer auf der B 58 von Geldern Richtung Issum fährt und rechts nach Aengenesch abbiegt, wird schon bald in den Wiesen die hohe Turmruine von Langendonk sehen.

Ort:	Geldern-Aengenesch, Kreis Kleve
Zustand:	Turmruine, nicht saniert
Zugang:	Privatbesitz, vom Weg aus sichtbar
Anfahrt:	B 58, Geldern-Aegenesch
Gaststätte:	–

Der eher unspektakulär wirkende Turm ist in Wirklichkeit ein hochinteressantes, da weitgehend authentisches Relikt.

Die Burg Langendonk stand einst direkt auf der Grenze zwischen dem Herzogtum Geldern und dem Erzbistum Köln. Der das Burgareal durchschneidende Fluss bildete den natürlichen Grenzverlauf zwischen beiden Territorien und verursachte das Kuriosum, dass die Hauptburg mit Turm zu Köln, die Vorburg dagegen zu Geldern gehörte.

Die Ersterwähnung des Hauses erfolgte im Jahr 1391, als der Knappe Johan von Wyenhorst vom Erzbischof von Köln die Erlaubnis erhielt, die Burg zu *besseren ind vesten*. Sie sollte allerdings ein Offenhaus des Erzbischofs sein. Diese Vereinbarung räumte dem Erzbischof das Sonderrecht ein, die Burg im Kriegsfalle bemannen und nutzen zu dürfen. Ausgenommen hiervon blieben – bedingt durch die besondere Lage der Burg – militärische Handlungen gegen den Herzog von Geldern. Nach dem Tod des Johan von Wyenhorst belehnte der Erzbischof 1436 Johan von Alpen mit der Burg. Johan von Alpen war ein im Herzogtum Kleve angesehener und wohlhabender Mann, Drost des Landes von Kleve und Besitzer des Hauses Zelhem in der Düffel bei Kranenburg. Als weitere Besitzer von Langendonk sind 1672 Arnold von Wachtendonk und 1693 Adolf Bertram von Wachtendonk überliefert. In welchem Verhältnis diese zu den ab 1669 als Besitzer genannten Herren von Ossery standen, ist bisher nicht geklärt. Die von Ossery blieben bis zum Ende des 19. Jh. Besitzer der Burg. Nach mehrmaligen Besitzerwechseln gelangte das Anwesen an die Familie Croonenbrock, die noch heute den Bauernhof neben der Turmruine bewirtschaftet.

Gemäß einem um 1790 angefertigten Lageplan gelangte man von der im Westen liegenden Vorburg aus über eine Brücke in die Hauptburg. Neben dem Burgtor stand der quadratische Turm. Mit Ausnahme der offenen Ostseite waren alle Seiten der viereckigen Hauptburg mit Gebäuden besetzt.

Historische Fotos aus den 1920er Jahren des zeigen den Turm schon allein stehend, jedoch noch mit einem Pyramidendach, das in der Folgezeit verloren ging. Seitdem ist der Baukörper bedauerlicherweise stark fortschreitendem Verfall ausgesetzt.

Die quadratische Turmruine (außen 6,90 m Seitenlänge), mit 1,50 m starken Mauern im untersten Geschoss, hat eine Höhe von gut 15,50 m, die sich seit dem Verlust des Daches nur geringfügig verringert hat. Ursprünglich scheint der Turm in den Verlauf einer etwa 1,30 m starken Ringmauer eingebunden gewesen zu sein, deren Abbruchspuren auf der Nord- und Südseite des Turmes noch erkennbar sind. Das ebenerdige Geschoss im Turm war mit einem Tonnengewölbe geschlossen und nur vom darüber liegenden Stockwerk aus durch eine kleine Öffnung zugänglich. Gerne wird in solchen Räumen das Turmverlies vermutet, doch dürfte es sich hier – wie überhaupt bei den meisten Burgtürmen dieser Art – vorrangig um einen Lagerraum handeln.

Der Eingang zum Turm lag im ersten Obergeschoss in der zum Burghof hin orientierten Ostseite und war über eine Leiter oder Holztreppe zugänglich. Eine Türe in der Nordwand des Raumes führte in den hier anbindenden Trakt. Der Raum war durch einen Kamin beheizt. Im zweiten Obergeschoss führte eine Türe durch die Südwand auf die – im Vergleich zur Nordseite hier viel höhere – Ringmauer. Wie schon erwähnt, verzeichnet der Plan von 1790 hier direkt südlich des Turmes den Eingang zur Kernburg. Im dritten Obergeschoss sorgten ein Kamin und ein Abtritterker für gehobenen Wohnkomfort. Die Obergeschosse des Turms besaßen einst Balkendecken.

In der Neuzeit wurden Öffnungen eingebrochen, Anbauten angefügt, verändert und wieder abgerissen. All dies hinterließ Spuren am Mauerwerk, die den Originalbestand glücklicherweise kaum beeinträchtigen.

Die Funktion des Turmes zu Langendonk ist nicht eindeutig abzuklären. Zum einen schützte er wahrscheinlich das südlich von ihm liegende Burgtor, zum anderen bot er allen Komfort eines mittelalterlichen Wohnturmes. Als höchster Baukörper der Burg erfüllte er automatisch auch Symbol- und Statusfunktionen. Wie bei den meisten Türmen dieser Art trifft wohl der moderne Ausdruck „multifunktional“ am besten zu. Spätmittelalterliche Burginventare belegen ein flexibles Leben und Wohnen der Menschen in diesen Bauten. Privatgemächer waren dem Burgherrn und seiner Familie vorbehalten. Das Burgpersonal schlief meist dort, wo es tagsüber arbeitete: Der Wächter oben auf dem Turm, der Knecht im Stall usw. Daher ist es nicht weiter verwunderlich, wenn sich in vielen Burgtürmen Kamine, Aborte oder Brunnen finden (z. B. Hülchrath, Linn, Moyland, Uda ect.).

Die Turmruine zu Langendonk sicher zu datieren, ist ohne kompetente Bauforschung nur bedingt möglich. So bleibt neben den stilgeschichtlich nur begrenzt zeitlich bestimmbaren Inneneinbauten wie Kaminen, Wandschränken usw. nur die typologische Einordnung von Baugestalt und Mauertechnik. Türme, wie der zu Langendonk, sind heute am Niederrhein so gut wie nicht mehr erhalten. In den angrenzenden Gebieten der Niederlande (Provinzen Limburg und Gelderland) existieren mehrere Türme dieser Art, deren Blütezeit ins 14. Jh. fällt. Auch der Langendonker Turm sollte dieser Zeitepoche angehören; er ist in jedem Fall älter als der Batterbergturm (um 1500) in Rees-Haldern.

Seit geraumer Zeit bemüht sich die Untere Denkmalbehörde der Stadt Geldern um den Erhalt dieses hochbedeutenden und weitgehend authentischen mittelalterlichen Baudenkmals. Wünschenswert wäre eine von jeglichem Nutzungszwang befreite Substanzsicherung, verbunden mit einer neuen Eindachung.

Die Turmruine von Nordwest. Im dritten Obergeschoss liegt ein gut erhaltener Abtritterker. Foto: V. Janßen, 2001.

39_Schloss Liedberg

Schloss Liedberg bei Korschenbroich gehört zu den wenigen Höhenburgen des Niederrheins. Es zeichnet sich weiterhin dadurch aus, dass sein Standort, der Liedberg, ins-

Ort:	Korschenbroich-Liedberg, Kreis Neuss
Zustand:	Haupt- und Vorburgen erhalten
Zugang:	Privatbesitz, Außenbesichtigung
Anfahrt:	BAB 46, B 230 Liedberg
Gaststätte:	Vennen, Tel. 02166/81518

gesamt drei zeitlich aufeinander folgende Befestigungsanlagen trägt. Der aus einem Sandsteinhorst bestehende Liedberg wurde als eines der seltenen Natursteinvorkommen am Niederrhein bereits seit der Römerzeit abgebaut.

Wie alle natürlich erhöhten Plätze im Flachland des Niederrheins war auch der Liedberg schon früh von einer führenden regionalen Adelsfamilie besetzt worden. Die Herrschaft der edelfreien Herren von Liedberg erstreckte sich von der unteren Erft bis zur Niers. Nach ihrem Aussterben noch im 12. Jh. gelangte ihr Erbe auf bisher ungeklärten Wegen an die Grafen von Jülich (2. Hälfte 13. Jh.), wurde diesen jedoch vom Kölner Erzbischof Siegfried von Westerburg streitig gemacht. 1279 besetzten seine Ritter die Burg und verleibten sie der kölnischen Machtsphäre ein: Liedberg wurde Landesburg im gleichnamigen Amt. In der zugehörigen Burgsiedlung lebten die Burg- und Dienstmannen des Erzbischofs.

Die älteste Befestigung, die so genannte „Römerwacht", liegt auf der westlichen Kuppe des Liedbergs. Sie besteht aus einem etwa 35 m durchmessenden Areal, das ein kreisrunder, 10 m breiter Graben mit Außenwall umfriedet. Ein Erddamm im Nordosten stellt den einzigen Zugang zu dieser Anlage dar. Etwa 100 m östlich dieser Befestigung verläuft ein Nord-Süd orientierter Erdwall mit Graben.
Würden diese Erdwerke tatsächlich auf die „Römerwacht" zurückgehen, so läge der Graben an der Innenseite dieser Befestigung. Aus diesem Grund sollten Wall und Graben zu einer der beiden im Osten liegenden Burgen gehören.
Der Name „Römerwacht" dürfte neuzeitlichen Ursprungs sein, denn ihrer Anlageform nach zu urteilen mag diese Befestigung in Wirklichkeit den Sondertypus der Motte in Höhenlage darstellen. Da der markante Mottenhügel hier allerdings fehlt, scheint dieser nachträglich eingeebnet worden zu sein. Wäre dem so, könnte die „Römerwacht" die Gründungsburg der Herren von Liedberg repräsentieren, die man vermutlich im 13. Jh. zu Gunsten einer neuen Burg beim „Mühlenturm" aufgab.

Ansicht des Mühlenturms von der zweiten Liedberger Burg blieb ein Rundturm des 13. Jh. erhalten. Er dürfte als Bergfried gedient haben. Foto: J. Wroblewski, 2001.

Dieser am Südrand der Ortschaft Liedberg stehende Rundturm besitzt eine Höhe von 19,42 m und eine Mauerstärke von 1,9 m.

In seinem Mauerverband aus geschichteten örtlichen Sandsteinen sind vereinzelt Backsteine eingebettet. Der Turm zeigt sowohl originale wie auch sekundäre Öffnungen, Konsolsteine eines umlaufenden Wehrgangs und im Inneren Reste eines Kamins. Bauform, Mauerwerk und die genannten Details sprechen für eine Erbauung im 13. Jh. Funktional wird er als notdürftig bewohnbarer Bergfried einer Burganlage gedient haben, über deren Aussehen nichts bekannt ist. Im 16. Jh. wurde der Turm in eine Windmühle umgebaut, deren Betrieb ein Sturmschaden im 19. Jh. beendete. Seither ist der Turm ruinös.

Im 14. Jh. entstand unter den Kölner Erzbischöfen auf der östlichen Kuppe des Liedberges eine neue zweiteilige Burganlage, das heutige Schloss Liedberg. Man betritt die von einer unregelmäßig verlaufenden Ringmauer umfriedete Vorburg durch einen vorgeschobenen Torbau mit Schlüsselscharten (15. Jh.). Vor der Nordwestseite springt ein viereckiger Flankierungsturm vor. Die heute unbebaute Vorburg bot einst hinreichend Platz für die Ökonomiegebäude und wurde durch einen breiten Halsgraben von der östlich anschließenden Hauptburg getrennt, die dadurch zu einer Spornburg ausgeformt wurde.
Auch die Ringmauer der Hauptburg ist der Hangkontur angepasst. Ihr Wehrgang ruht auf breiten rund- und spitzbogigen Arkaden. Imposantester Bauteil der Hauptburg ist der quadratische (10x10 m) Torturm aus Liedberger Sandstein, dessen wehrhaftes Obergeschoss über einem schönen Spitzbogenfries vorkragt. Eine barocke Schweifhaube (17. Jh.) mit Laterne krönt den Turm. Wie in Hülchrath mag der wohl unter Erzbischof Friedrich III. von Saarwerden (1370–1414) erbaute Turm die machtsymbolische Funktion des fehlenden Bergfrieds übernommen haben.
1896 riss man ein vor dem Torturm stehendes Torhaus mit spitzbogiger Durchfahrt ab, das dem 15. Jh. angehört haben mag. Beiderseits des Torturms liegen z.T. ruinöse Gebäude des 17./18 Jh. Vor dem nördlichen, der Vorburg zugewandten Flügel erstreckt sich ein rechteckiger Backsteinbau mit Schlüsselscharten (15. Jh.).

Die Baugeschichte des Schlosses ist keinesfalls in allen Einzelheiten geklärt, weshalb hier eine fachlich qualifizierte Burgenforschung sinnvoll wäre.

Schloss Liedberg von Westen. Der Torturm wurde im letzten Drittel des 14. Jh. errichtet. Vor dem Wohnflügel steht ein niedriger schlüsselschartenbewehrter Anbau des 15. Jh. Foto: J. Wroblewski, 2001.

Anfang des 19. Jh. wurde die Burg von den Franzosen an den letzten kölnischen Verwalter verkauft, der sie 15 Jahre später an die Familie von Fürstenberg veräußerte. Diese wiederum verkaufte das Schloss 1975 an einen Privatmann. Ein im Jahr 2000 gegründeter Schlossverein bemüht sich um den langfristigen Erhalt und um eine denkmalverträgliche, schonende Nutzung des Objektes. Mehrmals im Jahr wird das Schloss für diverse Veranstaltungen der Öffentlichkeit zugänglich gemacht.

40_Burg Linn

Burg Linn, am Rande der Stadt Krefeld, zählt zu den größten und imposantesten Burganlagen am Niederrhein. Sie konnte trotz späterer Überformungen ihr mittelalterliches Erscheinungsbild weitgehend bewahren.

Ort:	Linn, Stadt Krefeld
Zustand:	Haupt- und Vorburg erhalten
Zugang:	Museum Info Tel. 02151/861501
Anfahrt:	BAB 57, Ausfahrt Krefeld-Centrum
Gaststätte:	–

1186 ist ein *Gerlachus de Linne* als Zeuge in einer Urkunde des Kölner Erzbischofs Philipp von Heinsberg erwähnt. Letzterer erwarb 1188 das *Allodium de Linne* für 100 Mark, wobei dieses wahrscheinlich als Lehen weiterhin im Besitz der Herren von Linn blieb. 1245 wird zum letzten Mal ein Herr von Linn in den Urkunden genannt. In der 2. Hälfte des 13. Jh. muss ihr Besitz mit der erst für 1299 direkt bezeugten Burg in die Hände der Grafen von Kleve gelangt sein. 1298 verkaufte Dietrich Luf II. von Kleve-Hülchrath einen Teil seiner Gerichte und Güter, darunter auch Linn, an seinen Bruder Graf Dietrich VI. von Kleve (1275–1305), die dieser als Wittum seiner Frau Margarete übertrug. Unter den Grafen von Kleve wurde die Herrschaft Linn in ein klevisches Amt umgewandelt. Johann von Kleve, ein Bruder des damals regierenden Grafen Dietrich VII. (1310–1347), erhielt nachfolgend die Burg Linn zugesprochen. Der sich auch Herr von Linn nennende Johann folgte seinem Bruder 1347 als Graf von Kleve nach.
Als er 1368 verstarb, bekam seine Frau Mechthild von Geldern Linn als Wittum übergeben. Mechthild setzte, entgegen einer Abmachung mit Graf Adolf von der Mark (1368–1394), als Nachfolger des Grafen Johann den Ritter Heinrich von Stürnkede als Amtmann in Linn ein. Nach dem Tode Mechthilds, 1383, forderte Graf Adolf Burg und Land Linn vergeblich von Heinrich von Stürnkede zurück. Erzbischof Friedrich III. von Saarwerden gelang es hingegen, 1388 Burg, Stadt und Land Linn von Stürnkede auszulösen und sie als alte kölnische Lehen wiederzugewinnen. Noch im selben Jahr wies der Erzbischof seinen Amtmann an, die Burg mit 12 gewappneten Männern und 16 Pferden zu besetzen. In der Hauptburg sollten 2 Turmknechte, 2 Pförtner und 3 Wächter, in der Vorburg 2 Wächter ihren Dienst tun. Sowohl in der Küche als auch im Back- und Brauhaus sollten je 2 Knechte und eine Magd arbeiten.
Die Burg war im Spätmittelalter Sitz des kölnischen Amtmannes, der sich jedoch meist durch seinen Kellner bzw. einen Verwalter vertreten ließ.

Im Dreißigjährigen Krieg stritten sich verschiedene Kriegsparteien um die Burg, die im Spanischen Erbfolgekrieg in Brand geschossen wurde. 1704 brannten weitere Teile nieder. 1711/1716 gab es Versuche, die Burg wieder bewohnbar zu machen, doch schon 1730 überließ man sie endgültig dem Verfall. In der Franzosenzeit kaufte die Familie de Greiff die Anlage, die schließlich 1926 an die Stadt Krefeld kam. Diese ließ sie 1944-54 unter der fachwissenschaftlichen Leitung A. Steegers erforschen, restaurieren und punktuell zurückbauen. Das seither in der Burg eingerichtete Museum besitzt eine umfangreiche und sehenswerte Sammlung zur Kulturgeschichte des Krefelder Raumes.

In den 1990er Jahren erhielt die zuvor nur mit Flachdächern versehene Burg steile, mittelalterlichen Dachformen nachempfundene Dächer aufgesetzt. Hierdurch erfuhr das Gesamtbild der Burg eine positive

Ansicht von Süden. Im Vordergrund die Zwingermauer (15. Jh.). Dahinter der Bergfried (1. Hälfte 14. Jh.) mit Ringmauer (13./14. Jh.). Links vom Bergfried die Dachzone des Palas. Foto: J. Wroblewski, 2001.

Aufwertung. Das umliegende Festungsplateau, das im 19. Jh. durch Friedrich-Wilhelm Weyhe zu einem englischen Landschaftspark umgestaltet worden war, wird im Zusammenhang mit der Gartenschau „Euroga“ bis 2002 neu gestaltet.

Burg Linn wurde in der feuchten Niederung eines Altrheinarmes gegründet. Der auf einem künstlichen Erdhügel erbauten Hauptburg lag im Nordwesten eine unregelmäßig geformte Vorburginsel gegenüber.
Die Ortschaft Linn entstand westlich der Burganlage und wurde 1318 erstmals urkundlich genannt.

Die bauchronologische Entwicklung der Burg Linn ist zwar in ihren Grundzügen durch die Arbeit Steegers geklärt, nicht jedoch in der zeitlichen Einordnung einzelner Bauphasen. Dreh- und Angelpunkt der Datierungsproblematik ist die zeitliche Einordnung der ersten Ringmauer aus Backstein, die neueren Bauuntersuchungen zu Folge schon um 1200 entstanden sein soll. Diese Datierung ist bei kritischer Analyse der hierfür angeführten „Indizien“ kaum haltbar. Steeger datierte die Ringmauer noch um 1300. Gemäß dem neueren Stand der niederländischen Burgenforschung zu polygonalen Burganlagen und zum Backsteinbau im Allgemeinen ist eine Entstehung der Ringmauer in der 2. Hälfte des 13. Jh. plausibler.
Linn ist baulich eng verwandt mit der Burg Hülchrath, die auffällige Parallelen in ihrer Grundrissgestalt aufweist.

Die älteste Phase der Burg Linn ist ein 6-7 m hoher Erdhügel – eine so genannte Motte. Steeger fand in einem etwa 2 m tiefen Schnitt im Burghof Reste von Holzpfählen, die auf eine hölzerne Vorgängerbebauung hinweisen.
Um 1200 entstand auf dem Hügel ein rechteckiges (7x13 m) Wohngebäude (a) aus Tuff, Grauwacke und Rollsteinen. Das Baumaterial dürfte aus den Römerruinen im nahen Krefeld-Gellep stammen. Die Mauerstärke von nur 0,60-0,75 m sowie der hausähnliche Grundriss lassen dieses Gebäude als „festes Haus“ interpretieren, und nicht als Wohnturm. Der Grundriss des „festen Hauses“ ist heute in der Pflasterung des Burghofes sichtbar gemacht. Der Rand des Hügels war vermutlich mit einer Palisade befestigt.
Im Sockelmauerwerk des gotischen Palas hat sich älteres Tuffsteinmauerwerk erhalten, das von einer nicht näher bekannten Randbebauung zeugt.

Wahrscheinlich mit der Übernahme der Burg durch die Grafen von Kleve begann in der 2. Hälfte des 13. Jh. der abschnittsweise Bau einer polygonalen Ringmauer (b) aus Backstein mit sechs runden Flankierungstürmen, wobei ein Turm, heute „Batterieturm“ (c) genannt, deutlich stärker ausgestaltet war. Er übernahm die symbolischen und wehrtechnischen Funktionen eines Hauptturms. Sein Sockelbereich ist mit Säulenbasalt durchsetzt.
Das Burgtor war in der nordöstlichen Mauerflucht untergebracht.

In einer weiteren Ausbauphase wurde die Ringmauer samt den Türmen erhöht. Diese Phase liegt chronologisch zwischen der Erbauung der Ringmauer und der Errichtung des Palas (d), des Torturms (e) und des Bergfrieds (f) in der 1. Hälfte des 14. Jh. Diese Ausbauphasen prägen bis heute das Erscheinungsbild der Burg.

Der westlich des Burgtores erbaute, zweigeschossige Palas enthält zwei große Säle. An die Stelle eines Flankierungsturms im Süden trat der schlanke, 24 m hohe Bergfried. Sein Eingang im ersten Obergeschoss war vom Burghof aus nur über eine Holztreppe oder Leiter zugänglich, der heutige Zugang vom Wehrgang aus ist sekundär. Ähnlich dem Moyländer Bergfried besitzt der Turm einen bewohnbaren Raum mit Kamin, Backofen, Brunnen und Abort. Konsolen an der Mauerkrone stammen von einem vorgekragten Dachgeschoss. Vor dem alten Burgtor wurde ein neuer Torturm mit vorgelagertem Außentor erbaut. Ebenfalls noch im 14. Jh. wurde in dem östlich vom Torturm liegenden Rundturm, der gemeinsam mit dem „Batterie-

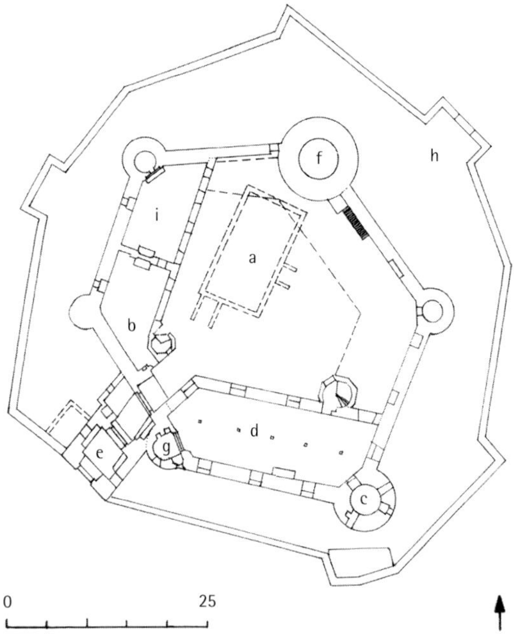

Grundriss Hauptburg; a-i=Bauteile, siehe Text.
Umzeichnung BfB nach E. Brües, 1967.

turm" in den Palas integriert ist, eine Burgkapelle (g) mit Kreuzrippengewölbe installiert.

Im 15./16. Jh. erweiterte man die Bebauung im Innenhof auf alle Seiten der Ringmauer. Lediglich der Palas und der Flügel östlich des Burgtores (i) blieben erhalten, wohingegen die übrigen Gebäude nur noch in ihren Fundamenten sichtbar sind. In der 2. Hälfte des 15. Jh. legte man einen Zwinger (h) mit verschiedenförmigen Bastionen um die Burg. An dessen Innenseite befand sich ein hölzerner Wehrgang; verschließbare Luken und Schlitzscharten für Hakenbüchsen ermöglichten eine effiziente Verteidigung der zinnenlosen Mauer, die im Süden über einen separaten Zugang mit Zugbrücke verfügte.
Um 1600 wurden Burg und Stadt durch Erdbastionen und Grabenanlagen verstärkt. Die heutige Vorburg ist ein unregelmäßiges Vieleck, umfriedet von einer Ringmauer mit Torturm (14. Jh.). Die Ringmauer war früher mit einem hölzernen Wehrgang sowie schmalen Schlitzscharten ausgestattet. Der gedrungene Torturm im Nordosten mit spitzbogiger Durchfahrt wird von Erkertürmchen bekrönt. Die erhaltene Vorburgbebauung besteht aus der „Zehntscheune", einem im Kern spätmittelalterlichen, im 19. Jh. stark überformten Bauwerk sowie dem „Jagdschloss" in der Südwestecke. Ob dieses tatsächlich aus der Zeit des Kölner Kurfürsten Clemens August stammt, ist nicht sicher. Der Bau hat einen zumindest spätmittelalterlichen Kern. Seine jetzige Gestalt geht allerdings auf Umbauten 1835/40 unter der Besitzerfamilie de Greiff zurück.
Das in der Vorburg befindliche Backhaus von 1788 stammt vom Lamershof in Tönisvorst.

41_Schloss Linnep

Schloss Linnep am Dinkelbach ist sicherlich eine der schönsten Burgen im Kreis Mettmann. Die historische Bausubstanz, die dem gängigen Bild eines „Dornröschen-

Ort:	Ratingen-Breitscheid, Kreis Mettmann
Zustand:	Haupt- und Vorburg erhalten
Zugang:	Privatbesitz, kein Zugang
Anfahrt:	B 227, Ratingen, Linneper Weg
Gaststätte:	–

schlosses" nahe kommt, und die landschaftlich reizvolle Lage in einem ausgedehnten Waldgebiet tragen nicht unerheblich zu dieser Einschätzung bei.

Ansicht von Westen. Der rückwärtige Flügel mit dem Rundturm wurde 1873 erbaut. Hinter diesem ist das Dach des mittelalterlichen Rundturms sichtbar. Foto: H. G. Engelhardt, 1982.

Die Geschichte dieses Adelsitzes ist mit einem gleichnamigen Geschlecht verbunden, das 1093 mit *Wernherus de Linepe* erstmals in den Schriftquellen auftaucht. Mitglieder dieser Familie wurden als Zeugen, Stifter und Inhaber geistlicher Ämter in Urkunden des 12./13. Jh. wiederholt genannt. Die Familie scheint in einem engen verwandtschaftlichen Verhältnis zu den Herren von Helpenstein gestanden zu haben, deren Stammburg sich im heutigen Kreis Neuss als Motte erhalten hat.
Infolge einer Fehde mit dem Kölner Erzbischof hatte diese Familie im 14. Jh. ihre unabhängige Stellung eingebüßt und dessen Lehenshoheit anerkennen müssen. 1387 verzichtete Johann von Linnep auf das ihm durch seine Gattin Eva von Helpenstein zustehende Familienerbe. Diesen Verzicht begründete Johann mit den Gewalttaten seiner beiden Schwäger Philipp und Friedrich von Helpenstein. In einem Streit hatte Friedrich seinen Bruder Philipp erschlagen, worauf der Erzbischof von Köln in seiner Funktion als oberster Lehensherr 1371 das Lehen einzog, die Burg belagerte, einnahm, zerstörte und den Brudermörder Friedrich hinrichten ließ. Nachfolger von Bischofs Gnaden wurde schließlich1395 Johanns Neffe Dietrich von Linnep.

1407 findet sich ein Heidenrich von Linnep als Verbündeter in den Reihen des Ritters Peter von Kalkum, der damals in einer Fehde die Stadt Köln bekämpfte. Gegen Mitte des 15. Jh. erlosch die Famlie von Linnep im Mannesstamm. 1461 vermählte sich Eva von Linnep mit dem Junggrafen Friedrich von Neuenahr, dem sie Linnep und Helpenstein mit in die Ehe einbrachte. 1573 kam das Haus Linnep durch Heirat an die Grafen von Tecklenburg-Bentheim-Steinfurt, 1625 als Pfand an die Herren von Isselstein, die es 1643 endgültig erwarben. Die Freiherren von Isselstein waren Angehörige des reformierten Glaubens, den sie regional aktiv förderten. Nachdem Vincent Schott von Isselstein 1705 ohne männliche Erben gestorben war, erlebte das Schloss mehrfache Besitzerwechsel, bevor

1855 die Grafen von Spee das Anwesen kauften. Sie besitzen Haus Linnep heute immer noch.

Baunachrichten zum Schloss sind erst für die Neuzeit überliefert: 1735 wird das Schloss mit seinen Brücken als baufällig und marode beschrieben. Bis 1769 war ein neues Herrenhaus vollendet. 1873 folgten weitere neugotische Anbauten, wobei im mittelalterlichen Rundturm eine Kapelle eingerichtet wurde.

Wie die Burg des Mittelalters aussah, lässt sich ohne eingehende Bauforschung nicht sicher beantworten. Lediglich ein mächtiger Rundturm aus dem 13./14. Jh. und Reste der Ringmauer blieben erhalten. Dem über einem unregelmäßigen Grundriss erbauten Haupthaus liegt die dreiflügelige Vorburg gegenüber. Die lang gestreckten Ökonomietrakte aus Bruchstein gehören dem 18. und 19. Jh. an.

Das Schloss verdankt seine jetzige Gestalt weitgehend den Neubauten des 18./19. Jh. 1769 entstand zur Vorburg hin ein dreigeschossiger Flügel mit Mansarddach, Mittelrisalit und Freitreppe. Dieser Baukörper steht dem französischen Schlosstyp des *maison de plaisance* nahe, der sich seit dem 18. Jh. auch in Deutschland einer zunehmenden Beliebtheit erfreute. Er bestand aus einem zweigeschossigen Baukörper mit einem Mittelrisalit über dem Eingang und einem zur Gartenseite vortretenden Saal. Im Inneren waren größengleiche Räume je Etage um eine Mittelachse aus Saal und Vestibül gruppiert. Als wichtigste Vertreter dieses Schlosstyps sind im Rheinland Schloss Falkenlust, Rösberg, Türnich und Miel zu nennen.

Neben dem barocken Herrenhaus blieben in Linnep die Reste der mittelalterlichen Burg mit der schon erwähnten Ringmauer und dem mächtigen freistehenden Rundturm aus Bruchstein bis ins 19. Jh. bestehen.
1873 wurde der vorhandene, für den architektonischen Gesamteindruck des Schlosses höchst unbefriedigende Zustand durch den Bau eines neugotischen Flügels mit zum Wasser hin orientiertem Rundturm gelöst. Dieser verknüpfte die mittelalterlichen Elemente mit dem barocken Herrenhausflügel und schuf so eine in sich geschlossene Gebäudegruppe.
Wie andernorts auch, kopierte man in Linnep keine früheren, mittelalterlichen Zustände, sondern schuf eigenständige Baulösungen mit dem Ziel, die historische Aussagekraft des Gebäudes zu steigern.

Schloss Linnep ist Privatbesitz und für Besucher nicht zugänglich. Die um das Anwesen liegenden Spazierwege gewähren jedoch einen guten Blick auf die Schlossanlage.

Ansicht von Süden. Das barocke Herrenhaus mit der Freitreppe wurde 1769 erbaut. Foto: H. G. Engelhardt, 1982.

42_Burg Luttelnau

Die Turmruine der Burg Luttelnau, im Volksmund auch „Kattenturm“ genannt, gelegen auf dem rechten Ruhrufer zwischen Kettwig und Werden, bietet ein

Ort:	Essen-Kettwig
Zustand:	Turmruine saniert
Zugang:	jederzeit zugänglich
Anfahrt:	BAB 52, Essen-Kettwig, Ruhrtalstr.
Gaststätte:	Kattenturm, Tel. 02054/83360

schönes Beispiel für einen niederadeligen Wohnturm des 13. Jh. Allein die landschaftlich reizvolle Lage am Ufer der Ruhr ist einen Auflug wert.

Die heute zwischen hohen Bäumen stehende Turmruine liegt dem auf der anderen Ruhrseite erbauten Schloss Oefte gegenüber. Luttelnau war im Besitz der seit dem 13. Jh. bezeugten gleichnamigen Herren, eines Ministerialengeschlechts, das die Burg als Lehen der Abtei Werden innehielt. Mit Johann von Luttelnau (1402) starb die Familie im Mannesstamm aus, woraufhin die Burg durch Erbfall schließlich mit dem Lehnsgut Oefte vereinigt wurde. 1424 bekam Heinrich von Oefte Luttelnau als Lehen der Abtei Werden. Älteren Überlieferungen zufolge sollen auf der Burg im 15. Jh. wiederholt Gefangene eingesessen haben. Tatsächlich waren die Herren von Oefte im Spätmittelalter als streitsüchtiges Geschlecht bekannt.

Das Werdener Lehensregister beschreibt Luttelnau im Jahr 1573 als „einst ein unter dem Berge Bylstein gelegenes Schloss, nahe bei Oefte, verlassen.“ Zu diesem Zeitpunkt war die Burg folglich bereits aufgegeben. Die Gründe hierfür sind unbekannt. Eine wildromantische Burgruine inspirierte natürlich den menschlichen Geist zur Erfindung von Sagen und Geschichten. Um Luttelnau ranken sich Erzählungen von einem Räuberschatz oder einem großen Eisentopf voller Goldmünzen, der von einer Katze (*Katte*) mit feurigen Augen bewacht wird.

Neben all diese schönen Geschichten gesellen sich die handfesten, nüchternen Ergebnisse der archäologischen Ausgrabungen zwischen 1968 und 1970, die uns spannende Einblicke in das Wachstum der Burg Luttelnau gewähren. Dieses ist geradezu exemplarisch für den Burgenbau des 13./14. Jh. im Rheinland.

Turmruine von Osten. Im Untergeschoss Reste des Tonnengewölbes, im Obergeschoss die mannshohen Schlitzscharten, die u.a. den Einsatz von Langbögen ermöglichten. Foto: J. Wroblewski, 2001.

Die quadratische (7,80x7,80 m) und 13 m hohe Turmruine (a) aus unbearbeitetem und unverputztem Ruhrsandstein steht hart am Ufer der Ruhr auf einem heute noch gut sichtbaren, etwa 3 m hohen künstlichen Erdhügel, einer Motte. Die gesamte Nordhälfte des Turmes ist durch Einsturz verloren gegangenen. Das Untergeschoss war mit einer Tonne überwölbt und über eine Treppe und Tür im Süden zugänglich.

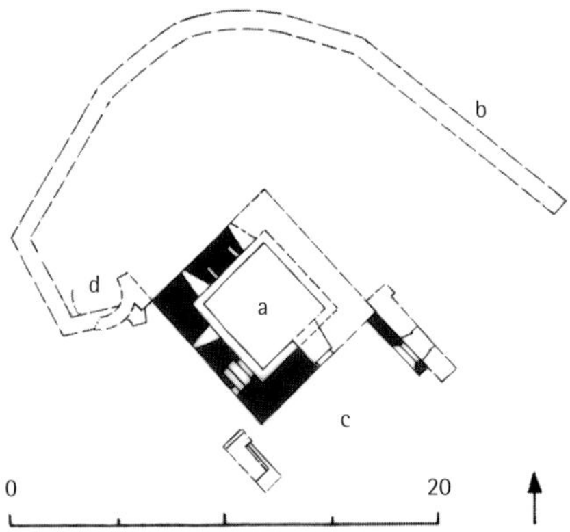

Grabungsplan der Turmruine. Dunkel gerastert=aufgehendes Mauerwerk. a-d=Bauteile, siehe Text. Umzeichnung BfB nach G. Binding, 1969.

Das erste Obergeschoss zeigt sehr hohe, schmale Schlitzfenster, einen Kamin und eine Abortnische mit Sitzplatz und Fallschacht. Das zweite Obergeschoss ist nur mit einem Schlitzfenster ausgestattet.
All diese Details klassifizieren den Turm zu Luttelnau als charakteristischen Wohnturm eines niederadeligen Geschlechts, der Wohn- und Repräsentationsbedürfnissen seiner Bewohner vollauf genügte. Über die exakte Lage der dazugehörigen Vorburg mit Wirtschaftshof ist nichts bekannt, doch dürfte diese weiter nördlich bzw. ruhraufwärts gelegen haben.

Die Ausgrabungen ergaben, dass der Wohnturm noch während seiner Erbauung „eingemottet", d.h. allseitig mit Erde angeschüttet wurde. In der ersten Phase umgab diesen Wohnturm vermutlich am Hügelfuß eine hölzerne Palisade, der ein Sohlgraben vorgelagert war. Die Burggründung erfolgte nach Ausweis der Baudetails und der geborgenen Keramik noch im ausgehenden 13. Jh.

Die Palisade muss Brandspuren zufolge später Opfer der Flammen geworden sein. An ihrer Stelle hob man eine Baugrube aus und erbaute eine 0,90m starke steinerne Ringmauer (b), die feldseitig eine etwa 1m breite Berme (= Abstand zwischen Mauer und Graben) besaß. Ringmauer und Graben erübrigten sich an der Südseite der Burg, da hier die Ruhr den Burghügel unmittelbar umspülte.
In die Bauzeit der Ringmauer fällt vermutlich auch ein an die Südostseite des Turmes angefügter Anbau (c). Bald darauf wurden an die Nordostecke des Turms ein 3,10m durchmessender Rundturm (d) angesetzt und der Südostanbau verändert. Ringmauer und der Anbau auf der Südostseite sind aufgrund stratifizierter Keramik allgemein in das 14. Jh. zu datieren, der Rundbau ins 14./15. Jh.

Bisher wenig Beachtung fanden die sehr langen und schmalen Schlitzfenster im ersten Obergeschoss der Turmruine, die sich zum Innenraum hin nischenartig öffnen. Ihre Ausführung findet unmittelbare typologische Entsprechung in jenen frühen Schlitzscharten, die allgemein vornehmlich in der 2. Hälfte des 13. Jh. für den Einsatz von Langbögen konzipiert wurden. Diese Analogien sprechen dafür, dass ebenso die langen Schlitze der Turmruine Luttelnau neben ihrer Zweckbestimmung auch als Licht- und Luftöffnungen als Schießscharten für Bögen dienten. Ähnlich frühe Schlitzscharten sind im niederrheinischen Burgenbau weitgehend unbekannt – was keinesfalls bedeutet, dass es sie nie gab. Vielmehr müssen wir, bedingt durch intensive spätere Umbauten und Modernisierungen, erhebliche Verluste an historischer Bausubstanz einkalkulieren.

43_Schloss Moers

Das Schloss zu Moers wurde 1951 durch A. Steeger und zuletzt 1999–2001 archäologisch untersucht. Die Ergebnisse zeigen beispielhaft die Entwicklung einer romanischen Turmburg zur spätmittelalterlichen Residenz einer Dynastenfamilie.

Ort:	Moers, Kreis Wesel
Zustand:	Hauptburg erhalten
Zugang:	Grafschafter Museum, Tel. 02841/28094
Anfahrt:	BAB 57 bzw. BAB 40, Moers Centrum
Gaststätte:	Parkcafé, Tel. 02841/20700

1186 werden die Edelherren von Moers erstmals in den Schriftquellen genannt. Seit 1226 ist ihr Grafentitel belegt. Die Grafschaft Moers, mit der Enklave Krefeld und der 1392 erworbenen Herrschaft Friemersheim, gehörte zu den kleineren weltlichen Territorien am Niederrhein. Bis zur Schlacht von Worringen (1288) folgten die Grafen von Moers dem Kölner Erzbischof, danach den Grafen von Kleve. Im Jahr 1300 bekam die bei der Burg liegende Siedlung städtische Privilegien verliehen. Im 14. Jh. nahmen die Grafen, bedingt durch den geldrischen Bruderkrieg, eine führende Stellung in diesem Herzogtum ein. Den Höhepunkt ihrer Macht erreichten sie unter den Grafen Friedrich II. (1372–1418) und Friedrich III. (1418–1448) dank verwandtschaftlicher Beziehungen zum Kölner Erzbischof Friedrich III. von Saarwerden (1370–1414) und enger Beziehungen zu Herzog Philipp von Burgund. Ein Bruder von Graf Friedrich III., Dietrich von Moers (1414–1463), war Erzbischof von Köln.
Unter Graf Vinzenz (1448–1499) setzte der Niedergang ein. Seine enge Bindung an Geldern und der damit verbundene Widerstand gegen die Eroberung dieses Herzogtums durch den Burgunderherzog Karl den Kühnen trieb die kleine, aber einflussreiche Grafschaft an den Rand des Ruins. 1501 erlosch die männliche Linie der Grafen von Moers. Über Erbgang gelangte das Besitztum zuerst an das Haus Wied, dann an die Grafen von Neuenahr. Diesen folgten die Oranier und ab 1712 die Könige von Preußen nach.

Die Burg Moers wird 1287 erstmals urkundlich erwähnt. 1432 zählte das *huysgesinde* auf der Burg 13 Personen. Eine landesherrliche Rechnung von 1470/71 nennt auf der Burg u.a. eine Küche, ein Back- und Brauhaus, einen Lagerkeller für Wein und Bier sowie Salz und Fleisch. Weitere Einblicke in das Leben auf der Burg gewährt eine Hofordnung des 16. Jh.

Hauptburg von Norden mit Torturm. Foto: Krapohl-Verlag

Gegen Ende des 16. Jh. wurde das Schloss nach italienischem Vorbild durch vier Eckbastionen verstärkt und im 17. Jh. zur Zitadelle ausgebaut. Die neuzeitlichen Festungswerke von Schloss und Stadt Moers wurden im 18. Jh. geschleift.
Nach 1800 setzte der Abriss großer Teile der Burg ein. Erhalten blieben lediglich der Torturm und der Westflügel (Palas).

1836 legte Maximilian Weyhe den Schlosspark an. 1905 kaufte die Stadt Moers das Schloss und richtete hier (1908) ein Museum ein. In den Gewölben des Schlosses ist heute das 1975 gegründete Schlosstheater untergebracht.

Als Bauplatz für ihre Burg wählten die Herren von Moers eine durch zwei Rheinarme geschützte Insel.
Im Innenhof des Schlosses stieß man 1951 auf einen quadratischen Wohnturm (a) mit 7 m Seitenlänge, dessen Zweischalenmauerwerk unter Verwendung von römischem Altmaterial aus sauber geschichteten Tuffsteinquadern bestand. In seiner Südseite fand sich ein Lichtschlitz, das Turminnere bewahrte Reste eines Kreuzgratgewölbes. Mauertechnik und (wenige) Keramikfunde datieren den Wohnturm in die Zeit um 1200. 1999 wurde nördlich dieses Turms eine zuvor unbekannte und funktional nicht weiter ansprechbare Randbebauung aus Tuffstein nachgewiesen.
Die romanische Burg gehört zum Typus der hochmittelalterlichen „Turmburgen". Der Wohnturm in Moers fällt allerdings im Vergleich mit zeitgleichen Wohntürmen anderer bedeutender Adelsfamilien am Niederrhein - wie z.B. Dyck - eher niederrangig aus. Ansehen, Wohlstand und Einfluss der Geschlechter spiegeln sich somit auch direkt in deren Burgen wider.

Im 13. Jh. ließen die Grafen von Moers ihre Turmburg durch Anschütten von Erde „einmotten". Zeitgleich - oder auch erst in einer dritten Phase - entstand auf dem Hügel eine polygonale Ringmauer aus großformatigen Backsteinen (32x16x9 cm) mit Wehrgang auf spitzbogigen Arkaden. In diese Mauer waren drei vorspringende viereckige Türme eingebunden, von denen der nördliche als Torturm (b) fungierte. Polygonale Ringmauern mit runden und eckigen Flankentürmen treten an Niederungsburgen der benachbarten Gebiete der Niederlande seit der 2. Hälfte des 13. Jh. gehäuft auf. Man geht sicherlich nicht fehl, die Moerser Ringmauer dieser Zeitstellung zuzuordnen, zumal auch die Ziegelgrößen für die Frühzeit des Backsteinbaus typisch sind. Die Burg des 13./14. Jh. ist typologisch eng verwandt mit den größeren Burgen Hülchrath und Linn, wobei Moers deutlich bescheidener ausfällt.

Im 14./15. Jh. verdichtete sich die Randbebauung des Burghofes.
Spätestens in der 1. Hälfte des 15. Jh., als die Grafen von Moers den Höhepunkt ihrer Macht erreichten, wurde im Westen ein Palas (c) erbaut, der aus Platzgründen auf die Außenseite der gotischen Ringmauer gesetzt werden musste. Mit dem Ausbau der Burg zu einer komfortablen spätmittelalterlichen Residenz scheint auch der Wohnturm im Burghof abgetragen worden zu sein. Im 16./17. Jh. wurden die bestehenden Burggebäude lediglich modernisiert.

Das Museum im Schloss widmet sich thematisch der Archäologie, Geschichte, Kulturgeschichte und Volkskunst der Moerser Region. Der Schlosspark ist jederzeit zugänglich.

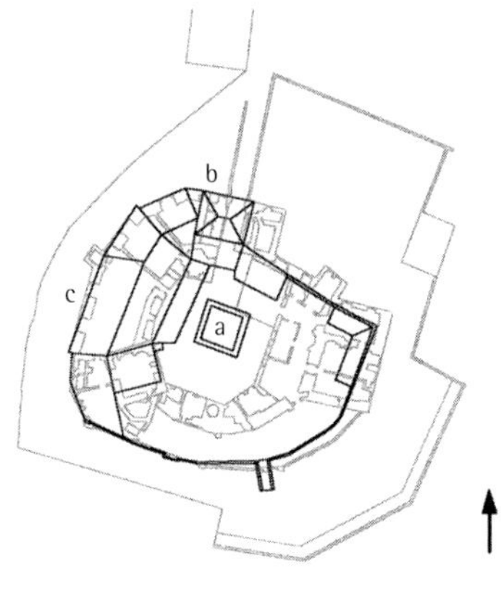

Grundrissplan Schloss Moers. Grau=Baubestand um 1800. Schwarz=heutiger Zustand. a, b, c=Bauteile, siehe Text. Zeichnung: E. Böhm, W. S. v. d. Graaf Archäologie, 2001.

44_Schloss Moyland

Schloss Moyland gehört zu den bekanntesten Burgen und Schlössern am Niederrhein. Es beherbergt heute ein Museum für moderne Kunst, dessen Schwerpunkt die

Ort:	Bedburg-Hau, Kreis Kleve
Zustand:	Haupt- und Vorburg erhalten
Zugang:	Museum, Tel. 02824/95100
Anfahrt:	B 9, Bedburg-Hau
Gaststätte:	Schlosscafé

Werke Joseph Beuys' bilden.

Die historisch wie burgenkundlich hochinteressante Burg reicht bis in das Jahr 1307 zurück, als Jakob van den Eger den mit Gräben und Wällen befestigten Hof Moyland von Graf Otto von Kleve (1305–1310) in Erbpacht nahm. Jakob, der sich wiederholt auch van den Moyland nannte, war Kleriker und später Archidiakon von Lüttich. Er verkaufte Moyland 1332 an Roland von Hagedorn. Im Jahr 1339 erneuerte Graf Dietrich VII. von Kleve (1310–1347) das Lehen gegenüber Roland von Hagedorn, wobei zum ersten Mal eine Burg zu Moyland genannt wird. Häufige Besitzerwechsel durch Vererbung kennzeichneten die weitere Geschichte der Burg bis 1662. In jenem Jahr wurde das Haus an den niederländischen Generalleutnant Freiherr Alexander van Spaen veräußert, der die mittelalterliche Burg im Stil des Barock überformen ließ. 1661 hatte van Spaen schon mit dem Wiederaufbau des im Dreißigjährigen Krieg zerstörten Schlosses Ringenberg begonnen, weshalb enge Parallelen zwischen Ringenberg und Moyland nicht weiter verwunderlich sind. 1695 verkaufte Friedrich Wilhelm van Spaen das Schloss an den Kurfürsten von Brandenburg, den nachmaligen König von Preußen. 1704 fand im Schloss Moyland das legendäre Treffen zwischen Friedrich II. (dem Großen) und dem Philosophen Voltaire statt. 1766 erwarb die niederländische Familie Steengracht das Schloss und ließ es ab 1854 durch den Kölner Dombaumeister Ernst Friedrich Zwirner im Stil der Neugotik zu einem „Eigendenkmal" umgestalten.

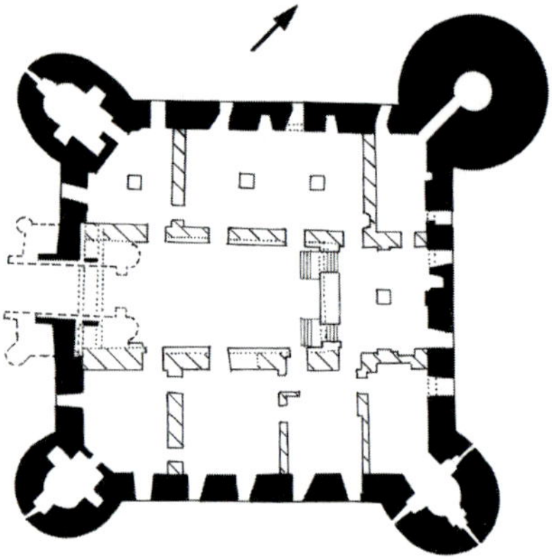

Schloss Moyland Bauphasenplan; schwarz=14. Jh., schraffiert=15. Jh. Umzeichnung BfB nach N. Nussbaum, 1995.

In den letzten Tagen des 2. Weltkrieges wurde das Schloss schwer beschädigt. Fast die gesamte kostbare Innenausstattung ging durch Raub und Vandalismus verloren. 1954 wurde das Schloss entschuttet und provisorisch eingedeckt, doch brannte nur zwei Jahre später der westliche Dachstuhl ab. Bis 1961 waren zwar die Umfassungsmauern gesichert, der Verfall schritt allerdings trotz eines Notdaches weiter zügig voran. Ideen zur Rettung gab es genügend, nur realisiert wurde keine.
Erst 1987 zeichnete sich ein Erhalt des Schlosses durch eine Neunutzung als Museum für moderne Kunst ab. Im Zuge dieser Revitalisierung wurde das Innere des Gebäudes unter bewusster Opferung der historischen Bausubstanz massiv bis unter das Dach ausgebaut. Die historische Identität des Baudenkmals ist seitdem auf die attraktive, besucherlockende Fassade reduziert. 1997 wurde das Museum offiziell eröffnet.

Bau- und Bodendenkmalpflege haben das Schloss und seine Vorburgen vor und während der gravierenden Baueingriffe im Bestand dokumentiert und erforscht.

Von 1345–1355 erbaute Ritter Roland von Hagedorn in einer sumpfigen Niederrung ein „klassisches" gotisches Kastell auf quadratischem Grundriss mit drei runden Schaleneckttürmen. Der nördliche Rundturm war als Bergfried wuchtiger ausgebildet und bildete das eigentliche Status- und Machtsymbol der Burg, wobei seine Verteidigungsfunktion allgemein viel zu hoch eingeschätzt wird. Er war vom Hof aus über einen Hocheingang im dritten Geschoss zugänglich. Im Inneren sorgten Brunnen, Abort- und Lichtnischen sowie ein Kamin für Wohnkomfort.
Auf der westlichen Hofseite lag ein Palastrakt, die übrigen Mauerfluchten waren mit einem Wehrgang versehen. Das Burgtor mit seinen zwei vorspringenden Torflankenmauern lag an der Südseite.
Die im Süden befindliche Vorburg war mit einer polygonalen Ringmauer umgeben. Die Ausgrabungen im Vorburgareal erbrachten u.a. den Nachweis älterer Gräben, die offensichtlich einer bauvorgreifenden Trockenlegung des Geländes dienten. Die gotische Burg zu Moyland kann als das perfekteste Beispiel einer Kastellburg am Niederrhein gelten. Sie steht in einem typologisch engen Verhältnis zu einigen niederländischen Kastellburgen des 13./14. Jh., was angesichts der damaligen kulturellen, sprachlichen und ökonomischen Gemeinsamkeiten in jener Zeit nicht weiter verwundert.

Im 15. Jh. wurden neue Flügel im Burghof errichtet und im Ostturm die heute noch erhaltene Kapelle eingebaut. Ab 1662 erfolgte die Umgestaltung der gotischen Burg zu einem Barockschloss: die Keller erhielten neue Einwölbungen, die Geschosshöhen wurden verändert, die Fensterachsen symmetrisiert und die Türme mit barocken Dachaufsätzen versehen. Die Vorburg erhielt ihre bis heute gültige Gebäudeanordnung und eine axiale Zufahrt auf das Haupthaus zu.
Die Regotisierung unter Zwirner ab 1854 konzentrierte sich auf das Äußere. Die barocke Innenausstattung blieb weitgehend unberührt. Die Fassaden und Türme wurden einer idealen „gotischen Endform" angenähert (Zinnen, spitzbogige Fenster usw.), der Torbau neu gestaltet, der Bergfried mit einem hohen Helm versehen. Die Vorburggebäude entstanden über barocken Grundmauern neu.

Die moderne Restaurierung orientierte sich am neugotischen Erscheinungsbild. Schloss Moyland mit seiner bedeutenden Kunstsammlung und seinem schönen Park ist ganzjährig zugänglich.

Luftaufnahme von Schloss Moyland mit Vorburg. Das Erscheinungsbild der Anlage wird heute durch die neugotischen Überformungen des 19. Jh. bestimmt. Als letzte Zutat soll der Bergfried wieder seine neugotische Haube bekommen. Foto: H. Schoemaker, 1997.

45_Schloss Myllendonk

Zwischen Korschenbroich-Herzbroich und Mönchengladbach-Lürrip liegt eine der eindrucksvollsten Wasserburgen des Niederrheins: Schloss Myllendonk.

Ort:	Korschenbroich, Kreis Neuss
Zustand:	Haupt- und Vorburg erhalten
Zugang:	Privatbesitz, Golfplatz zugänglich
Anfahrt:	BAB 44, Abf. Mönchengladbach-Ost
Gaststätte:	–

Die seit 1166 nachweisbaren Herren von Myllendonk besaßen unter den niederrheinischen Adelsgeschlechtern eine bedeutende Stellung, die sich in umfangreichen Besitzungen manifestierte. Bekanntester Sohn der Familie ist bis heute der Zisterziensermönch und Geschichtsschreiber Caesarius von Heisterbach (* um 1180, † nach 1240). Als Ende des 13. Jh. diese Familie ausstarb, gelangte Myllendonk an die Herren von Reifferscheid und um 1346 durch Heirat an die von Mirlaer. Letztere benannten sich später nach ihrem neuen Stammsitz von Myllendonk.
Von 1621 bis zur napoleonischen Besetzung war das Schloss in mehrfach wechselndem gräflichen und herzoglichen (von Croy) Besitz. 1700 erlangte die bis Ende des 13. Jh. selbstständige Herrschaft Myllendonk ihre Reichsunmittelbarkeit zurück. 1803 kaufte Franz Gottfried von Maerckem die Anlage, die 1832 über dessen Nichte an die Familie von Wüllenweber ging, die seither das Schloss bewohnt und sorgsam pflegt.

Unmittelbar am Ostufer der begradigten Niers liegt die weitläufige, von Wassergräben umgebene und mehrfach untergliederte Anlage. Sie wird erschlossen von der im Osten liegenden Zufahrt. Über drei Brücken gelangt man von der äußeren Vorburg auf die innere Vorburginsel, die 1263/64 dem Kölner Erzbischof Engelbert zu Lehen aufgetragen wurde, und schließlich in die Hauptburg. Zwischen dieser und dem westlichen Außengraben liegt eine vierte Burginsel, die gänzlich unbebaut als Nutzgarten diente. In den nächsten Jahren dürfte diese Garteninsel dem entlang der Niers geplanten Ausbau der BAB 44 zum Opfer fallen, der auch für die gesamte Schlossanlage eine erhebliche optische und akustische Beeinträchtigung darstellen wird.

Myllendonk beeindruckt besonders durch seine hohen Backsteingebäude, die eher wahllos aneinander gefügt wirken und die baumbestandene Landschaft stolz überragen. Aufgrund seiner verschachtelten Silhouette entspricht Myllendonk dem malerisch-romantischen Bild einer trutzigen Wasserburg.

Ansicht von Südosten, rechts angeschnitten der Torturm der inneren Vorburg. Lithografie: Winckelmann & Söhne nach H. Deiters, um 1864/65.

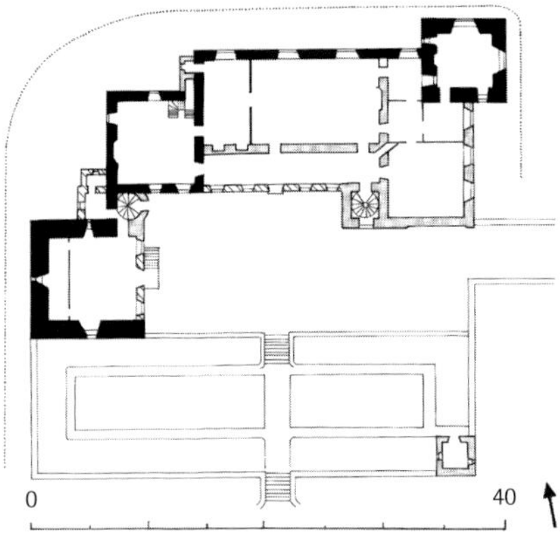

Grundriss der Hauptburg. schwarz=spätmittelalterlich gerastert=Ende 16. Jh.–1630 schraffiert=19. Jh. Umzeichnung BfB nach W. Hansmann, G. Knopp, 1981.

Komplexe Bauspuren verweisen auf eine komplizierte Bauentwicklung, die dennoch den Altbestand stets bewahrte.
Die erhöht liegende Hauptburg wurde im 14. Jh. anstelle einer älteren Anlage gänzlich neu errichtet. Von diesem Neubau verbleiben heute noch der fünfgeschossige Westturm und der quadratische Eckbau mit westlichem Treppengiebel, wohingegen sich von dem zur selben Zeit errichteten Haupttrakt (Palas) nur noch die mit einem Wehrgang versehene Grabenfront erhalten hat.
Ein 1559 datierter Wappenstein (von Mirlaer), der 1856 an die erneuerte Hoffront des Westturms versetzt wurde, deutet auf neuerliche Um- und Erweiterungsbauten hin. Möglicherweise stammte er von dem neu errichteten Ostflügel, der auch die Zufahrt überspannte. Als 1591 Teile des gotischen Palas einstürzten, wurde dessen Hoffront vollständig erneuert und durch eine dekorative Renaissance-Loggia aufgewertet. Aus dem letzten Jahrzehnt des 16. Jh. stammen außerdem alle Dächer und die laternenbekrönten Turmhauben.
Gemäß einer Mauerankerdatierung wurden weiterhin 1630 der sechsgeschossige Nordostturm (14./15. Jh.) und die Ostfassade des Seitenflügels zu einer barocken Schaufront umgestaltet.
Die neu geschaffene Pracht, die von einem barocken Terrassengarten mit kleinem Pavillon abgerundet wurde, bestand allerdings nicht sehr lange: 1642 wurde das Schloss bei kriegerischen Auseinandersetzungen beschädigt, 1655 und 1671 von spanisch-geldrischen Truppen besetzt, die die angestrebte Loslösung aus dem Lehnsverband verhindern sollten. In diesem Zusammenhang wurde der Arkadengang vermauert und Mitte des 18. Jh. der Südteil des Ostflügels einschließlich der Tordurchfahrt abgebrochen.

Erst bei 1995/96 durchgeführten Untersuchungen des Arkadengangs stellte sich heraus, dass die äußerst hochqualitative und elegante Renaissancearchitektur hinter der lediglich vorgesetzten Mauerschale wohl noch vollständig erhalten ist.

Von den Wirtschaftsgebäuden der inneren Vorburg blieb nur das schlichte, ehemalige Schlachthaus erhalten. Überragt wird es von dem Mitte des 16. Jh. errichteten dreigeschossigen Torturm, dessen spitzbogige Durchfahrt eine Zugbrückenblende aufweist.

Die beiden 1704/05 inklusive Torhaus erbauten Wirtschaftstrakte der äußeren Vorburg wurden 1899 zur Dreiflügelanlage erweitert. Seit 1965 beherbergt sie einen Golfclub, der auch den Schlosspark umgestaltete.

46_Schloss Neersen

Schloss Neersen, das mit dem gleichnamigen Ort heute zur Stadt Willich gehört, verdankt seinen Namen dem Fluss Niers. Seit ihrer Begradigung im Jahr 1930 fließt

Ort:	Willich-Neersen, Kreis Viersen
Zustand:	Haupt- und Vorburg erhalten
Zugang:	Kulturamt, Tel. 02156/949264
Anfahrt:	BAB 44, Abfahrt Neersen
Gaststätte:	–

die Niers allerdings einen Kilometer weiter nördlich am Schloss vorbei.

Neersen war im Mittelalter Zentrum einer Erbvogtei, die im Jahr 1263 als kölnisches Lehen und Bestandteil der Neusser Vogtei über die Grafen von Kessel an die Herren von Neersen kam. 1371 belehnten der Erzbischof von Köln und der Herr von Heinsberg, als Nachfolger des Grafen von Kessel, Heinrich von Neersen mit der Vogtei. Diese doppelte Lehensabhängigkeit betraf auch die Burg, die erst in der zweiten Hälfte des 14. Jh. in den Archivalien auftaucht. Die Herren von Neersen versuchten im 14. Jh. vergeblich, ihre Vogtei zu einer eigenständigen Herrschaft auszubauen. Als die Familie 1487 im Mannesstamm ausstarb, fiel das Erbe zuerst an die von Palant und ab 1502 an die Familie von Virmond. Unter Adrian Wilhelm von Virmond wurde die mittelalterliche Burg 1661–1669 in ein barockes Schloss umgebaut. Als die Familie 1744 ausstarb, fiel Neersen an das Erzbistum Köln zurück.

Nach der Säkularisierung während der Franzosenzeit kaufte der letzte Amtmann von Neersen, Josef Lenders, das Schloss. 1852 richtete der Fabrikant Felix Wilhelm Hüsgen hier eine Wattefabrik und Baumwollspinnerei ein, die 1859 abbrannte. Das beschädigte Schloss wurde durch einen Krefelder Fabrikanten mit Ausnahme des Westflügels bis 1896 wiederhergestellt. 1928 erwarb der aus Viersen stammende Privatmann Emil Crous das Schloss, das nach dem 2. Weltkrieg zuerst an den Kreis Kempen-Krefeld und 1963 dann an das Deutsche Rote Kreuz kam, das es 1971 schließlich an die Stadt Willich verkaufte. Um das Schloss als Rathaus nutzen zu können, ließ die Stadt das Innere umgestalten. 1975 bis 1982 wurde der noch immer ruinöse Westflügel wieder aufgebaut.

Der heutige Schlosspark englischen Stils entstand in der 1. Hälfte des 19. Jh., als Maximilian Friedrich Weyhe einen älteren Barockpark überformte. Im Zusammenhang mit einer Gartenschau wird das Außengelände um Schloss Neersen mit den Wassergräben bis 2002 neu gestaltet.

Ansicht von Süden. Der hufeisenförmige Schlossbau geht im Süd- und Ostflügel auf einen spätmittelalterlichen Vorgängerbau zurück. Foto: J. Wroblewski, 2001.

Die äußere Gestalt des Schlosses wird heute von den barocken Umbauten (1661–1669) bestimmt. Der hufeisenförmige, dreistöckige Gebäudekomplex, bestehend aus West-, Ost- und Südflügel, wird an den Außenecken durch vier quadratische Türme betont. Über dem Haupteingang im Schlosshof ist in einem Giebelfeld das farbig gefasste Wappen des Ambrosius Franz von Virmond und seiner Gattin angebracht. Mit ihm starb die Familie von Virmond aus. Nördlich des Schlosses liegt die z.T.

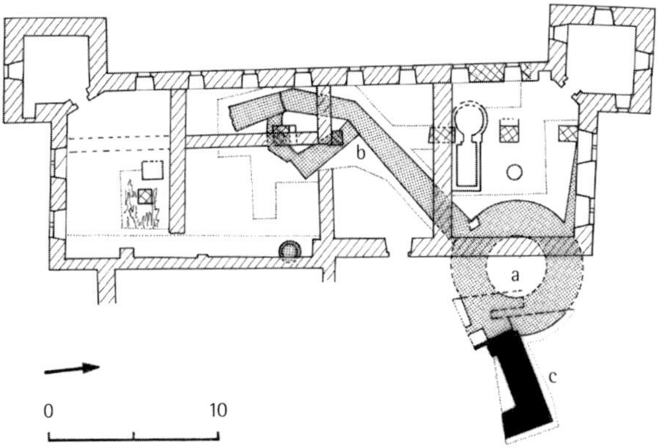

Grundriss Westflügel mit Grabungsbefunden. a-c=Bauteile, siehe Text. schwarz=Bauphase I, gerastert=Bauphase II, schraffiert=Bauphase III, kreuzschraffiert=Bauphase IV. Umzeichnung BfB nach H.-H. Wegner, 1977.

stark erneuerte Vorburg, deren Kern in das 15. Jh. zurückreicht. Der Zwischengraben zur Hauptburginsel wurde in der Neuzeit zugeschüttet.

Über das Aussehen der vorbarocken Burganlage unterrichten uns zum einen Bauzeichnungen des 17. Jh., zum anderen archäologische Untersuchungen im Burghof und Westflügel, die ältere Bauphasen zu Tage förderten. Die Ansprache und Datierung einiger Baubefunde durch die Ausgräber ist aus heutiger Sicht fraglich, weshalb die Baugeschichte des Schlosses weiterhin mit vielen Fragen behaftet ist. Wünschenswert wäre eine Neubewertung der älteren Grabungsdokumentationen mit den Methoden der modernen Burgenforschung.

Bevorzugt wird eine Motte als Gründungsbau für Schloss Neersen postuliert. Die hierfür angeführten Befunde sind jedoch derart fragmentarisch und ausschnitthaft, dass aus heutiger Sicht kein sicherer Nachweis dieses Burgentyps möglich ist.
Weitere Fragen wirft die in das 13. Jh. datierte erste Steinbauphase (Backstein) auf. Sie umfasst einen im Schlosshof ausgegrabenen Rundturm (a) von 8 m Durchmesser und 2,25 m starken Mauern und eine mit diesem verzahnte, mehrfach abknickende Mauer (b). Der als „Bergfried" gedeutete Rundturm besaß zangenförmige Geschützscharten, die offensichtlich homogen im Mauerwerk eingebettet waren. Dies lässt den ergrabenen Befund eher als Geschützturm des 15./16. Jh. denn als „Bergfried" interpretieren.
Älter als der Rundturm ist ein östlich anschließendes viereckiges Torgebäude (c). Südlich dieser Bauten stand ein rechtwinkliger Gebäudetrakt, der seiner Gestalt nach zu urteilen im 14./15. Jh. entstanden sein dürfte.

Der Barockneubau des 17. Jh. übernahm zwar den winkelförmigen Wohnbau der Vorgängeranlage, nicht aber die restlichen Gebäudeteile, die man kurzerhand abriss. Die spätmittelalterliche hakenförmige Vorburg wurde durch drei runde Ecktürme und einer Ringmauer bewehrt, an die sich Wirtschaftsgebäude lehnten. Am nordöstlichen Eckturm lag die 1984 ergrabene Burgkapelle. Das Torgebäude der Vorburg mit rundbogiger Durchfahrt und Zugbrückenblende gehört dem späten 15. Jh. an.

Mit wechselnden Kunstausstellungen, Konzerten, Festspielen und einem Freilichttheater öffnet die Stadt Willich ihr Schloss regelmäßig der Öffentlichkeit.
Um das Schloss wurde ein jederzeit zugänglicher Skulpturenpark angelegt.

47_Haus Rath

Auf den ersten Blick bietet Haus Rath, malerisch von Wiesen umgeben und teilweise durch alte Bäume verborgen, das idyllische Bild eines ländlichen Adelssitzes. Doch ver-

Ort:	Krefeld-Elfrath
Zustand:	Haupt- und Vorburg erhalten
Zugang:	Privatbesitz, Außenbesichtigung
Anfahrt:	BAB 57, B 509 Elfrath, Alte Rather Straße
Gaststätte:	–

gegenwärtigen die in Sichtweite errichteten wuchtigen Wohnhauskomplexe der 1960er Jahre die städtische Expansion Krefelds.

Der Name Rath leitet sich von dem seiner einstigen Besitzer ab, den 1246 erstmals erwähnten Rittern von Rode bzw. Rade. Vermutlich übertrug ihnen der Erzbischof von Köln bereits im Laufe des 13. Jh. das Gut *the Rade mit Hues end Vesten*, wie es im ältesten erhaltenen Lehnsbrief von 1365 genannt wird. Im 15. Jh. kam die Burg an die Ritter von Hüls und im 18. Jh. an den kurkölnischen Obersten von Kleist, der einige bildbestimmende Um- und Erweiterungsbauten durchführen ließ. 1989 bis 1992 wurde Haus Rath umfassend saniert und zu einer modernen Wohnanlage für 39 Parteien umgestaltet, wobei es zu großen Verlusten historischer Bausubstanz kam.

Kern der Anlage ist ein Ende des 12. Jh. aus Naturstein errichteter, ursprünglich freistehender Turm, der in seiner Bauweise und Funktion als Wohnturm zu charakterisieren ist. Auf quadratischem Grundriss (9,30x9,30 m) erhebt sich der dreigeschossige Bau im Zentrum einer kreisrunden Burginsel. Noch während der Errichtung wurde er eingemottet, d. h., dass die beim Grabenaushub gewonnene Erde angeschüttet wurde.
Die 2,20–2,30 m dicken Mauern der beiden Untergeschosse bestehen aus großen Basaltblöcken. Die 1,40–1,60 m starken Wände des Obergeschosses bestehen aus Tuffmauerwerk mit Gusskern. Die Turmecken wurden mit sauber gearbeiteten Trachytquadern eingefasst, die im Bereich des Basalt-Mauerwerks bossiert sind. Im Innern war der Turm in zwei übereinander liegende Kellergeschosse und ein Obergeschoss gegliedert.
Der untere Keller zeigte eine Holzdecke, während der obere Keller ein Tonnengewölbe besaß. Dass diese beiden Geschosse nicht als Wohnräume konzipiert waren, zeigt sich an der spärlichen Licht- und Luftzufuhr.

Ansicht von Südosten mit dem Kleistschen Anbau. Foto: Krefelder Fotofreude.

Der einzige Zugang zum Wehrturm lag an der Ostseite des Obergeschosses in einer Höhe von etwa 3,2 m und war nur über eine Leiter erreichbar. Hinter dem Eingang lag der mit einer Luke verschließbare Treppenabgang zum Keller. Eine Treppe führte innerhalb des nordöstlichen Turmecks nach oben auf die Wehrplattform.
Trotz des betonten Wehrcharakters bot der Turm in seinem 36 m² großen Obergeschossraum gehobenen Wohnkomfort: Neben dem Eingang befand sich – in die Ostwand eingebaut und hinter einer Tür verborgen – eine Abortnische mit Sitz, Fallschacht und Wasserspülung im Mauerwerk. Eine ähnliche Anlage hat sich auf der Klever Schwanenburg erhalten.
Zentriert an der Westseite des Wohnraums stand ein Kamin, und in die Südwand war eine von zwei Mauerbögen überspannte,

später vermauerte Nische eingelassen. Die Bauspuren deuten darauf hin, dass hier neben einer Fensternische mit Sitzbank vermutlich ein durch die Mauer hochgeführter Brunnenschacht mündete.
Außergewöhnlich am Rather Wohnturm ist die qualitätvolle und aufwändige Ausführung, die darauf schließen lässt, dass es sich entweder um den Bau eines lokalen Edelherren oder des Landesherrn selbst handelt. Die Lage als Kontrollpunkt an einer mittelalterlichen Fernstraße, dem in Nord-Süd-Richtung verlaufenden Hohen Weg, dürfte hierbei ebenfalls eine Rolle gespielt haben.

Tief greifende bauliche Veränderungen erfuhr der Turm Mitte des 14. Jh., als der untere Keller eine Backsteintonne erhielt, während der bislang eingewölbte obere Keller mit einer Holzbalkendecke und einem Kamin ausgestattet wurde. Ebenerdig führten zwei Durchgänge in das südlich angebaute, zweigeschossige Burghaus mit seinen beiden rechteckigen Flankierungstürmen. Dieses wurde jedoch schon um 1500 wieder abgebrochen und durch den heutigen schmaleren und längeren Neubau mit Rundtürmen ersetzt. Lediglich die Westwand mit den Basaltblöcken in ihren unteren Mauerpartien blieb erhalten.
Aus dem 18. Jh. stammen der so genannte Kleistsche Anbau mit seinem hübschen Schweifgiebel und das schlanke Türmchen an der Ostseite. 1814 wurde laut Bauinschrift der alte Wohnturm nach Osten erweitert. Die beiden Wirtschaftsgebäude, die das Haupthaus nach Westen zur Dreiflügelanlage ergänzen, entstanden 1610 und im 18. Jh. Die nordwestlich vorgelagerte flache Vorburg ist mit weiteren neuzeitlichen Wirtschaftstrakten bebaut.

Der Wohnturm von Westen mit den Tür- und Fensteröffnungen aus dem frühen 19. Jh. Foto: J. Wroblewski, 2001.

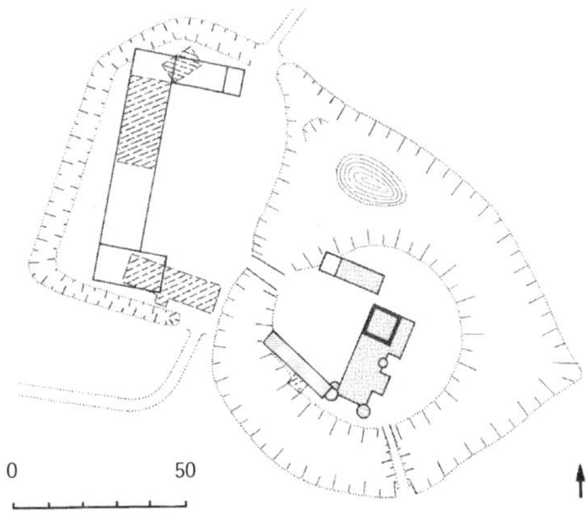

Lageplan; schwarz=Wohnturm, gerastert=erhaltene Bauteile, weiß=verschwundene Bauteile. Umzeichnung BfB nach E. Brües, 1967.

48_Raveshof

Von der BAB 40 kommend, fährt man knapp 3,5 km auf der B 9 Richtung Krefeld und biegt dann nach rechts auf den Vorderorbroich ein; nach gut 1 km sieht man

Ort:	Kempen-St. Hubert, Kreis Viersen
Zustand:	Berfes erhalten
Zugang:	Privatbesitz, Außenbesichtigung
Anfahrt:	BAB 40 Abf. Kerken, B 9 Krefeld, Vordero.
Gaststätte:	-

links dieser schmalen Straße den Raveshof mit dem weiß geschlämmten Berfes, der am Nordostrand von St. Hubert liegt.

Der Begriff „Berfes" bezeichnet einen Gebäudetypus, der eigentlich nicht als Burg anzusprechen ist, aufgrund gewisser Ähnlichkeiten hier aber dennoch vorgestellt werden soll. Es handelt sich um wehrturmartige mehrstöckige Gebäude, die vorzugsweise aus Fachwerk errichtet wurden.

Neben der im Mittelalter gebräuchlichen Bezeichnung „Bergfried", die seit 1836 fälschlicherweise für den Hauptturm einer Burg verwendet wird, lässt sich in den schriftlichen Quellen der Begriff „Berfes" besonders im Raum Krefeld/Mönchengladbach seit dem 16. Jh. nachweisen.
Am nördlichen Niederrhein (Kleve/Wesel) verwendete man seit dem 15. Jh. eher die Bezeichnung „Spieker", die auf die Nutzung als Vorratshaus verweist.

Das Berfes war Bestandteil eines Bauerngehöftes und stand separiert von den übrigen Gebäuden, sodass bei einem Brand die hier aufbewahrten Vorräte besser vor den Flammen geschützt werden konnten. Der Lehmverputz der Außenwände, der auch Riegel und Streben verdeckte, und eine unter der Dachdeckung aus Stroh angebrachte Lehmschicht boten direkten Brandschutz.

In der Regel stand das Berfes auf einer Motte, einem künstlich aufgeschütteten Hügel, und war von einem Wassergraben umgeben. Dies gewährte einen gewissen Schutz vor Tieren und vor leichteren feindlichen Angriffen. Der Verteidigungscharakter erschließt sich auch aus der Fachwerkkonstruktion, bei der im Erdgeschoss bis etwa Schulterhöhe die Wände mit dicht übereinander liegenden Bohlen verstärkt wurden, die das Berfes „einbruchsicher" machten. Durch das weit vorkragende Dachgebälk ließ sich vom obersten Geschoss aus die Umgebung des Berfes allseitig gut überblicken. Über das Berfes des Gelleshofes bei Anrath wird berichtet, dass sich die Landbewohner hier Depots mit faust- bis kopfgroßen Steinen anlegten, mit denen sie Angreifer bewerfen konnten. Aufschlussreich ist in diesem Zusammenhang, dass die bislang ermittelten Berfes- bzw. Spiekeranlagen fast ausnahmslos im Bereich von Landwehren lagen. Die Einbindung in die allgemeine Landesverteidigung ist daher offensichtlich.

Berfes auf dem Raveshof,
rechts Bauernhaus des 19. Jh.
Foto: J. Wroblewski, 2001.

Ob und inwieweit sich in den Gehöften mit Berfes oder Spieker Frühformen von Burganlagen erkennen lassen, konnte von der Forschung bislang nicht geklärt werden. Auffällig ist zumindest, dass diese mit Wassergräben geschützten Gehöfte häufig zweiteilig angelegt waren und die Berfesse und Spieker etwas erhöht lagen. Die Parallelen zur Einteilung in Hauptburg mit Wohnturm und Vorburg mit Wirtschaftshof sind unverkennbar. Die Unterschiede verringern sich, wenn man bedenkt, dass die Berfesse nicht nur als Wehr- und Speicherbauten, sondern zunehmend auch als Wohnraum - meist als Altenteil - genutzt wurden.
Mit Ausnahme des Raveshofs sind die wenigen erhaltenen Berfesse später entsprechend umgebaut und erweitert worden. Zudem wurden viele Spieker durch ähnlich gemauerte Turmbauten bzw. Bergfriede ersetzt, da mit dem Aufkommen des Ziegelbaus der Fachwerkbau am nördlichen Niederrhein auch im bäuerlichen Bereich rasch verdrängt wurde, während er weiter südlich als preiswertere Bauweise verbreitet blieb.

Das 13 m hohe und spätestens in der 1. Hälfte des 16. Jh. an der geldrischen Grenze errichtete Berfes auf dem Raveshof ist in seiner ursprünglichen Gestalt erhalten geblieben: Die acht kräftigen Ständer aus Eichenholz, die bis zum mächtigen Krüppelwalmdach reichen, gründen auf Findlingen. Die leicht nach innen geneigten, 5,90 m und 6,10 m langen Wände haben nur im 1. Obergeschoss kleine Fensterluken. Die beiden Obergeschosse, deren Böden aus Bohlen mit Lehmbelag bestehen, waren stets nur über Leitern erreichbar. Heute zeigt sich das vorbildlich restaurierte Berfes mit einer Pfannendeckung, die eine ältere Strohdeckung ersetzt. Es repräsentiert den bemerkenswerten Bautyp bäuerlicher Wehrspeicher, der nicht nur am Niederrhein über Jahrhunderte weit verbreitet war. Allein in der Umgebung Kempens konnten 15 Berfesse nachgewiesen werden. Zu den ältesten zählt das 1937 von A. Steeger bei Ausgrabungen einer Burganlage des 13./14. Jh. bei St. Hubert-Vösch entdeckte Berfes, dessen umgestürzte Fachwerkwände im Boden konserviert wurden und dessen Rekonstruktion dem Berfes auf dem Raveshof entspricht.

Berfes auf dem Raveshof,
Ansichten und Schnitte.
Zeichnung: G. Eitzen,1987.

49_Schloss Rheydt

Der Burgenbau des Niederrheins war einst reich an eindrucksvollen Bauzeugnissen der Renaissance. Doch wurden diese bei den meisten Burgen durch nachfolgende

Ort:	Rheydt, Stadt Mönchengladbach
Zustand:	Haupt- und Vorburg erhalten
Zugang:	Museum und Restaurant
Anfahrt:	BAB 61, B 230, Breite Ritter Str.
Gaststätte:	Schlossstuben, Tel. 02166/22515

Überformungen oder Abtragungen beseitigt. Schloss Rheydt hingegen konnte seine Renaissancegestalt weitgehend bewahren und zählt zu den bedeutendsten Renaissanceschlössern des Rheinlands.

Der Ort Rheydt wird schon um 1100 erstmals urkundlich erwähnt, wohingegen die Burg erst um 1190 im Güterverzeichnis der Kölner Erzbischöfe auftaucht. Sie war im Mittelalter im Besitz der Herren von Heppendorf. Nachdem Wilhelm von Heppendorf 1268 bei einem Straßenkampf in Köln ums Leben gekommen war, übernahm eine zweite Familienlinie die Burg Rheydt.
1345 trug der Herr von Heppendorf seine Burg dem Grafen von Jülich als Lehen und Offenhaus auf. 1443 wurde über Gerhard II. von Heppendorf wegen wiederholten Raubrittertums die Reichsacht verhängt. Als die Familie 1452 im Mannesstamm ausstarb, fiel das Erbe an Gerhards Schwager Johann von Arendal-Well, der Drost und Amtmann zu Geldern war. Da Johann ebenfalls durch Straßenräubereien auf sich aufmerksam machte, kam es im Jahr 1464 zum Rachefeldzug der Kölner und Lütticher Kaufleute. Burg Rheydt wurde dabei zerstört. Johann konnte jedoch entfliehen. Sein Schwiegersohn Wilhelm von Nesselrode erbte Rheydt, das schon um 1500 in den Besitz der Familie von Bylandt überging. Deren bedeutendster Vertreter war Otto von Bylandt, der 1552 mit der Burg belehnt wurde. Auf ihn geht der Umbau der mittelalterlichen Burg in ein Renaissanceschloss zurück. 1590 wurde er in den Reichsfreiherrenstand erhoben. Als die Familie von Bylandt 1794 ausstarb, kam das Schloss nach zweimaligem Besitzerwechsel 1917 an die Stadt Rheydt, die hier 1922 ein Museum einrichtete. 1975 ging das Schloss in die Trägerschaft der Stadt Mönchengladbach über.
In den 1990er Jahren wurde das Schloss umfassend saniert. Der bei einem Brand 1988 zerstörte Restauranttrakt in der äußeren Vorburg wurde durch einen modernen Neubau ersetzt. Das Haupthaus erhielt auf der Nordseite ein Treppenhaus aus Glas und Stahl angebaut. Alle Arbeiten wurden durch Bauhistoriker und Archäologen begleitet, wodurch eine Vielzahl an neuen Erkenntnissen zur Baugeschichte gewonnen werden konnte.

Haupthaus von Nordwesten. Im Vordergrund ein Renaissance-Erker (um 1560). Die halbrunden Türme gehen im Kern auf Flankentürme der 1464 errichteten Ringmauer zurück. Foto: J. Wroblewski, 2001.

Die komplizierte Baugeschichte des Schlosses kann hier nur überblickartig dargestellt werden. Ob eine Motte im 12./13. Jh. als Vorgänger anzunehmen ist, muss trotz Ausgrabungen offen bleiben.
Ende des 13./Anfang des 14. Jh. wurde als früheste nachweisbare Bauphase ein rechteckiges Wohngebäude aus Backstein errichtet, mit einem Rundturm an der Südecke. Dieser Bau hatte eine Breite von

12,5 m und eine Fundamentstärke von 2,1 m. Obwohl die Gesamtlänge nicht ermittelt werden konnte, deutet der Befund auf einen breitgelagerten Wohnturm hin. Mitte des 14. Jh. erweiterte man diesen Baukörper durch eine rechteckige Ringmauer, die an den West- und Nordecken durch Rundtürme bewehrt wurde. An der südwestlichen Hofseite erhob sich ein Palas mit hohen Querstockfenstern. Die gotische Burg war unverputzt.
Wohl nach den Zerstörungen im Jahr 1464 zog man eine zweite, 46x46 m abmessende Ringmauer um die bestehende Anlage. Mittig platziert, standen in ihren Mauerfluchten Halbrundtürme. Der Wehrgang verlief, wie im 14./15. Jh. üblich, auf spitzbogigen Arkaden, die im Untergeschoss Schießkammern für Hakenbüchsen aufwiesen. Im Südwesten lehnte sich gegen diese Ringmauer ein Gebäudeflügel, der das Burgtor mit seinen Torflankenmauern enthielt.

Um 1500/1525 dürfte man mit der Niederlegung der Burggebäude des 13./14. Jh. begonnen haben. An der Nordwestseite der Ringmauer entstand ein 38 m langer und 10,5 m breiter Wohnflügel, der 1533/1549 zu einer Winkelanlage erweitert wurde. Der Beginn der Umbauarbeiten unter Otto von Bylandt ist um 1560 zu datieren. Für das prachtvolle Renaissanceschloss verpflichtete Otto von Bylandt den Landesbaumeister des Herzogtums Jülich-Kleve-Berg, Maximilian Pasqualini, der gemeinsam mit seinem Vater Alessandro und seinem jüngeren Bruder Johann zahlreiche Burgen und Schlösser des Niederrheins im Stil der Renaissance umgestaltete und neue Festungswerke erbaute. In dieser Zeit entstanden u.a. die prachtvolle Loggia im Schlosshof und der nach Südwesten vorspringende Erker. Den Zugang zum Haupthaus verlegte man an die heutige Stelle. Ebenfalls dieser Bauzeit zuzurechnen sind die beiden Vorburgen und der zweite Grabenring um die Gesamtanlage mit seinen Erdwällen, fünf Bastionen und Kasematten.

Von der reichen Innenausstattung dieser Zeit blieb, ähnlich wie in Wissen und Boetzelaer, bis auf Reste von Kaminteilen kaum etwas erhalten. Obwohl das 16. Jh. die heutige Gestalt des Schlosses prägt, haben sich im Mauerwerk umfassende Baureste des 14./15. Jh. erhalten.

Das Schloss beherbergt ein sehenswertes Museum für Stadtgeschichte, Handwerk und Kulturgeschichte. In der äußeren Vorburg ist ein Restaurant untergebracht. Im schönen Schlosspark kann der interessierte Besucher die Festungswerke des 16. Jh. (Bastionen, Kasematten) besichtigen.

In krassem optischen Gegensatz zur historischen Bausubstanz des Schlosses steht das moderne Glas-Stahl-Treppenhaus. Dies entspricht der denkmalpflegerischen Prämisse, dass zeitgemäße Architektur sich gut ablesbar von der alten Bausubstanz abheben soll. Was das dabei anzustrebende harmonische Gesamtbild anbelangt, hat der Neubau Schloss Rheydt eher nachteilig verändert.

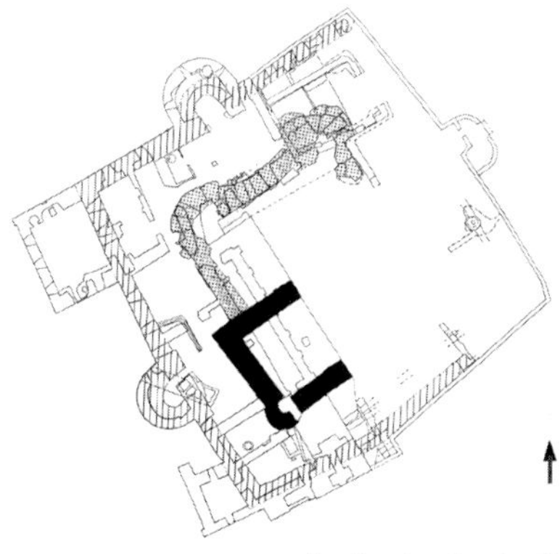

Bauphasenplan von Schloss Rheydt bis ins 15. Jh.; schwarz =13./14. Jh., punktgerastert= Mitte 14. Jh., schraffiert=nach 1464. Umzeichnung BfB nach C. Weber, 1998.

50_Schloss Ringenberg

1329 verlieh Graf Dietrich von Kleve zur Erschließung des Ringenberger Bruchs vier „holländischen“ Neusiedlerfamilien ein stadtrechtsähnliches Privileg. Die Kolonis-

Ort:	Hamminkeln-Ringenberg, Kreis Wesel
Zustand:	Schloss erhalten
Zugang:	Tel. 02852/9229
Anfahrt:	BAB3 Abf. Hamminkeln, B473, Schloßstr.
Gaststätte:	Restaurant, Tel. 02852/968200

tensiedlung, die 1348 *oppidum*, später vorwiegend „Freiheit“ tituliert wurde, entstand an der Straße von Wesel nach Bocholt, unmittelbar nordwestlich der Burg Ringenberg. Da der kleine Ort wesentlich von Handel und Gewerbe, weniger von Landwirtschaft geprägt wurde, ist er als reine Burgsiedlung zu charakterisieren.

Die 1247 erstmals urkundlich erwähnte Burg (*castrum de Ringelinberg*) wurde Anfang des 13. Jh. von den Herren von Dingden, die sich bald von Ringenberg nannten und Ministeriale des Bischofs von Münster waren, im strategisch bedeutenden Grenzbereich der Territorien Kleve, Köln und Münster angelegt. Durch einen Heiratsvertrag von 1257 ging die Burg mit den zugehörigen Gütern 1265 nach längerem Streit mit dem Münsteraner Bischof an die Grafen von Kleve. Seit 1359 läßt sich hier der Sitz eines klevischen Amtmanns nachweisen. Als häufig verpfändetes, klevisches Lehen wechselte es wiederholt seine Besitzer, bis es im 80jährigen spanisch-niederländischen Krieg zunächst von spanischen und 1629 von niederländischen Truppen eingenommen wurde. Burg und Güter Ringenberg wurden 1648 dem Landdrost Jacob von Spaen verliehen, dessen berühmter Bruder Alexander Freiherr von Spaen die 1635 ruinierte Burg im Stil des niederländischen Barockklassizismus ausbaute.

So präsentiert sich das Hauptgebäude bis heute auf einer rechteckigen, bis zum Ende des 2. Weltkriegs allseitig von Wassergräben umgebenen Insel. Ausgrabungen im Südwestflügel und im Hof brachten Spuren verschiedener Vorgängerbauten zu Tage, die sich jedoch nur ansatzweise rekonstruieren lassen. Zwar wird 1265 bereits ein Turm erwähnt (*castrum et eius turris*), doch stammen die beiden Rundtürme an der Süd- und Ostecke erst aus dem 14. Jh. Zu den mehrfachen Umbauten, über die im 15. Jh. berichtet wird, gehört auch der Einbau von hakenbüchsentauglichen Schlüsselscharten im Kellergeschoss des Ostturms. Im Südturm behielt man die vorhandenen Schlitzscharten bei.
Im Zusammenhang mit der Soester Fehde (1444–1449) wurden die Siedlungs- und Burgbefestigungen mit Gräben, Wällen und Mauern ausgebaut. Damals sollten zwischen 10 und 25 Burgleute für den nötigen Schutz sorgen.
Bis Anfang des 17. Jh. erfolgten wiederholt Instandsetzungen, doch erwiesen sich die veralteten Befestigungen im spanisch-niederländischen Krieg als nur bedingt nützlich: 1635 wurde die Burg zerstört, 1648 war Ringenberg *gäntzlich ruinirt und demolirt, auch gantz und gar zum Steinhauffen verfallen*.

Dass Alexander von Spaen Teile der Burgruine in seinen Barockbau integrierte, zeigt sich unter anderem an den über 2m dicken grabenseitigen Außenwänden. Auch die Ankerbalken über dem Erdgeschoss wurden überwiegend schon um 1530 eingebaut, während der Dachstuhl und die geschweiften, laternenbekrönten Schieferhauben der beiden Rundtürme um 1660 entstanden. Der genaue Umfang der barocken Überformung lässt sich jedoch nicht mehr feststellen, da 1945 der Nordostflügel in seiner Originalsubstanz beinahe vollständig zerstört wurde.

Durch den vorbildlichen Wiederaufbau in den alten Formen blieb der symmetrische Gesamteindruck des Ensembles bewahrt: Zwei winkelförmige Gebäude werden durch einen kleinen, aus der Flucht zurücktretenden Mitteltrakt verbunden. Eine Freitreppe

führt zu dem schlichten hohen Haupteingang. Anstelle des darüber liegenden Obergeschosses, in dem 1909–1911 das Bürgermeisteramt untergebracht war, befand sich vormals hofseitig eine schmale Plattform mit Balustrade. Die Eingänge in den Winkeln der Seitentrakte sind durch Risalite betont.
Das Burgplateau wird nach Nordwesten von einer Umfassungsmauer abgegrenzt, die in ihrem Verlauf auch die Fundamente der eingeschossigen Ecktürme nachzeichnet. An das kleine, zwischen 1733 und 1823 abgebrochene Torhaus, durch das man über eine Zugbrücke auf die einstige Vorburg gelangte, erinnert nichts mehr.
Sehenswert ist die in den 1660er Jahren bemalte, wappenverzierte Holzdecke im Erdgeschoss des Südflügels, die in Grisaille-Technik spätere Stuckdekore imitiert.
Seit Ende des 18. Jh. verwalteten Rentmeister das Anwesen, das inzwischen an den auf Haus Biljoen bei Velp ansässigen, niederländischen Zweig der Familie von Spaen übergegangen war.
Nach 1848 wechselten die Besitzer mehrfach, bis 1856 die Fürsten von Salm-Horstmar Ringenberg erwarben, die Räumlichkeiten notdürftig in Stand setzten und vermieteten. 1924 kauften die Grafen von Plettenberg das baufällige Schloss und bemühten sich um dessen aufwändigen Erhalt. 1988 erwarb es die damalige Gemeinde Hamminkeln, die hier nach Abschluss der umfangreichen Restaurierungsarbeiten 1994 ihr Standesamt einrichtete. Die barocken Kellergewölbe dienen seit 1998 einem gepflegten Restaurant als stimmungsvolles Ambiente. Die übrigen Räume des Schlosses nutzt die Derik-Baegert-Gesellschaft. Mit elf Ateliers bietet sie jungen Künstlern als Jahresstipendiaten Wohn- und Arbeitsräume. Darüber hinaus veranstaltet sie regelmäßig Ausstellungen vorwiegend zeitgenössischer Kunst und Konzertreihen.

Schloss Ringenberg von Südwesten. Foto: Ralf van der Sande, Derik-Baegert-Gesellschaft e.V.

51_Schloss Schellenberg

In unmittelbarer Nähe zum Essener Stadtteil Rellinghausen, liegt auf einem waldbestandenen Bergrücken das leider heute unzugängliche Schloss Schellenberg.

Ort:	Essen-Rellinghausen
Zustand:	Haupt- und Vorburg erhalten
Zugang:	kein Zugang
Anfahrt:	BAB 52, B 227, Rellinghausen
Gaststätte:	-

Als adeliger Wohnsitz ist Schloss Schellenberg schon im 12./13. Jh. erwähnt, als es sich im Besitz der einflussreichen Familie von Broich auf der gleichnamigen Burg bei Mühlheim an der Ruhr befand und im 13. Jh. durch Tausch an die Herren von Horst kam.
1353 verkaufte Heinrich von Horst die Burg an Noldo von Kückelsheim, dessen Enkelin 1388 das Besitztum in ihre Ehe mit Pilgrim von der Leithen einbrachte. Damals hieß die Burg in den Urkunden stets Haus *opm berge.*
1452 veräußerte der kinderlose Dietrich von Leithen, einziger Spross aus der zuvor genannten Ehe, die Burg für 1.100 Rheinische Gulden an seinen Schwager Johann von Vittinghoff gen. Schell. Mit Übergang an diese Familie erhielt der Adelssitz seinen bis heute gültigen Namen „Schellenberg". Diese Familie, die in den Archivalien seit 1230 nachweisbar ist, soll 1307 den Beinamen Schell durch den schielenden Arnold von Vettinghoff, genannt der „Scheele", erhalten haben. Die Herren von Vittinghoff waren Dienstmannen des Essener Fürstentums, das ihnen 1456 das Erbdrostenamt verlieh.
Schloss Schellenberg blieb bis Anfang des 20. Jh. bevorzugtes Domizil der Familie von Vittinghoff, die ihren Wohnsitz ab 1909/10 in das heute durch seine Rosenschauen bekannte Haus Kalbeck bei Weeze verlegte.
Schellenberg beherbergte in der Folgezeit soziale und kirchliche Organisationen, bevor Ende der 1970er Jahre das Anwesen durch die Höhere Landespolizeischule übernommen wurde, die hier Seminare und Schulungen abhält.

Schloss Schellenberg ist ein seltenes Beispiel für eine hoch gelegene, zweiteilige Wasserburg. Östlich des Herrenhauses liegen zwei Wirtschaftshöfe, wobei der innere auf die mittelalterliche Vorburg zurückgeht. Südlich und westlich des Schlosses liegt eine ausgedehnte Parkanlage, die in ihrer jetzigen Gestalt in der 1. Hälfte des 19. Jh. entstand, ihre Ursprünge jedoch in einem Barockpark des 17. Jh. hat.

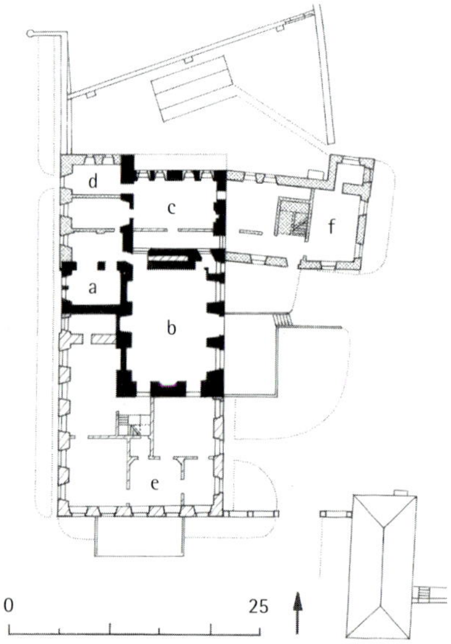

Grundriss von 1892 mit Bauphasen. a–f=Bauteile, siehe Text. Schwarz=14. Jh. gerastert=17. Jh., schraffiert=18. Jh. Umzeichnung BfB nach P. Clemen, 1893.

Das Herrenhaus ist ein baugeschichtlich heterogenes Gebäude, an dem sich mehrere Bauphasen deutlich ablesen lassen. Die ältesten Bauteile liegen im nördlichen Teil des Haupthauses, bestehend aus einem rechteckigen, vierstöckigen Wohnturm (c) mit nach Süden angesetztem zweigeschossigen „Steinhaus“ (b). An dieses schließt nach Westen eine Burgkapelle (a) an. Diese in Bruchstein errichteten Baulichkeiten stammen aus verschiedenen Bauzeiten und reichen teilweise ins 14. Jh. zurück. Sie dürften einst von einer schützenden Ringmauer umgeben gewesen sein, von der sich obertägig keinerlei Bauspuren erhalten haben.

Von 1660 bis 1672 wurde die gotische Burg in ein barockes Landschloss transformiert. Melchior von Vittinghoff ließ östlich an den Wohnturm (c) im rechten Winkel einen Flügel (f) mit Ecktürmchen und einem Nordtrakt anfügen. Gleichzeitig wurde das „Steinhaus“ (b) modernisiert, wobei der Rittersaal eine aufwändige Stuckausstattung erhielt. Desweiteren wurden die Fenster des mittelalterlichen Wohnbaus vergrößert.
1670 stockte man die Kapelle um ein Geschoss, inkl. achtseitiger geschweifter Haube mit Laterne, auf. Noch im selben Jahr entstand neben dem Wohnturm ein neuer Flügel (d), zugleich erweiterte man die Kapelle um ein Joch.

Unter Max Friedrich von Vittinghoff begann 1820 der Bau eines dreigeschossigen Herrenhauses (e) auf der Südseite der bestehenden Anlage. Hierzu musste der alte Wassergraben verfüllt werden. 1829 wurde das Steinhaus aufgestockt und mit dem Wohnturm durch ein gemeinsames Dach verbunden.
Nach 1870 verschwanden neben dem Nordtrakt des 17. Jh. auch die erbenerdigen Erker auf der Nordseite des Wohnturms. 1893 kam es im Zuge der Neugotik zum Anbau eines zweigeschossigen Gebäudes mit Ecktürmchen auf der Nordseite des Wohnturms. Seit dieser Zeit erfolgten vor allem im Inneren Umgestaltungen der im Krieg unbeschädigt gebliebenen Anlage – zuletzt durch die Höhere Polizeischule. Unberührt hiervon blieben allerdings solch repräsentative Räume wie der Rittersaal.

Der innere Wirtschaftshof geht im Kern auf die Ökonomiegebäude des 14. Jh. zurück, deren Mauerwerk in den barocken Bauten aufging. Zuerst errichtete man die Rentei als Stein- und Fachwerkbau (1643-53) und erweiterte sie 1672 um ein Waschhaus. 1780 erneuerte man die Holzgalerie an der Rentei und erbaute im 1. Viertel des 19. Jh. ein Backhaus. 1804 begann man mit dem Bau des 1875 modifizierten lang gestreckten äußeren Wirtschaftshofes. In diesem Jahr entstand auch das schöne neugotische Torhaus am Eingang zur Gesamtanlage.
Als letzte Baumaßnahme erfolgte der Bau einer Werkstatt an der südlichen Seite des äußeren Wirtschaftshofes.

Luftaufnahme von Westen. Der gelb gefasste Teil des Herrenhauses wurde ab 1820 errichtet. Links davon liegen die mittelalterlichen (14. Jh.) Gebäudeteile. Foto: C. Voigt, 1992.

52_Schwanenburg

Das Wahrzeichen der Stadt Kleve, die Schwanenburg, zählt zu den wenigen Höhenburgen am Niederrhein. Das heute noch imposante Baudenkmal wurde auf dem in

Ort:	Kleve, Kreis Kleve
Zustand:	Haupt- und Vorburg erhalten
Zugang:	Burgführungen, Tel. 02821/21508
Anfahrt:	B 9 bzw. B 220, Kleve-Oberstadt
Gaststätte:	Am Schlosstor, Tel. 02821/18325

die Niederung vorgeschobenen, spornartigen Ausläufer eines Höhenzuges erbaut, der sich von Xanten bis Nimwegen erstreckt. Der gut 40 m hohe, zu drei Seiten hin steil abfallende Burgberg war ehemals nur im Süden mit dem Hügelrücken verbunden und wurde durch das Ausheben eines Halsgrabens eigenbefestigt.
Der Burgberg gab sowohl der Burg als auch der späteren Stadt Kleve ihren Namen (Kleve=Kliff). Zu Füßen des Burgberges floss ein alter Rheinarm, der Kermisdahl, der auch die Burgmühle antrieb.

Mit Graf Dietrich I. ist 1092 zum ersten Mal ein Mitglied jener Grafenfamilie urkundlich fassbar, die sich nach Kleve und damit wahrscheinlich nach ihrer dort befindlichen Stammburg nannte. 1145 ist ein Kastellan, d. h. ein Burggraf, belegt. Die Burg selbst wird erst um 1184 in einem Siegburger Mirakelbuch direkt erwähnt. Die Klosterrather Annalen berichten, dass die Vorfahren der Grafen von Geldern und Kleve, die Brüder Gerhard und Rutger, aus Flandern fliehen mussten und sich in den Schutz des Kaisers begaben. Dieser siedelte die Brüder am Niederrhein an. Rutger, der Stammvater der Klever Grafen, muss um 1020/50 nach Kleve gekommen sein, wo er vielleicht schon über eine Burg verfügte. Ansehen, Einfluss und Wohlstand der Klever Grafen scheinen im 12. Jh. am größten gewesen zu sein. Höfische Kultur auf der Klever Burg wird durch die Anwesenheit des berühmten Dichters Heinrich von Veldeke um 1174 fassbar, der damals seinen noch unfertigen Eneas-Roman einer Klever

Schwanenburg von Süden. Jan de Beijer, 1746. Von links nach rechts sind der Spiegelturm, die Spitze des Schwanenturms und der Johannisturm zu erkennen. Vorne das Herzog-Wilhelm-Tor, am rechten Bildrand die Renaissancegalerie. Zeichnung: Museum Kurhaus Kleve, Sammlung Angerhausen, Kleve 2001.

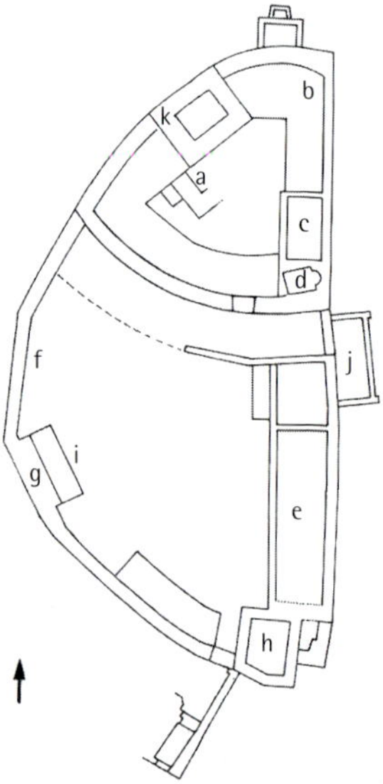

Rekonstruierter Burggrundriss zur Zeit des 15. Jh. Umzeichnung BfB nach J. Wroblewski, W. S. v. d. Graaf Archäologie, 2001.

Ansicht von Süden. Links der Spiegelturm, im Hintergrund der Schwanenturm. Foto: Krapohl-Verlag, 1986.

Grafentochter zu *lesen und schouwen* überreichte. Diese Handschrift wurde ihm hier später während der Hochzeit der Grafentochter mit dem Landgrafen Ludwig von Thüringen gestohlen. Wahrscheinlich um 1233 nahmen die Klever Grafen den Karfunkel in ihr Wappen auf, wodurch sie zugleich eine Abstammung vom legendären Schwanenritter Helias beanspruchten. Noch im 15. Jh. pflegten die Klever Herzöge aktiv ihre sagenhafte Abstammung vom Schwanenritter.

Im Schatten der Burg lag eine kleine Siedlung, in der die Bediensteten und Ministerialen des Grafen lebten. 1242 wurde westlich der Burg eine Stadt gegründet und mit Stadtrechten privilegiert. Der Burgflecken wuchs im 14. Jh. mit dieser Stadt zusammen.

Als 1368 das alte Grafengeschlecht ausstarb, gelangte das Erbe an die Grafen von der Mark. 1417 wurde die Grafschaft Kleve zum Herzogtum erhoben. Das 15. Jh. war geprägt von engen verwandtschaftlichen und politischen Beziehungen zum Herzogtum Burgund. Den Höhepunkt ihrer Macht erreichten die Klever Herzöge zu Beginn des 16. Jh., als zu ihrem Territorium die Herzogtümer Jülich und Berg sowie die Grafschaften Mark und Ravensberg gehörten. Kurzzeitig (1538–1543) gehörte ihnen auch das Herzogtum Geldern, das sie letztendlich aber an Habsburg abtreten mussten. In der 2. Hälfte des 16. Jh. weilte der Hof nun öfters in Düsseldorf, Jülich und Hambach. Kleve blieb zwar Residenz, wurde aber nur noch gelegentlich aufgesucht. Als das Klever Herzogshaus 1609 ausstarb, musste das reiche Erbe zwischen Brandenburg und Pfalz-Neuburg aufgeteilt werden. Die Brandenburger erhielten neben dem Herzogtum Kleve die Grafschaften Mark und Ravensberg. Unter ihrem Statthalter, Johann Moritz von Nassau-Siegen, erlebten Burg und Stadt Kleve eine letzte Blüte, die allerdings mit dem Tod des Johann Moritz, 1679, schlagartig endete.

Mangelnder Bauunterhalt und Verfall führten ab der 2. Hälfte des 18. Jh. zu umfangreichen Abbrüchen. So verschwanden neben Kanzleibauten des 16. Jh. der staufische Palas 1771 und der Johannisturm 1784. Fortan diente die Burg nur noch Verwaltungs- und Justizzwecken, bis 1917 war hier ein Gefängnis untergebracht.
1907 bis 1909 wurde die Burg archäologisch untersucht. Es folgten erste denkmalpflegerische Maßnahmen, doch wurde die Burg am 7. Oktober 1944 bei einem Luftangriff auf die Stadt Kleve schwer beschädigt. Der Wiederaufbau war im wesentlichen bis 1953 abgeschlossen. Die von der Klever Bürgerschaft getragene „Bauhütte Schwanenburg“ machte sich um den Wiederaufbau des Spiegel- und Schwanenturms verdient. 1986 wurde der Verein „Freunde der Schwanenburg“ gegründet. Ihm ist u.a. die Restaurierung des gotischen Gewölberaums im Spiegelturm (1988) zu verdanken, dessen Dach man bald darauf (2000) mit neuen Wetterfahnen versah.
In der Burg ist heute das Amts- und Landgericht untergebracht. Im Schwanenturm befindet sich eine sehenswerte geologische Sammlung. Der Spiegelturm kann über zuvor vereinbarte Burgführungen besichtigt werden.

Die Ausgrabungen 1907/09 konzentrierten sich auf die Freilegung von Mauerresten und die Lokalisierung verschwundener Burgteile. Fragen zur Datierung und Entwicklung der Schwanenburg blieben dagegen weiterhin offen. Dieses Defizit konnte durch umfangreiche Ausgrabungen 1999/2000, die z.T. bemerkenswerte Ergebnisse erbrachten, ausgeglichen werden. Die von früheren Lokalforschern häufig gestellte Frage nach den römischen „Wurzeln“ der Burg muss nach dem neuesten Kenntnisstand vorerst negativ beantwortet werden: Das aktuelle Fundmaterial reicht nicht über das 11. Jh. hinaus.

Ausgrabung im Innenhof der Burg, 2000. In der Bildmitte ein Mauerzug des um 1100 errichteten „Donjons“. Foto: J. Wroblewski, W. S. v. d. Graaf Archäologie, 2000.

Die ältesten Bauspuren fanden sich im Innenhof der Burg, direkt unterhalb des Schwanenturms. Hier wurden die ca. 2,5 m mächtigen Mauern eines Wohnturms (a) aus Tuffstein entdeckt. Sie stammen von dem 1439 eingestürzten Vorgängerturm des Schwanenturms. Dieser „Donjon“, der viel breiter war als der jetzige Schwanenturm, ist um 1100 entstanden und wurde spätestens um 1150 mit einer vieleckigen Ringmauer (b) umgeben, deren Reste an der Ostseite und im Quertrakt der Burg erhalten blieben. An der Ostseite dieser Ringmauer, mit Blick auf die weite Rheinebene, stand ein etwa 12,5x8,5 m großes Wohngebäude (c). Südlich davon lag höchstwahrscheinlich die Burgkapelle (d) mit halbrunder Apsis.

Im letzten Drittel des 12. Jh. wurde diese kleinräumige „Turmburg“ nach Süden hin zu einer zweiteiligen Anlage ausgebaut. Auf der Ostseite entstand ein ca. 12x30 m großer Saalbau, der Palas (e), mit einem

ungemein aufwändig gestalteten, mehrfach gestuften Prunkportal, das u.a. mit Säulen, Kapitellen und Rundbögen reich verziert war. Reste davon wurden 1771 nach dem Abbruch des Palas als Türeinfassungen des neuen Innenhofes zweitverwendet.
Die offene Westflanke der Burgerweiterung schloss man mit einer Ringmauer aus Tuff und Basalt (f). Am südlichen Ende lag das Burgtor, das von einem fünfeckigen Turm (h), dem Johannisturm, gesichert wurde. Dort, wo heute der Spiegelturm steht, erhob sich früher ein weiterer Turm (g), dessen erhaltene Bausubstanz eine komfortable Abortanlage mit Sitznischen, Wasserspülung und Entlüftungsschacht enthält. Eine vergleichbare Anlage gab es in der Pfalz zu Kaiserswerth. Die Burg des 12./13. Jh. zählte sicherlich zu den größten und architektonisch qualitätsvollsten Profanbauten der Romanik am Niederrhein.

Im 14./15. Jh. wurde die staufische Burg, nun unter der Verwendung von Backstein, um- und ausgebaut. Unter Herzog Adolf (1394–1448) entstanden der 28 m hohe Spiegelturm (i, kurz vor 1429) sowie, als eine Art Pendant dazu, auf der Ostseite ein turmartiger Ausbau (j), der seit dem 20. Jh. irrigerweise als „Zimelienturm“ bezeichnet wird. Am 7. Oktober 1439 stürzte – wie zuvor erwähnt – der große Wohnturm des 12. Jh. ein. Herzog Adolf ließ den Schutt sogleich abräumen und mit dem Bau des 54 m hohen Schwanenturms (k) beginnen. Dieser wurde noch vor 1448 fertig gestellt. Eine zeitgenössische Inschrifttafel über dem Turmeingang berichtet von diesem Ereignis. Der Schwanenturm, der den flämischen „Belfrieden“ in Brügge und Gent typologisch nahe steht, sollte die neue politische und gesellschaftliche Vormachtstellung der 1417 in den Herzogsstand erhobenen Herrscherdynastie visualisieren.

Im 16. Jh. wurde die Burg durch die herzogliche Baumeisterfamilie Pasqualini modernisiert und erweitert. Im äußeren Burghof umbaute man den alten Burgbrunnen durch ein turmartiges Gebäude, das ein Tretrad zur beschleunigten Wasserförderung enthielt.
Größere Neubauten entstanden weiter südlich der Burg: Vor dem alten Burgtor wurde 1560 auf einem ins Jahr 1470/71 zurückreichenden gotischen Vortor das Herzog-Wilhelm-Tor errichtet. 1569/70 fügte man an den Johannisturm eine schöne Renaissance-Galerie an. Ältere Kanzleigebäude südlich der Galerie wurden erweitert bzw. umgebaut.

Die Bauarbeiten 1663–1666 unter der Leitung des niederländischen Architekten Pieter Post verwandelten die Burg äußerlich in ein schlichtes, aber eindrucksvolles Barockschloss. Mit Ausnahme der Türme verloren sämtliche Gebäude ihr gotisches Gepräge. Die Ostseite erhielt erkerartige Ausbauten und alle Fassaden eine streng symmetrische, dichte Fenstereinteilung, in den Burghöfen entstanden offene Arkadengänge.

Die zweitürmige, vom Barock geprägte Burganlage erhielt erst in der Romantik des 19. Jh. ihren heutigen Namen „Schwanenburg“.
Sehenswert ist auch die gotische Stiftskirche mit den Grabdenkmälern der Klever Grafen und Herzöge.

Kapitelle des staufischen „Prunkportals“ aus dem Rittersaal (letztes Drittel 12. Jh.). Foto: V. Janßen, 2000.

53_Haus Steprath

Nördlich von Walbeck liegt in einem Wald verborgen Haus Steprath. Es steht historisch in einem engen Verhältnis zu dem nicht weit entfernten Schloss Walbeck,

Ort:	Geldern-Walbeck, Kreis Kleve
Zustand:	Vor- und Hauptburg erhalten
Zugang:	Privatbesitz, kein Zugang
Anfahrt:	B 58, Geldern, Walbecker Straße
Gaststätte:	-

dessen Besitzer wir auch auf Steprath antreffen.

Ansicht von Süden. Rechts der Anbau von 1632, links der etwa zeitgleiche Trakt mit dem Eckturm des 16. Jh.. Foto: Horizonte, Kalkar, 2000.

Vermutlich erbaute Heinrich Schenk von Nideggen das Haus in der 1. Hälfte des 15. Jh. Dies abzuklären, muss weiterführenden Archivalienforschungen vorbehalten bleiben.

Urkundlich wird das Haus erst gegen Mitte des 16. Jh. im Zusammenhang mit der Heirat der Katharina von Geldern mit Heinrich von Steprath genannt. Ihr Sohn Reiner von Steprath war – wie sein Vater – zugleich Herr auf der Burg Doddendael bei Nimwegen (NL), einer „Kastellburg" nach dem Muster von Schloss Moyland. Nach Reiners Tod 1586 folgte ihm sein Sohn Dietrich nach, der 1647 eine Hälfte der Windmühle von Walbeck kaufte, die daraufhin den Namen Steprather Mühle trug. Dietrichs Sohn, Reiner Johann von Steprath, der 1680 verstarb, hatte eine Tochter, Johanna Maria. Diese heiratete Johann Carsilius von Doornick. Über diese Familie kam Haus Steprath 1765 an Adolf von Nagel zu Vornholz, dessen Familie den Namen Doornick weiterführte. 1988 ging das Haus an eine Besitzergemeinschaft über, die das sanierungsbedürftige Objekt behutsam und vorbildlich restaurierte. Steprath ist ein wohltuendes, leider aber auch äußerst seltenes Beispiel für sinngemäßen, sensiblen Umgang mit historischer Bausubstanz.

Die mittelalterlichen Wurzeln des Hauses sind lediglich in der Zweiteiligkeit der Anlage erhalten geblieben.

Ansicht von Südosten, rechts der lange Anbau von 1712. Foto: V. Janßen, 2001.

Die winkelförmige Vorburg mit ihrer korbbogigen Tordurchfahrt im Südflügel wird durch einen Tor-Wappenstein in das Jahr 1698 datiert. Der mit Blaustein eingefasste Torbau zeigt noch jene rechteckige Blende, in die früher die Zugbrücke bündig einschlug. Ein dritter Flügel, durch den die Vorburg zur hufeisenförmigen Dreiflügelanlage geworden wäre, kam nie zur Ausführung.

Das Haupthaus bildet ein Konglomerat verschiedenster Gebäude unterschiedlichster Zeitstellungen, die sich bauhistorisch nicht leicht voneinander scheiden lassen.

Neuere Untersuchungen am Haupthaus lassen jedoch eine grobe Bauchronologie erkennen, die über weitere Bauforschung noch abzusichern und zu präzisieren wäre.

Ältester Bauteil dürfte ein rechteckiges, zweigeschossiges Haus mit einem nach Norden vorspringenden Anbau gewesen sein. Es ist durch nachfolgende Ausbauten dem Auge des heutigen Betrachters entzogen. Blickt man heute von der Vorburg aus auf das Haupthaus, so fallen zwei in den Hof vortretende Flügel auf, die sich rückwärtig an das Haus aus der ersten Bauphase lehnen.
Zeitgleich mit diesem Kernbau dürfte der quadratische Turm an der Nordwestecke entstanden sein. Beide Bauteile stammen vermutlich aus dem ausgehenden 16. Jh. und waren damals vermutlich von einer schützenden Mauer umfriedet.

An dieses Wohnhaus wurde zuerst der – von der Vorburg aus gesehen – rechte Flügel angebaut. Er ist über Maueranker auf das Jahr 1632 datiert. Vielleicht zeitgleich wurde auch der linke Flügel errichtet, der bis zum nordöstlichen Eckturm reicht. Noch im 17. Jh. entstand an der Rückseite des Hauses ein weiterer Flügel. Im Jahre 1712 (Maueranker) erweiterte man diesen nun fast hufeisenförmigen Gebäudekomplex an der Nordostseite um einen langen Trakt mit zwei großen Toreinfahrten. Wahrscheinlich wurde der linke Flügel noch im 19. Jh. um eine Fensterachse verlängert.

Auffällig ist an Haus Steprath das trotz der vielen Bauphasen einheitliche Erscheinungsbild der Fenster (Kreuz- und Querstockfenster). Offensichtlich gab es schon früh Bestrebungen, die unterschiedlichen Bauteile einander harmonisch anzupassen.

Das Innere von Haus Steprath konnte seine ursprüngliche Raumaufteilung weitgehend bewahren. So zeigt z. B. die Küche des 16. Jh. noch ihre Feuerstelle mit großem Rauchfang, ihren Blausteinplattenboden sowie zwei Bänke und eine Tafel, die mittels Scharnieren hochgeklappt und an der Wand befestigt werden konnten. Das Sprichwort „Die Tafel ist aufgehoben“ findet hier seine dreidimensionale Entsprechung.

Im rückwärtigen Teil des Haupthauses liegt die 1684 von Sophia Heilwig von Linden, der Ehegattin des Reiner Johann von Steprath, gestiftete Kapelle mit ihrem hölzernen Tonnengewölbe und barocken Altar.

Vorburg. Blick auf Torbau mit Wappenstein und Zugbrückenblende. Foto: V. Janßen, 2001.

Haus Steprath kann heute für Tagungen und Seminare angemietet werden. Die Vorburg ist sowohl als Wohnbereich wie auch als Pferdestall ausgebaut. Regulärem Besucherverkehr steht das Anwesen nicht offen, doch gewähren die umliegenden Spazierwege einen guten Blick auf die sehenswerte Burganlage.

54_Haus Te Gesselen

Verlässt man Wetten in östlicher Richtung und folgt der ersten Abzweigung von der Kapellener Straße nach rechts, erreicht man Haus Te Gesselen. Von Bauforschern bis

Ort:	Kevelaer-Wetten, Kreis Kleve
Zustand:	Herrenhaus erhalten
Zugang:	Fam. Keuck, Tel. 02832/4680
Anfahrt:	BAB 57, Kevelaer-Wetten, Kapell. Str. 4
Gaststätte:	-

Mitte der 1980er Jahre weitgehend unbeachtet, hat sich hier ein außergewöhnliches architekturgeschichtliches Kleinod erhalten.

Als geldrisches Lehen wird Te Gesselen urkundlich erstmals 1247 in einem Kaufvertrag genannt und war im Besitz verschiedener Adelsfamilien aus dem Gelderland. Während des spanisch-niederländischen Krieges wurde die Burg zunächst 1584 gebrandschatzt und später, nachdem Wilhelm von Hornum spanische Soldaten aufgenommen hatte, durch niederländische Truppen unter Oberst Freiherr von und zu Hohensax in Brand gesteckt.
Die Anfang des 17. Jh. erweitert wieder aufgebaute Burg Te Gesselen wurde 1671 an die Grafen von und zu Hoensbroech veräußert, denen zu dieser Zeit auch Schloss Haag gehörte.
Später verwandelte man das ehemalige Rittergut in einen landwirtschaftlichen Betrieb, dessen neuzeitliche Nutzbauten die seit 1440 nachweisbare Vorburg ersetzten. Bei der in den 1930er Jahren durchgeführten Regulierung der Niers, an deren Ufer sich die Wasserburg ursprünglich erhob, wurde der Flusslauf etwa 100 m nach Westen verlegt. Zugleich wurden die heute nur noch andeutungsweise im Gelände erkennbaren Gräben verfüllt, sodass von der mittelalterlichen Wehranlage nur das Burghaus erhalten blieb.

Infolge der Niersverlagerung und der damit verbundenen Grundwasserabsenkung begannen die Holzpfähle, auf denen die Fundamente gründen, zu verfaulen. Bereits in den 1950er/60er Jahren mussten erhebliche Mauerschäden ausgebessert werden. 1987 erwarben die Eheleute Keuck das damals einsturzgefährdete Gebäude, dessen Standfestigkeit Presspfähle aus Beton wiederherstellten. Bei den gesamten Restaurierungsmaßnahmen, die in enger Kooperation mit den Denkmalbehörden durchgeführt wurden, blieb die Wahrung der historischen Originalsubstanz oberstes Gebot, da hier seltene Details wie originale Fußbodendielen- und Deckenbalkenlagen, Kaminanlagen und Räucherkammern vollständig und seit dem frühen 17. Jh. unverändert erhalten geblieben sind. Dies stellt einen einzigartigen Glücksfall für die Bauforschung dar, zumal alle Arbeiten und Befunde lückenlos dokumentiert wurden und die vorgefundene Situation auch von der künftigen Nutzung des Gebäudes unangetastet bleibt.
Inzwischen finden in dem privat bewohnten Haus von Zeit zu Zeit Ausstellungen moderner Kunst und gelegentlich auch Führungen statt.

Das aus Backsteinen errichtete Burghaus besteht aus einem zweiflügeligen gotischen Winkelbau über flach gewölbten Kellern. Die zweigeschossige Fassade wird in Höhe der Fensterbrüstung des Obergeschosses von einem schlichten Gurtgesims gegliedert. Etwas darunter verweisen Konsolen und Mauerlöcher auf einen galerieartigen, hölzernen Wehrgang.
Zwischen den beiden gotischen Treppengiebeln im Westen und Osten beeindruckt der große durchlaufende Pfettendachstuhl mit oberstem Spitzboden und zwei darunter liegenden Speichern. Das angekehlte Dach des Seitenflügels schließt im Norden ebenfalls mit einem gotischen Treppengiebel ab, der jedoch später überformt wurde.

Die zahlreichen Bauspuren vermitteln ein anschauliches und aufschlussreiches Bild von den Veränderungen, die das Gebäude erfahren hat. Nach den Beschädigungen im spanisch-niederländischen Krieg wurde

Haus Te Gesselen von Südwesten. Foto: B. Keuck, 1998.

der Winkelbau 1615 zu einem geschlossenen Kubus erweitert, wobei man auch das Treppentürmchen an der Nordostecke des Hauptflügels abriss. Der Anbau entspricht in seinen äußeren Abmessungen dem älteren Seitenflügel, doch ist er in drei statt nur in zwei Wohngeschosse untergliedert. Das vom Altbau separierte Dach ist nach Süden abgewalmt und schließt im Norden mit einem geschweiften Treppengiebel ab. Im Zuge der Erweiterung wurde auch die Befensterung des Altbaus erneuert und teilweise verändert. Bedingt durch die unterschiedlichen Formate der Blockrahmenfenster und die abweichende Geschossaufteilung des Neubaus sind die Fassaden unregelmäßig gegliedert. Von den gotischen Fenstern blieben lediglich in der östlichen Giebelwand zwei in ihrer ursprünglichen Form erhalten.
Da man beim Neubau darauf verzichtete, die ehemaligen Außenwände zu verschalen, blieben in der Ostwand des Seitenflügels in dessen Obergeschoss ein zugesetztes gemauertes Kreuzstockfenster, Reste des Treppentürmchens und der ursprüngliche, unterhalb der Dachtraufen verlaufende Rundbogenfries mit farbig gefassten Putzresten erhalten.
In dem seit fast 400 Jahren nahezu unveränderten Obergeschoss des Altbaus finden sich neben kleinen Lichtschlitzen in den Ecken drei mittelalterliche Kamine, die in die 75 cm dicken Giebelwände eingebaut sind. Ihre leicht gerundeten Rückwände wurden Ende des 16. Jh. mit reliefierten Formziegeln ausgekleidet, wie sie seit 1550 für repräsentative Räume niederländischer Adelshäuser üblich waren. Die dargestellten Szenen zeigen die Bekehrung des heiligen Hubertus, die Kreuzigung und auf Steckenpferden reitende Kinder. Vergleichbare Kaminverkleidungen finden sich auch auf Burg Brüggen und Schloss Rheydt – doch besitzt Te Gesselen die besterhaltenen im Rheinland.

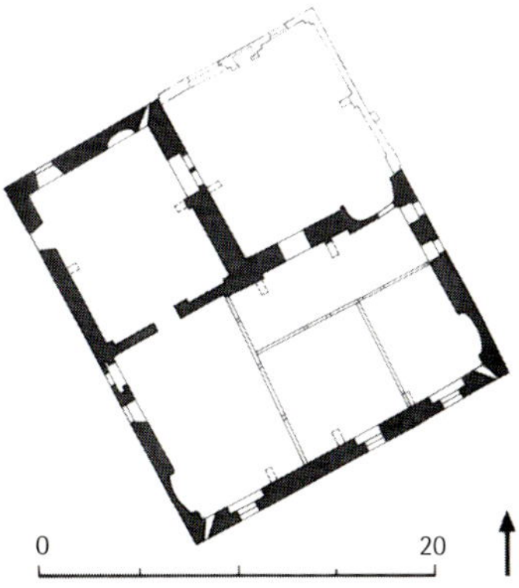

Grundriss des 2. Obergeschosses. Umzeichnung BfB nach S. Gierschner, C. Notarius, 1989.

55_Burg Uda

Die im Grefrather Ortsteil Oedt gelegene Burgruine Uda ist eine der wenigen Burganlagen am Niederrhein, die umfassend archäologisch untersucht wurden.

Ort:	Grefrath-Oedt, Kreis Viersen
Zustand:	Turmruine, saniert
Zugang:	jederzeit zugänglich
Anfahrt:	BAB 61, B 509, Grefrath-Oedt
Gaststätte:	–

Die Burg Uda, mit dazugehöriger Herrschaft, entstand vermutlich aus einer Vogtei der Grafen von Kessel, über Güter und Rechte des Klosters Gladbach, die in der Folgezeit an eine Seitenlinie der Grafen von Kleve gelangten.
Dietrich Luf II. von Kleve, Graf von Hülchrath (1285–1308), war mit der Witwe des letzten Grafen von Kessel verheiratet. Seine Ambitionen zum Aufbau eines eigenen Territoriums verspielte er mit der Schlacht von Worringen (1288). Als Verbündeter des Erzbischofs von Köln zählte er mit zu den Verlierern dieser Schlacht und musste ein hohes Lösegeld aufbringen, um sich aus der Gefangenschaft freizukaufen. Dieser Umstand, gepaart mit seiner sicherlich aufwändigen Lebensführung, zwangen Dietrich – und später seinen Sohn –, den Hauptanteil des Erbes der Grafen von Kessel zu verkaufen.
Seit dem Anfang des 14. Jh. konzentrierte sich die Familie verstärkt auf ihre Güter und Rechte in Oedt und Kervenheim. 1313 trug Dietrich Luf III. seine Burg Uda dem Erzbischof von Köln zu Lehen auf. Zur Herrschaft Oedt gehörten neben der Burg und Vorburg das Dorf, die hohe und niedere Gerichtsbarkeit sowie diverse Einkünfte und Rechte. 1332 starb Dietrich Luf III. Kurz hintereinander wechselte Uda durch Vererbung die Besitzer – zuerst Gottfried von Bergheim und danach Graf Emicho von Leiningen. Letzterer verkaufte Burg und Herrschaft Oedt 1348 an den Grafen von Jülich, der den Besitz sogleich an den Kölner Erzbischof weiterveräußerte. Dieser machte die Herrschaft Oedt zu einem kölnischen Amt und die Burg somit zu einer Landesburg.
Obwohl die stets von Geldknappheit geplagten Erzbischöfe das Amt wiederholt verpfändeten, verpflichteten sie aufgrund der Lage und Bedeutung der Landesburg Uda die jeweiligen Pfandinhaber in ihren Pfandverträgen zum baulichen Unterhalt und zur ausreichenden Bemannung der Burg.

Südostturm der Burg Uda. Der sanierte Turm ist das einzige gut erhaltene Bauteil der Burganlage, deren Grundriss nach Grabungsbefund neu aufgemauert wurde. Foto: J. Wroblewski, 2001.

1416, 1477 und 1582/83 war die Burg Uda wiederholt Schauplatz kriegerischer Handlungen, die das Gebäude ohne größere Beschädigungen überstand. Im Dreißigjährigen Krieg wurde die Burg allerdings 1643 durch kaiserliche Truppen eingenommen und gesprengt. 1757 riss man Mauern der Ruine ab, um sie zu Straßenschotter zu verarbeiten. Neben rudimentären Mauerresten war lediglich einer von ehemals vier Türmen noch erhalten, als – angeregt durch den Heimatverein Oedt – das Rheinische Landesmuseum in Bonn 1959 archäologische Untersuchungen durchführte. 1988 war der Burggraben Gegenstand einer letzten Ausgrabung. Der ergrabene Grundriss wurde mittels Aufmauerungen obertägig wieder kenntlich gemacht.

Dendrochronologische Bestimmungen ergaben für die im Grundriss quadratische Hauptburg (30 m Seitenlänge) mit ihren vier Ecktürmen eine Bauzeit von etwa 1308 bis 1311 – eine Datierung, die sich auch mit der urkundlichen Ersterwähnung im Jahr 1313 deckt. Als Baumaterial verwendete man Backstein.
Die beiden Rundtürme und die beiden Vierecktürme standen einander jeweils diagonal an den Außenecken gegenüber. Erhalten blieb der südöstliche, 23 m hohe Rundturm, dessen ursprünglicher Eingang im dritten Geschoss auf der zum Burghof hin orientierten Westseite lag. Der heutige ebenerdige Eingang ist sekundär. Reste eines aufwändigen Kamins mit profilierten Wangen aus Trachyt, Spuren eines Aborterkers und Fensternischen mit Sitzbänken im vierten Geschoss sorgten für einen gehobenen Wohnkomfort.

Die umlaufende Ringmauer besaß einen auf Bogenstellungen ruhenden Wehrgang. In einigen Mauerpfeilern waren Brunnenschächte integriert, die es gestatteten, vom Wehrgang aus Wasser zu schöpfen. Das Burgtor, dessen vorspringende Torflankenmauern zeitgenössische Parallelen in Rheydt und Moyland haben, lag im Osten. Nord- und Westseite des Burghofes waren mit Wohntrakten besetzt. Außen zog sich eine 5–6 m breite Berme um die Burg herum, die zum 9–11 m breiten Wassergraben hin eine Holzpalisade als Annäherungshindernis aufwies.

Die Ausgrabungen zeigten, dass man beim Bau der Burg in der sumpfigen Niederung der Niers mit erheblichen Grundwasser- bzw. Gründungsproblemen zu kämpfen hatte. Unterschiedliche Fundamentierungstechniken kamen zur Anwendung und wurden miteinander kombiniert.
Die Vorburg konnte bis heute nicht näher archäologisch untersucht werden. Daher ist über ihre Baugestalt fast nichts bekannt.

Die Burg Uda steht typologisch den „Kastellburgen“ Brüggen und Moyland nahe, deren Bauprinzip der runden Ecktürme hier leicht variiert wurde. Analog zu diesen Burgen bildete auch sie eine dem Hochadel vorbehaltene Bauform, die einfachen Ministerialen offenbar verwehrt blieb und von diesen auch nicht finanziert werden konnte.
Dietrich Luf III. wollte mit Uda in erster Linie Macht, Wohlstand und Einfluss visualisieren. Die Wehrhaftigkeit trat dabei funktional zurück.

Die Burg Uda ist frei zugänglich. Die interessanten Ausgrabungsfunde sind in einem kleinen, aber schönen Museum im Ort Oedt (Johannes-Girmes-Str. 21) ausgestellt.

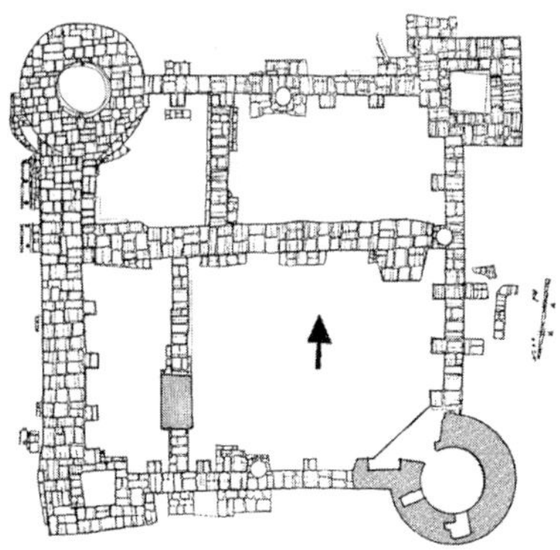

Grundriss der ausgegrabenen Burg (Beginn 14. Jh.). Zeichnung: H. Hinz, 1962. grau gerastert=aufgehendes, stilisiertes Mauerwerk=ausgegraben. Umzeichnung BfB nach H. Hinz, 1962.

56_Haus Vellbrüggen

Am Nordwestrand des Neusser Stadtteils Norf liegt das häufig auch als Gut bezeichnete Haus Vellbrüggen.

Ort:	Neuss-Norf, Kreis Neuss
Zustand:	Burgturm mit Gehöft erhalten
Zugang:	Privatbesitz, Außenbesichtigung
Anfahrt:	BAB 57 Neuss-Norf, Nähe S-Bahnhof
Gaststätte:	-

Vellbrüggen, ursprünglich Volmerincheim und Velmerkem genannt, erscheint seit dem 13. Jh. in den Schriftquellen. Im 14. Jh. kam der Besitz an die Herren von Aldenbrüggen, die sich fortan auch nach ihrem neuen Wohnsitz benannten, bis Anfang des 15. Jh. beide Namen zu Volbrüggen verschmolzen. 1520 ging das Anwesen durch Erbschaft an die Familie Quadt, die es 1602 an die Familie von Harff verkaufte. Im 19. Jh. wechselten die Besitzer mehrfach bis 1913 die Familie von Waldthausen das Gut erwarb.
1988 wurde der landwirtschaftliche Betrieb aufgegeben und der Komplex an eine Kölner Gesellschaft veräußert, deren Umgestaltungspläne für 50-60 Wohnungen jedoch scheiterten. Daraufhin kaufte 1989 die GSA, ein Betrieb für Messtechnik, die Anlage und ließ die Gebäude als neues Firmendomizil grundlegend sanieren und teilweise umbauen. Dabei wurde besonderer Wert auf die Erhaltung der historischen Bausubstanz gelegt, sodass der Charakter der Anlage weitestgehend erhalten blieb. Störend wirken lediglich die ungewöhnlich konstruierten Dachgauben und -fenster, deren Einbau durch die intensive Raumnutzung erforderlich war.

Im Grundriss entspricht Vellbrüggen einem befestigten Gehöft, das als geschlossener Vierflügelbau mit Torhaus einen geräumigen Innenhof umschließt. Es muss allerdings einmal eine mindestens zweiteilige Anlage mit Haupt- und Vorburg gewesen sein, denn diese bauliche Differenzierung war Voraussetzung für die Erlangung des Rechtsstatus eines landtagsfähigen Rittersitzes.

Das rechteckige Burgterrain wurde ursprünglich ganz von einem Wassergraben umgeben, der vom Norfbach gespeist wurde. Als 1911 der große Stalltrakt im Nordwesten angebaut wurde, ließ man den dortigen Grabenabschnitt bis zur Zufahrt an der Ostecke zuschütten.
Im Zentrum des Grabengevierts steht viergeschossig über einem hohen tonnengewölbten Keller der Wohnturm, den seit 1964 auch das Norfer Wappen schmückt. Einen konkreten Anhalt für die Datierung ins 14./15. Jh. bietet unter anderem der spätgotische Kamin in der Nordwestwand des zweiten Obergeschosses.

Torbau von Südwesten. Foto: J. Wroblewski, 2001.

Aufschlussreich ist die abgeschrägte Ostecke des spätmittelalterlichen Turms. Nach Ausweis der Baunähte wurde die schräggestellte Wand nachträglich eingefügt, um

Wohnturm (14./15. Jh.) mit Flügelbauten von Südosten. Foto: J. Wroblewski, 2001.

eine beim Abbruch eines angrenzenden Gebäudes entstandene Lücke im Mauerwerk zu schließen. An der Innenseite der Vermauerung blieb im zweiten Obergeschoss das Fragment eines steinernen Türrahmens erhalten, durch den man in das entsprechend hohe Nachbargebäude gelangte.
Auf einer 1871/73 von Alexander Duncker verlegten Lithografie ist von diesem abgebrochenen Gebäude noch ein Mauerrest zu erkennen, der sich wie ein Stützpfeiler an die beiden unteren Turmgeschosse lehnte. Beim Bau der modernen Terrasse wurde dieser bis auf geringe Spuren entfernt. Vermutlich flankierte der Turm die von einer winkelförmigen Vorburginsel geschützte Westecke der mittelalterlichen Burg, deren genaue Lage und Größe sich wohl nur archäologisch bestimmen lassen. Möglicherweise wurde die Burg im Dreißigjährigen Krieg zerstört oder wegen Baufälligkeit abgebrochen.

Im 17. Jh. wurden an den verbliebenen Wohnturm unter Verwendung älterer Bausubstanz jene beiden zweigeschossigen Trakte angebaut, die den heutigen Südostflügel bilden und an der Feldseite drei vermauerte Schlitzscharten aufweisen. Gleichzeitig erhielt der Turm sein barockes, laternenbekröntes Mansarddach, das 1978 fast vollständig erneuert werden musste. Der Nordwestflügel wurde analog zum Südwestflügel Ende des 19. Jh. in schlichten historisierenden Formen erneuert. Die im Schlussstein 1895 datierte korbbogige Tordurchfahrt zum Hof wird seither durch einen Treppengiebel betont.
Den Nordostflügel bildete ursprünglich ein eingeschossiges Wirtschaftsgebäude, das im 2. Weltkrieg bis auf die Grundmauern abbrannte. Erst 1989/90 wurde hier im Zuge der Umgestaltung zum Firmenkomplex ein neuer Trakt errichtet, der sich in seiner Gestaltung auf die ältere Bebauung bezieht und die Geschlossenheit der Hofanlage wiederherstellt.

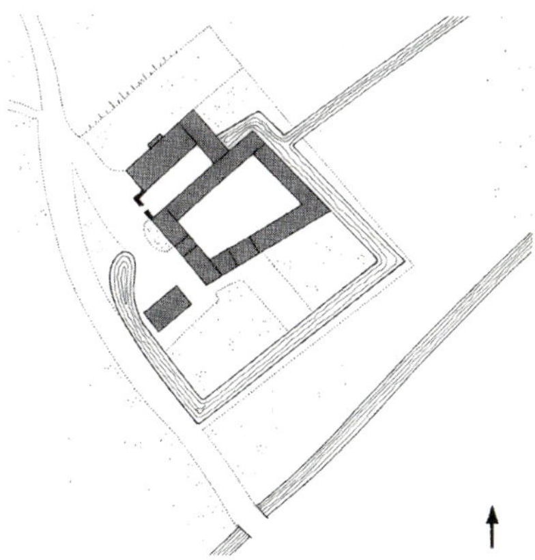

Lageplan, Umzeichnung BfB nach W. Janssen, 1997.

57_Haus Voerde

Zu den wenigen nach dem 2. Weltkrieg im Gebiet der Gemeinde Voerde erhalten gebliebenen Baudenkmälern gehört Haus Voerde, das heute als „Gute Stube“ mit

Ort:	Voerde, Kreis Wesel
Zustand:	Herrenhaus erhalten
Zugang:	Restaurant, Standesamt, Ausstellungen
Anfahrt:	BAB 3, Abfahrt Hünxe, Richtung Voerde
Gaststätte:	Schlosskeller, Tel. 02855/3611

Standesamt und gepflegtem Restaurant ein kulturelles Gemeindezentrum bildet.

Haus Voerde folgt dem für die niederrheinländische Wasserburg typischen und für den Adel bezüglich dessen Standeszugehörigkeit verbindlichen Prinzip der Zweiteiligkeit. Dem Herrenhaus war nach Westen eine großflächige Vorburg vorgelegt, deren Wirtschaftsgebäude in der Neuzeit verschwanden. 1983 traten hier bei Erdarbeiten vermutlich mittelalterliche Mauerfundamente zu Tage.

In den Archivalien tritt uns Haus Voerde erstmals 1344 in einer Belehnungsurkunde der Abtei Werden an die Herren von Loete entgegen, ein altes niederrheinisches Adelsgeschlecht in klevischen Diensten. Dessen Bindung an die Grafen und Herzöge von Kleve erklärte sich u.a. damit, dass die Klever als Vögte der Abtei Werden auch für Voerde zuständig waren.
Es ist davon auszugehen, dass Haus Voerde vor 1344 ein lediglich das Kloster versorgender Wirtschaftshof war, der aufgrund seiner entfernten Lage in ein Lehen transformiert wurde. Vielleicht haben wir den alten Werdener Hof in der geräumigen Vorburg des Adelssitzes zu suchen.
1477 überließ Jordan von Loete Haus Voerde seinem Schwager, der es 1486 seinem Bruder Jakob von der Kapellen übertrug, der auf dem nahen Haus Wohnung lebte. Dieser Jakob war als Amtmann von Loo und Rentmeister des Amtes Dinslaken ein einflussreicher und wohlhabender Mann im Herzogtum Kleve.

Über seine Enkelin Margarete gelangte Haus Voerde 1563 durch Heirat an die Familie von Syberg, die das Anwesen gut 200 Jahre im Besitz hatte.
Die von den Spaniern 1596 arg in Mitleidenschaft gezogene Burg wurde von Kaspar von Syberg wieder in Stand gesetzt. Sein Vater hatte den lutherischen Glauben eingeführt, sein gleichnamiger Sohn war im 17 Jh. eine bedeutende Persönlichkeit am brandenburgischen Hof. An diesen Kaspar von Syberg, der 1679 starb, erinnert das Wappen am Eckturm von Voerde.
Im 18. Jh. begann der Niedergang der Herren von Syberg, die nun durch Streitigkeiten mit der einheimischen Bevölkerung, durch Vernachlässigung von Ämtern und durch das Anhäufen von Schulden auffielen. Mit dem Tod des letzten Herrn von Syberg auf Haus Voerde im Jahr 1764 erfolgte sechs Jahre später seitens des preußischen Staates die Konkurseröffnung, woraufhin der umfangreiche Grundbesitz des Adelssitzes aufgelöst wurde. 1941 ging das Anwesen in das Eigentum des Kreises Dinslaken über. Dieser überließ das kriegsbeschädigte Haus 1950 im Tausch der Gemeinde Voerde, die es bis 1966 sanierte.

Von der wohl bald nach 1344 in Backstein erbauten Burg hat sich in der nördlichen Herrenhaushälfte ein imposantes, zweigeschossiges, längsrechteckiges Burghaus über einem Keller mit gebusten Kreuzgratgewölben erhalten. Hohe gotische Fenster, Kamine und Aborterker sorgten für einen zeit- und standesgemäßen Wohnkomfort. Der Vorplatz des Burghauses, der durch eine Zugbrücke mit der Vorburg verbunden war, dürfte hofartig durch eine Mauer befestigt gewesen sein.

Nach der Beschädigung durch die Spanier 1596 wurde das bestehende Burghaus erneuert. Aus dieser Zeit dürfte auch der Großteil des Dachstuhls stammen, der vermutlich mittelalterliche Substanz integriert. Auch das Untergeschoss des Eckturms mit seinem Gewölbe scheint ältere Wurzeln zu haben. Das Herrenhaus des 16. Jh. war weiß geschlämmt.

Unter Freiherr Kaspar von Syberg begann der barocke Umbau, der durch Maueranker am Eckturm auf das Jahr 1668 datiert ist. Damals erhöhte man den Eckturm um ein Stockwerk und schloss ihn mit einer barocken Haube ab. In den Kellern zog man zum Teil flache Kreuzgratgewölbe ein, zur Hofseite hin entstanden zwei neue Seitenflügel mit Giebeln, die heute den südlichen Teil des Haupthauses bilden. Den barocken Umbauten dürfte auch ein zweiter Eckturm angehören, der lediglich in Zeichnungen des 18. Jh. überliefert ist und über dessen genaue Lage keine abschließende Klarheit besteht.

Im 18. Jh. setzte analog zum Niedergang der Besitzerfamilie auch die Verwahrlosung des Herrenhauses ein. Damals verschwand u.a. der zweite Eckturm. Haus Voerde verdankt Freiherrn zu Wittenhorst-Sonsfeld von Schloss Hueth, der Voerde 1809 kaufte, seine Rettung. Der neue Eigentümer ließ Fassade und Fenster im Stil des Spätklassizismus überformen, wobei die Seitenflügel zu Gunsten eines neuen Mittelgiebels ihre barocken Giebel verloren. In diesem baulichen Zustand ist Haus Voerde auf uns überkommen – jedoch sind wertvolle Verluste an originaler Innensubstanz nicht zuletzt durch unsachgemäße Instandsetzungen (Betondecken) noch während der Nachkriegszeit zu beklagen.

Ansicht von Osten. Rechts der Eckturm des 16. Jh., der 1668 um ein Stockwerk erhöht wurde. Die rechte Hälfte des Hauses geht auf ein gotisches Burghaus (14. Jh.) zurück. Foto: J. Wroblewski, 2001.

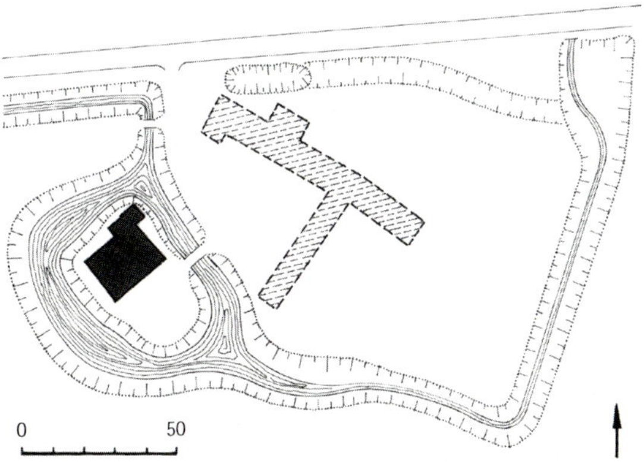

Lageplan; Rechts die ausgedehnte Vorburg von der sich obertägig keinerlei Reste erhalten haben. Umzeichnung BfB nach R. Günter, 1967.

58_Burg Vondern

Wer Burg Vondern in Oberhausen-Osterfeld besucht, entdeckt mitten im Ruhrgebiet eine malerische mittelalterliche Wasserburg, eingebettet in eine Grünanlage. Die Burg

Ort:	Oberhausen-Osterfeld
Zustand:	Haupt- und Vorburg erhalten
Zugang:	Förderverein, Tel. 0208/893415
Anfahrt:	BAB 42, Ausfahrt OB-Neue Mitte
Gaststätte:	-

Vondern konnte ihre Vorburg in einer Authentizität bewahren, wie sie ansonsten nur noch bei Schloss Haag bei Geldern gegeben ist.

Die Geschichte der Burg ist mit einem klevischen Ministerialengeschlecht, den Herren von Vonderen, verbunden, die namentlich seit dem 12. Jh. in den Urkunden greifbar sind. Die ritterbürtige, im Spätmittelalter um Kleve und Kalkar reich begüterte Familie stellte den Grafen von Kleve treue Lehensmänner, die im Rat des Grafen seit dem 14. Jh. nachweisbar sind. Sie besaß in der Nähe der Klever Schwanenburg ein adeliges Stadthaus, das im 16. Jh. zur Kanzlei umgebaut und 1999 archäologisch untersucht wurde.
Als 1401 Dietrich von Vonderen seinen vererbbaren Besitz unter seinen beiden Töchtern aufteilte, ist zum ersten Mal von einem „Haus", d.h. einer Burg zu Vondern die Rede. Wann diese Burg gegründet wurde, ist bis heute ungeklärt, jedoch ist eine Erbauung vor dem 13./14. Jh. recht unwahrscheinlich.
Anfang des 15. Jh. kam das Haus durch Einheirat an die Familie van de Loë. Im 17. Jh. war die Burg im Besitz der angesehenen Familie von Brempt, die 1627 in den Freiherrenstand erhoben wurde und deren Wappen sich heute noch am Herrenhaus findet. Im 18. Jh. folgte das bergische Geschlecht Nesselrode, das die Burg jedoch kaum noch bewohnte.
1799 ging Vondern durch Erbfall an die Grafen Droste zu Vischering über, die das Objekt nach dem 2. Weltkrieg der Stadt Oberhausen überließen. Diese sanierte die Burg gemeinsam mit einem neu gegründeten Förderverein bis 1995 unter Respektierung der originalen Substanz umfassend und trotzdem sensibel. Heute dient die Burganlage vielfältigen kulturellen Veranstaltungen.

Ansicht von Westen. Die Vorburg (15. Jh.) war auf Machtdemonstration und Wehrhaftigkeit ausgelegt. Foto: J. Wroblewski, 2001.

Die nördlich der Emscherniederung gelegene Burganlage besitzt neben ihren zum Teil noch wassergefüllten Gräben auch noch ihre alte Zweiteiligkeit. Der gotischen Vorburg liegt im Osten ein barockes, langrechteckiges Herrenhaus gegenüber, das durch eine steinerne Bogenbrücke mit der Vorburg verbunden ist. Der Zugang zur Vorburg erfolgt von Westen her. Die Urkarte von 1822 zeigt südlich der Burg heute verschwundene ausgedehnte Grabenabschnitte und eine Gartenanlage sowie einen heute noch sichtbaren Hügel, der vielleicht den letzten Rest einer Vorgängeranlage darstellt.
Im Zuge der letzten Restaurierungen wurden die Vorburg partiell archäologisch untersucht und das Herrenhaus im Inneren und Äußeren baugeschichtlich befundet.

Die Vorburg besteht heute aus zwei im rechten Winkel aneinander stoßenden

Backsteinflügeln. Der Westflügel zeigt eine eindrucksvolle Fassade aus zwei runden vorspringenden Ecktürmen mit Kegeldächern und einem überhöhten Torbau, an den sich im Obergeschoss ein polygonales Treppentürmchen anlehnt. Feldseitig enthält der Torbau eine mit Ruhrkohlesandsteinen eingefasste, spitzbogige Durchfahrt mit Zugbrückenblende, in deren oberen Ecken noch die Löcher für die Zugketten zu erkennen sind.
Die Außenwand des Südflügels beinhaltet den Rest der früheren Ringmauer, Bauspuren verweisen auf einen Wehrgang über spitzbogigen Arkaden. Ein analoger, archäologisch nachgewiesener Wehrgang lag gegenüber auf der Nordseite und wurde im Zuge der Restaurierung rekonstruiert.

Der repräsentative Westflügel zeigt unterhalb des Dachansatzes des Torbaues einen Rundbogenfries, an den Rundtürmen dagegen einen filigran gestalteten Spitzbogenfries aus Sandstein. Dieser Spitzbogenfries dürfte auf eine spätere Modifizierung des ehemals auch an den Rundtürmen vorhandenen Rundbogenfrieses zurückzuführen sein, der sich fragmentarisch auch am Nordturm erhalten hat. Stilistisch sollte diese „Verschönerung“ dem 16. Jh. angehören. Über den Friesen verlief ursprünglich ein Zinnenkranz, der mit der Aufbringung der Kegeldächer bzw. des Walmdaches im 17. Jh. verschwand. Im Obergeschoss des Nord- und Südturmes befindet sich ein sechseckiger Raum, der im Südturm mit Wandnischen (Kapelle?), im Nordturm mit einem Kamin und einem Aborterker (Konsolen an den Außenseiten) versehen ist.
Die Vorburg weist zahlreiche Bauspuren auf, die noch einer qualifizierten baugeschichtlichen Dokumentation und Einordnung bedürfen. Der vorhandene Baubestand mit seinen gut gearbeiteten Schlüsselscharten dürfte im Kern noch dem 15. Jh. angehören, wurde dann im 16. Jh. „kosmetisch“ überformt.

Das barocke zweigeschossige Herrenhaus mit Walmdach und polygonalen hofseitigen Erkern über spätmittelalterlichen Kellern entstand im 17. Jh. unter Verwendung bedeutender Reste eines gotischen Burghauses.
Die rückwärtige Traufseite beinhaltet die ehemalige Hauptfassade des Vorgängerbaues. Im Kellergeschoss fanden sich im Zuge der letzten Restaurierung eine alte Küchenanlage mit Kamin und das Fundament eines einst der Hauptfassade des Vorgängerbaues vorgelagerten Treppenturmes. Das alte Burghaus ist zeitlich ins 15. Jh. einzuordnen.

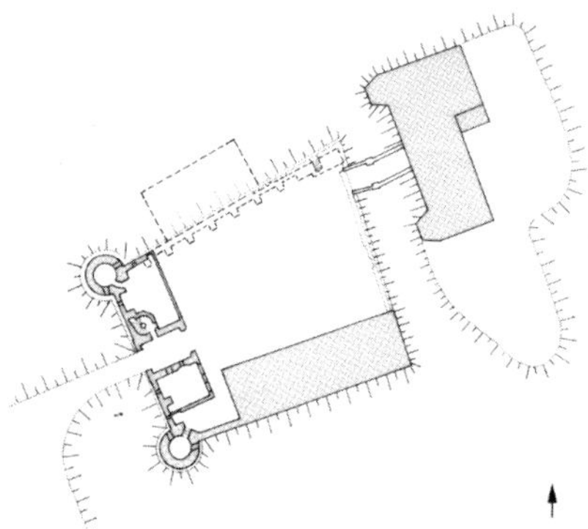

Lageplan der Burg Vondern mit Haupt- und Vorburg. Der nördliche Abschnitt der Vorburgringmauer wurde 1986 archäologisch nachgewiesen. Umzeichnung BfB nach C. Weber, 1988.

59_Burg Wachtendonk

Im Jahr 1967 und 1978 war die Ruine der Burg Wachtendonk Gegenstand umfangreicher archäologischer Untersuchungen. Die freigelegten Mauerbefunde mauerte man

Ort:	Wachtendonk, Kreis Kleve
Zustand:	Hauptburg Ruine, saniert
Zugang:	jederzeit zugänglich
Anfahrt:	BAB 40, Ausfahrt Wachtendonk
Gaststätte:	Zum Pulverturm, Tel. 02836/7711

anschließend wieder auf, um dem interessierten Besucher einen besseren Eindruck von der einstigen Baugestalt dieser wichtigen Adelsburg zu vermitteln.

Die am südlichen Rand des Städtchens Wachtendonk gegründete Burg wird 1326 als Lehen der Grafen von Geldern erstmals erwähnt. Damals handelte es sich um eine eigenständige Herrlichkeit der Herren von Wachtendonk, die ihre Unabhängigkeit durch geschicktes Lavieren zwischen den beiden benachbarten Territorien Geldern und Kurköln über längere Zeit bewahren konnten. 1407 beendete Herzog Reinald von Geldern diese Taktik durch Waffengewalt, indem er Wachtendonk eroberte und in ein geldrisches Amt bzw. in eine geldrische Landesburg umwandelte.
Aus dem Jahr 1407 stammt auch die erste Nennung eines Turmes auf der Burg. Im Verlauf des 15. Jh. wechselte der rechtliche Status Wachtendonks mehrfach zwischen Amt und eigenständiger, aber lehnsabhängiger Herrlichkeit. Zudem wurde Wachtendonk zweimal an das Herzogtum Kleve verpfändet. So sollte 1441 der klevische Amtmann Heinrich von Wittenhorst die Burg mit 14 wehrhaften Männern und vier großen Hunden verstärken.
Ein Burginventar aus dem Jahr 1463 gibt Einblicke in das Leben und Wohnen auf der spätmittelalterlichen Burg. Erwähnt werden für die Hauptburg zahlreiche Fernwaffen, darunter auch Feuerwaffen, ein Wehrgang, eine große Kammer mit der hier befindlichen Kapelle, ein Saal, eine Küche, eine Kellerei, eine Stube, ein Turm, ein Brauhaus sowie das Burgtor mit darüber liegenden Räumen. Baunachrichten liegen für die Jahre 1436–38 sowie 1469/70 vor. 1503 belagerte Otto Schenk von Nideggen Burg und Stadt Wachtendonk, die damals klevisch waren, wobei es ihm gelang, die Stadt für das Herzogtum Geldern zurückzuerobern. Die Burg folgte im darauf folgenden Jahr. Als Drost und Amtmann von Wachtendonk ließ Otto Schenk 1517 die Burg wiederherstellen. Im niederländischen Befreiungskrieg wurde die Burg schwer beschädigt und 1603 schließlich abgebrochen. Noch im gleichen Jahr umwehrte man die Stadt mit Erdwällen und Bastionen, die jedoch schon 1608 wieder geschleift werden mussten.

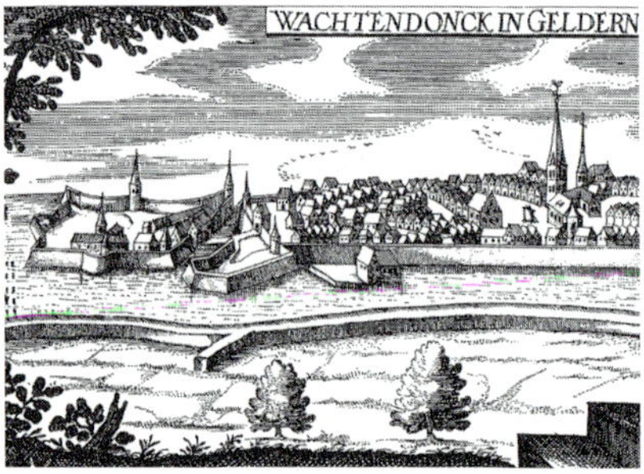

Wachtendonk von Osten, um 1630. Links die Burg, deren Darstellung allerdings nicht dem realen Zustand entspricht. Burg und Stadt sind mit Bastionen und Erdwällen verstärkt. Zeichnung: Meisner/Kieser, Politisches Schatzkästlein, 1625-26,1627-31.

Die am Fluss Niers erbaute backsteinerne Burg setzt sich aus der im Grundriss fast quadratischen Hauptburg (34x32 m) und der im Aussehen relativ unbekannten Vorburg zusammen. Die Baugestalt der Hauptburg zeigt zwei rechtwinklig zueinander angeordnete Gebäudeflügel im Süden und Osten, mit hofseitig in der Ecke platziertem Treppenturm. Die beiden offenen Seiten

des Quadrats wurden durch eine Wehrmauer geschützt, die an der Westseite einen Rundturm aufnahm. An der Nordseite stand das vorgeschobene Torhaus mit repräsentativem Doppelturmtor.
Ein derartig vielgliedriger Gebäudekomplex ist in der Regel das Ergebnis einer längeren baulichen Genese. Dementsprechend bestätigten Ausgrabungen, dass auch die Burg zu Wachtendonk in Etappen „gewachsen“ ist.

Als älteste Bauteile gelten der Stumpf des Rundturmes (a) mit einem Durchmesser von 10,4 m und 3 m starken Mauern sowie das südlich anbindende Burghaus (b). Die unter dem Rundturm gefundene Keramik stammt aus der Erbauungszeit des Turmes und datiert ins frühe 15. Jh. Sie liefert einen ungefähren Anhaltspunkt für die zeitliche Einordnung der ersten Bauphase.
In einer zweiten Kampagne, die über stratifiziertes Keramikmaterial in die 2. Hälfte des 15. Jh. fällt und vielleicht mit den für 1469/70 belegten Baunachrichten im Kontext steht, wurden das Torgebäude (c) und ein südöstlicher Anbau an das Burghaus (d) errichtet.
Die Belagerung von 1503/04 und die daraus resultierende Wiederherstellung 1517 ließ sich ebenfalls archäologisch nachweisen. Damals wurde der Rundturm über alten Grundmauern neu errichtet und mit Artilleriescharten ausgestattet. Das Burghaus erweiterte man durch einen Ostflügel (e) zur Winkelanlage.
In die 1. Hälfte des 16. Jh. gehören auch die im Vorfeld der Hauptburg nachgewiesenen Befestigungswerke. Damals wurden die West- und Ostflanken mit Erdwällen verstärkt, der westliche Wall durch eine Bastion aus Holz und Erde betont. Dieser lag an der Ostseite eine runde Bastei (f) aus Sandsteinquadern gegenüber.

Interessanterweise reicht die ausgegrabene Bausubstanz der Burg nicht über das 15. Jh. zurück, obwohl eine ältere Burganlage urkundlich für das frühe 14. Jh. nachgewiesen ist. Keramikmaterial aus den untersten Schichten belegt jedoch eine Besiedelung des Areals in dieser Zeit.

Die Burgruine ist für Besucher jederzeit frei zugänglich. Neben der Burgbesichtigung empfiehlt sich ein längerer Aufenthalt im Städtchen Wachtendonk, das seinen historischen Stadtkern weitgehend bewahren konnte.

Ansicht von Norden. Der Grundriss wurde nach den Ausgrabungen aufgemauert. Im Hintergrund der Stumpf des Rundturmes. Foto: J. Wroblewski, 2001.

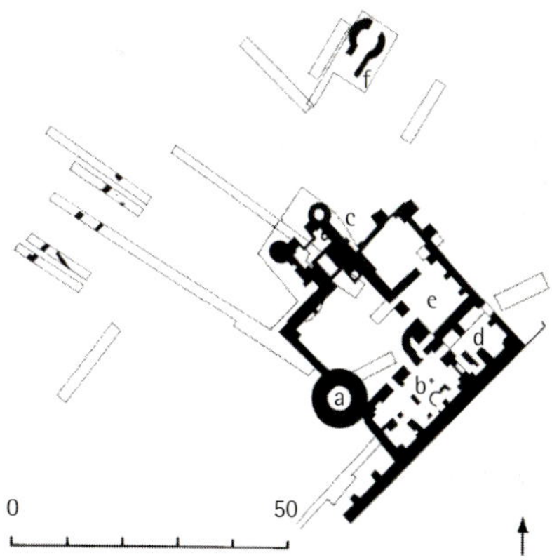

Lageplan der Burg mit Grabungsbefunden, a-f=Bauteile, siehe Text. Umzeichnung BfB nach H.-H. Wegner, 1991.

60_Schloss Walbeck

Das unweit des gleichnamigen Ortes gelegene Schloss Walbeck bildete im Mittelalter das Zentrum einer sich im Besitz der Schenken von Nideggen befindlichen Herr-

Ort:	Geldern-Walbeck, Kreis Kleve
Zustand:	Haupt- und Vorburg erhalten
Zugang:	Eigentum CJD, kein Zugang
Anfahrt:	B 9, Geldern Richtung Walbeck
Gaststätte:	–

lichkeit. Zu dieser gehörte auch das nahe Haus Steprath.

Zum ersten Mal begegnet uns Schloss Walbeck im Jahr 1403, als Wynand Schenk von Nideggen zugunsten seines Bruders Heinrich auf seinen Anteil am Haus verzichtete. Die Familie Schenk von Nideggen blieb bis ins 16. Jh. im Besitz von Walbeck, das durch Vererbung zuerst an die Familie von Bylandt und danach an die Familie von Gramey gelangte. 1653 ging Walbeck an die von Bönninghausen, die 1802 im Mannesstamm ausstarben. Es folgten mehrere Besitzerwechsel, bevor das Anwesen 1903 durch Jakob Klein ersteigert wurde. Sein Sohn, Major Dr. Walther Klein-Walbeck, ließ das Haus renovieren und modernen Wohnbedürfnissen anpassen. Das im 2. Weltkrieg nur leicht beschädigte Schloss diente zuerst als Erholungsheim für Bergleute und ab 1955 als Domizil des Instituts für christliche Sozialpädagogik. Die Familie Klein-Walbeck verkaufte das Haus 1980 schließlich an das sozialpädagogische Institut CJD, das das Anwesen seither nutzt und pflegt.

1743 zeichnete Jan de Beijer Schloss Walbeck, das sich seither nur geringfügig verändert hat, aus der südöstlichen Ansicht. De Beijer zeigt einen imposanten Torturm mit Treppengiebeln und Zugbrücke, der den Eingang zur Vorburg sicherte. Ein dreiflügeliger Wirtschaftshof mit strohgedeckten Dächern verdeckt den freien Blick auf die Hofseite des Haupthauses, von dem de Beijer nur das mit einer achtseitigen Laterne bekrönte Dach des Südflügels und die auf den Ecken sitzenden Eckerkertürmchen sah. Die Ostseite des Haupthauses konnte de Beijer dagegen viel besser einsehen; sie besaß Kreuzstockfenster im Obergeschoss und Gauben auf dem Dach. In Höhe der Fenster gliederte ein Klötzchenfries die sonst schmucklosen Wandflächen. Ein zweiter Fries verlief unterhalb des Dachansatzes.

Bald nach de Beijers Besuch wurde die Vorburg als eingeschossiger Winkelbau völlig neu errichtet, mit einer nun an der Südseite liegenden Zufahrt, deren Zugbrücke im 19. Jh. durch ein Flügeltor ersetzt wurde.

Das vierflügelige Haupthaus mit seinem

Ansicht von Südosten. Foto: V. Janßen, 2001.

kleinen Innenhof steht auf einem leicht verzogenen rechteckigen Grundriss (ca. 25x30m). Seine Außenwände weisen eine beachtliche Stärke von gut 2m auf. Zahlreiche Bauspuren, z.B. an den Fenstern, bezeugen sekundäre Ein- und Umbauten. Die Dächer wurden offenbar nach einem Brand 1833 verändert, der Südflügel verlor seine achteckige Dachlaterne und auch die Gauben. Auffällig sind die Eckerkertürmchen, die bei de Beijer eckig dargestellt sind, heute aber eine runde Form besitzen. Da keinerlei Hinweise auf einen Umbau der Ecktürmchen erkennbar sind, muss es sich um einen Wiedergabefehler de Beijers handeln. De Beijer gehörte zwar zu den detailfreudigsten Zeichnern seiner Zeit, doch ist zumindest von einem anderen Beispiel - der Alten Kirche in Kellen (Kleve) - bekannt, dass er romanische Rundbogenfenster in gotische Spitzbogenfenster verwandelte.

Neuere Baubeobachtungen am Schloss konnten eine schrittweise Bebauung des Innenhofes nachweisen. Ursprünglich scheint nur die westliche Seite bebaut gewesen zu sein, während die restlichen Hofseiten in weiteren Etappen überbaut wurden. In der Außenwand des Südflügels befindet sich, links neben dem heutigen Eingang zum Innenhof, das vermauerte alte Burgtor.

Schloss Walbeck wurde bislang in das 16. Jh. datiert. Neuere Forschungen hingegen favorisieren zu Recht eine Datierung in das 14. Jh. Schon 1957 hatte der verdienstvolle Landeskundler F. Gorissen die mittelalterlichen Ursprünge des Schlosses und dessen typologische Verwandtschaft mit den mittlerweile untergegangenen Burgen Haus Driesberg und Kranenburg (beide Kreis Kleve) erkannt.

Als übereinstimmende Merkmale benannte er den viereckigen Grundriss, der durch eine hohe Ringmauer mit Wehrgang und Eckerkertürmchen definiert wird. Das 1388-1395 entstandene Kranenburger Stadtschloss veranlasste Gorissen, Walbeck gleichsam dieser Zeitstellung zuzuweisen. Sowohl die Eckerkertürmchen, die in dieser Form ab der 2. Hälfte des 14. Jh. an Stadttoren und Burgen des Niederrheinlandes vorkommen, als auch der Klötzchenfries und die Mauerwerkstechnik stützen eine Datierung um 1400.

Schloss Walbeck ist für Besucher nicht zugänglich. Seine imposante Architektur lässt sich jedoch gut von einem benachbarten Weg aus betrachten.

Schloss Walbeck, Jan de Beijer, 1743. Noch im 18. Jh. wurde die Vorburg neu erbaut. Das Haupthaus konnte seine Gestalt bis heute weitgehend erhalten. Zeichnung: Museum Kurhaus Kleve, Sammlung Angerhausen, Kleve 2001.

Haus Driesberg bei Goch-Kessel, unbekannter Zeichner 1776. Das Haupthaus stand Schloss Walbeck typologisch nahe, wurde allerdings im 19. Jh. abgerissen. Zeichnung: Museum Kurhaus Kleve, Sammlung Angerhausen, Kleve 2001.

61_Schloss Wickrath

Südöstlich des Mönchengladbacher Stadtteils Wickrath liegt eingebettet in eine gepflegte Parkanlage das barocke Schlossensemble Wickrath. Es zählt zu den we-

Ort:	Mönchengladbach-Wickrath
Zustand:	Vorburg und Park erhalten
Zugang:	Park, Restaurant, Museum
Anfahrt:	BAB61, Ausfahrt M'Gladbach-Wickrath
Gaststätte:	Restaurant Café, Tel. 02166/59622

nigen niederrheinischen Adelssitzen, für die eine frühe urkundliche Erwähnung vorliegt: 1104/05 wird das *castrum Wichinrod* in der lateinisch verfassten Lebensgeschichte, der Vita des Kölner Erzbischofs Anno II. erwähnt. Es lag am Oberlauf der Niers auf zwei künstlichen Inseln und befand sich im Besitz der 1068 erstmalig genannten Herren von Wickrath, deren Herrschaft das heutige Gemeindegebiet von Wickrath umfasste.

Die Burg taucht erst wieder 1310, nun im Besitz des Wilhelm von Millen, als geldrisches Lehen in den Urkunden auf. 1338 werden u.a. *borgh..., veste..., woningen..., grauen..., vorbeerchte...* sowie *husen, die voer der borgh liggen,* erwähnt.
Eine Sonderstellung nahm Wickrath als geldrische Landesburg ein, da sie außerhalb des Territoriums Geldern lag. 1338 wurde dem Herzog das Wohnrecht auf der Burg eingeräumt.
Nachdem Krickenbeck seine Funktion als Landesburg eingebüßt hatte, wurde Wickrath, im Wechsel mit Neersen und Wachtendonk zur Landesburg des Amtes Krickenbeck. 1429 saß der Erbkämmerer des Herzogs von Geldern, Johann III. von Wickrath, auf dieser Burg. 1488 übergab Kaiser Maximilian Wickrath seinem Rat Heinrich von Hompesch als unmittelbares Reichslehen, womit die geldrische Lehensabhängigkeit endete.
Heinrich heiratete um 1500 die Witwe Sophia von Quadt, die sechs Kinder in die Ehe brachte. Wickrath blieb bis 1796 im Besitz der Familie von Quadt (1752 Reichsgrafen), die ab 1746 an Stelle des älteren Schlosses, wahrscheinlich unter der Leitung des Baumeisters Mathieu Soiron aus Maastricht, ein prunkvolles Barockschloss erbauen ließ. Der Neubau war eingebettet in einen eigenartigerweise kronenförmig gestalteten Park, der in der rheinischen Gartenkunst des 18. Jh. eine absolute Ausnahmeerscheinung darstellte.

1794 nahmen die Franzosen das Schloss ein, das daraufhin in französisches Staatseigentum überging. Nach Abzug der Franzosen 1816 fiel die Anlage an Preußen, das es ab 1818 als Kaserne nutzte. Wegen Baufälligkeit wurde das architektonisch qualitätvolle Herrenhaus 1859 abgerissen und an seiner Stelle für den Direktor des Gestüts ein Wohngebäude errichtet, in dem man 1957 ein Restaurant unterbrachte. Übrig blieben die ehemaligen Wirtschaftsgebäude, die bis 1957 ein Landesgestüt aufnahmen.
Die Vorburg erlitt im 2. Weltkrieg schwere Schäden, die jedoch umgehend behoben wurden.

Das Herrenhaus selbst war nach Ausweis einer Fotografie von 1859 ein vierstöckiges Gebäude mit vorspringendem Mittelrisalit und zwei angedeuteten Seitenflügeln. Durchlaufende Pilaster gliederten die Fassade, der Mittelrisalit war durch einen geschweiften Giebel betont, der das gräfliche Wappen derer von Quadt zeigte.

Die Vorburg besteht aus zwei streng symmetrisch angelegten Gebäudetrakten, die zum ehemaligen Herrenhaus ausgerichtet sind. Der westliche Trakt wurde in der 2. Hälfte des 18. Jh. errichtet, der östliche nach einem Brand 1883/84 erneuert. Jeder dieser Vorburgtrakte besteht aus einem zweigeschossigen Mittelbau, an den sich eingeschossige Seitenflügel anschließen. Beide Mittelbauten besitzen einander zugewandte geschweifte Giebelfelder mit kunstvollen Reliefdarstellungen. Das Giebelfeld im westlichen Vorburgtrakt zeigt Apollo

auf einem von vier Pferden gezogenen Wagen, begleitet von Trionen. Gegenüber sind bodenverhaftet ein pflügender Bauer mit Ochsengespann und darüber in den Wolken die Göttin Ceres in einem von Drachen gezogenen Wagen zu sehen.
Im Bereich des früheren Trenngrabens zwischen Haupt- und Vorburg erheben sich symmetrisch angeordnete Pavillons (18. Jh.) mit eckigem Mittelteil. 1995 wurde die östliche Vorburg umfassend saniert und u.a. mit Wohnungen ausgestattet. In den übrigen Flügeln sind ein Reitzentrum und ein Vogelkundliches Museum untergebracht.
Zur Euroga 2002 werden die Vorburggebäude wieder ihren ursprünglichen blutroten Farbton erhalten. Gleichzeitig wird die barocke Gartenanlage rekonstruiert und in Stand gesetzt.

Über Aussehen und Gestalt der sicherlich bedeutenden mittelalterlichen Burganlage ist so gut wie nichts bekannt. 1932 stieß man im Bereich der Vorburg in etwa 2 m Tiefe auf mächtige Mauerfundamente und eine Hofpflasterung aus Natursteinen. 1978 konnten im Bereich des früheren Herrenhauses Backsteinfundamente und eine Ziegelpflasterung nachgewiesen werden. Das damals geborgene Fundgut gehört dem 12. bis 15./16. Jh. an.
Während umfangreicher Kanalbaumaßnahmen im Bereich des westlichen Vorburgflügels 1996/97 zeichnete sich in den Rohrgräben eine dichte Abfolge von Mauerresten ab, die u.a. zwei verschiedene hochmittelalterliche Phasen umfasste. Die jüngere davon ließ zwei Gebäudeflügel erkennen, die mittels eines Quertraktes miteinander verbunden waren. Ob es sich hierbei um Reste einer Vorburgbebauung handelte oder aber um Gebäude der Kernburg, ist wegen der Ausschnitthaftigkeit des Befundes nicht zu beantworten. Hier wären neuerliche archäologische Aktivitäten notwendig.

Blick auf das 1875/76 errichtet Wohngebäude des Gestütsdirektors, das an Stelle des barocken Herrenhauses errichtet wurde. Foto: B. Dembkowski, 2001.

Herrenhaus von Wickrath. Zeichnung nach einer Fotografie von 1859. Zeichnung: P. Clemen, 1897.

62_Schloss Winnenthal

Auf halber Strecke zwischen Unterbirten und Alpen-Veen befindet sich unweit der Weseler Straße Schloss Winnenthal.

Ort:	Xanten-Winnenthal, Kreis Wesel
Zustand:	Schloss saniert
Zugang:	Außenanlage jederzeit zugänglich
Anfahrt:	BAB 57, B 58/57 Birten, Weseler Straße
Gaststätte:	--

Die Wasserburg Winnenthal wurde zuerst im 14. Jh. als Besitz der Klever Grafen genannt. Sie war von großer strategischer Bedeutung, da sie an jener teilweise heute noch im Gelände erkennbaren, dreifach mit Gräben und Wällen befestigten Landwehr lag, die die wiederholt umstrittene Grenze zwischen Kleve und Köln markierte.
Vorwiegend diente die Anlage, neben der alten Stammburg der Klever Grafen auf dem Monreberg bei Kalkar, als Witwensitz. So vereinbarte Adolph von Kleve 1399 in der Eheberedung mit seiner ersten Frau Anna, der Tochter des Pfalzgrafen Ruprecht bei Rhein, Winnenthal als Wittum, und ebenso 1420 mit Maria von Burgund. Außerdem war Winnenthal Amtssitz: Schon 1417 wird Lambert Pape als dortiger Amtmann genannt. Seit 1440 bewohnte Johann, ältester Sohn des Herzogs Adolph von Kleve, die Burg und ließ sie schlossartig ausbauen.
Anfang des 16. Jh. gelangte Winnenthal in den Besitz der Familie von Wilich, deren Mitglieder den Klever Herzögen als Erbhofmeister und Amtmänner dienten. Durch Heirat ging der Besitz 1701 an die Grafen von Leerode. Nach 1789 wechselten die Eigentümer mehrfach. Freiherr Carl Casimir von Reichmeister, der sich 1809 mit Charlotte Friedericke Antoinette von Raesfeld vermählt hatte, konnte durch gezielte Ankäufe die zugehörigen Ländereien von 590 wieder auf 1.350 Morgen vergrößern und so den Verlust der zehntpflichtigen Höfe ausgleichen.
Im Jahr 1839 erwarb die Familie von Laak das Schloss und ließ den östlichen Teil der Hauptgebäude mit der Kapelle abreißen, bevor sie es 1844 an Johann Anton Schmitz auf der Hübsch veräußerte. Dieser gestaltete Winnenthal zu einem landwirtschaftlichen Betrieb um und ließ zur Trockenlegung der nassen Gründe einen Kanal anlegen. Später wurden in den Wirtschaftstrakten neben den Stallungen auch eine Brennerei und ein Hotel-Restaurant eingerichtet.
Nach langjährigen Bemühungen, Winnenthal mit der Ruine des kriegszerstörten Hauptgebäudes zu verkaufen, fand sich Ende der 1980er Jahre endlich ein Investor, der die Anlage wieder aufbaute und in ihr heute ein Altenpflegeheim betreibt.

Südansicht von „Huys Winnendaal" mit der Vorburg im Jahre 1746. Stich: Paul van Liender nach Jan de Beijer, 1759

Die Gründung Winnenthals ist wohl in die 1. Hälfte des 14. Jh. zu datieren, da bereits 1377 ein „neuer Saal" genannt wird. Diese Formulierung verweist auf den Ausbau einer älteren Anlage. 1391 wird ein Torwächter erwähnt.
In den 1440er Jahren erfolgte der umfassende Ausbau der inzwischen heruntergekommenen Anlage durch Johann von Kleve. Mit der Urkunde, in der ihm sein Vater Herzog Adolph Winnenthal als Wohnung und Rente anwies, erhielt er auch die Erlaubnis, Holz zu hauen zur Verwendung an dem *slaet van Wynendail, want dat seer vervallen is.* Aus dieser Zeit blieben die

beiden runden Vorburgtürme aus Backstein weitgehend unverändert erhalten. Vermutlich zum Abschluss der Ausbauarbeiten gründete Herzog Adolph 1446 im Ostteil der Hauptburg eine Antoniuskapelle.
Um 1600 erfuhr Winnenthal eine barocke Umgestaltung, die vorrangig die Innenräume betraf. So erhielt der Hauptsaal im Nordwestflügel eine üppige Stuckdecke mit plastischen weiblichen Tragefiguren, Putten und von Festons gerahmten, allegorischen Gemälden. Der Nordturm wurde erneuert und mit einer geschweiften, zwiebelbekrönten Haube versehen. Zu dieser Zeit wurde wohl auch zwischen Haupt- und Vorburg der schmale Graben zugeschüttet, an dessen Stelle zwei eingeschossige, etwas aus der Flucht in den Graben hervortretende Verbindungstrakte traten. Dadurch waren die beiden jeweils dreiflügeligen Anlagen zu einem großen Gebäudekomplex zusammengefasst worden, die einen längsrechteckigen Innenhof umschlossen. Diesen Zustand, der im Wesentlichen über 200 Jahre bestehen blieb, hielt Jan de Beijer 1746 in zwei Zeichnungen fest.
Um 1822 ließ Freiherr von Reichmeister südwestlich der wasserumwehrten Schlossanlage einen dreiflügeligen Ökonomiehof errichten, der mit seinem Torturm und dem aufgesetzten Uhrtürmchen an eine Vorburg erinnert.

Durch den Teilabbruch um 1840 und die Zerstörung im 2. Weltkrieg blieben vom Haupttrakt nur die Außenmauern des Nordwestflügels erhalten. Dass beim Um- und Wiederaufbau die eindrucksvolle verschieferte Barockhaube des Nordturms nicht rekonstruiert wurde, ist angesichts der immensen Kosten verständlich, doch ist das pfannengedeckte Pyramidendach nur ein unbefriedigender Ersatz. Das ursprünglich freiliegende Ziegelmauerwerk der Hauptburg mit der aufgeputzten Bossenquaderung an den Turmecken ist unter einer nüchternen Putzschicht verschwunden. Auch wurden die charakteristischen Proportionen der Gesamtanlage durch die Aufstockung der Vorburgflügel zerstört.
Die neue Nutzung als Altenpflegeheim bedeutete zwar einerseits die Rettung vor dem teilweise endgültigen Verfall, andererseits jedoch hat die bedeutende Anlage wesentliche Einbußen in ihrer geschichtlichen Aussagekraft erfahren.

Nordansicht 1746; links der runde gotische Ostturm, der um 1840 mit den beiden angrenzenden Flügeln abgebrochen wurde. Stich: Paul van Liender nach Jan de Beijer, 1759.

Westturm (15. Jh.) der Vorburg von Süden. Foto: J. Wroblewski, 2001.

63_Schloss Wissen

Das in eine landschaftlich reizvolle Parkanlage eingebettete Schloss Wissen zählt zu den bekanntesten Wasserburgen am Niederrhein.

Ort:	Weeze, Kreis Kleve
Zustand:	Haupt- und Vorburg erhalten
Zugang:	Privatbesitz, kein Zugang
Anfahrt:	BAB 57, B 9, Weeze-Kevelaer
Gaststätte:	-

Ein neuer Archivalienfund belegt die Ersterwähnung eines befestigten Hauses in Wissen schon für das Jahr 1316, wohingegen die bisher geläufige Erstnennung erst aus dem Jahr 1372 stammt.

Die Burg war Stammsitz der bedeutenden Herren von der Straten – einer aus Flandern stammenden Familie, die seit dem 13. Jh. im geldrischen Raum nachweisbar ist und das Haus samt Vorburg und Mühle als Lehen des Propstes von Xanten hielt. Die Grenzlage der Burg zwischen den Territorien Geldern und Kleve brachte es mit sich, dass die Herren von der Straten sowohl klevische als auch geldrische Lehen innehielten. So stellten sie wiederholt den Amtmann im geldrischen Amtsbezirk Goch.

Im Jahr 1401 wurde auf dem Haus zu Wissen ein Altar geweiht, wodurch eine Kapelle bezeugt ist. 1461 verkaufte die Tochter des Johann von der Straten, Anna, den Besitz ihres um 1440 verstorbenen Vaters an Johann van den Loë, dessen Sohn Wessel 1473 erster klevischer Amtmann zu Goch wurde. Goch war in diesem Jahr an Kleve gefallen.

1497 erhob Herzog Johann II. von Kleve Wissen zu einer eigenen Herrlichkeit. Die Familie von Loë, die 1629 in den Freiherren- und 1808 in den Grafenstand erhoben wurde, ist noch heute im Besitz des Schlosses.

Dem Haupthaus gegenüber liegt die dreiflügelige Vorburg. Man betritt sie über eine steinerne Bogenbrücke von Osten her.

Das im Vergleich zur Vorburg eher schlichte Haupthaus wurde in seiner äußeren Gestalt mehrfach, zuletzt 1969 bis 1973 einschneidend verändert. Damals entfernte man den Ostflügel, die Durchfahrt im Norden, einen Erker an der Südostecke, eine Gartenterrasse und alle neugotischen Zutaten. Zugleich erhöhte man das ganze Haus um ein niedriges Stockwerk.

Schloss Wissen von Süden, 1776, nach den barocken Umbauten. Links vom Haupthaus der Rundturm der Vorburg, rechts davon der barocke Ostflügel sowie die Wassermühle an der Niers. Zeichnung: Museum Kurhaus Kleve, Sammlung Angerhausen, Kleve 2001.

Die bauliche Entwicklung der Wasserburg ist durch Abbildungen des 16. bis 18. Jh. in Verbindung mit der erhaltenen Bausubstanz nachvollziehbar.

Ältester Bestandteil der Hauptburg ist deren Südflügel, der sich im Grundriss durch sein massives Mauerwerk (über 2 m) abhebt. Der rechteckige Baukörper (etwa 23x11 m) ist durch eine Zwischenwand in zwei ungleich große Räume unterteilt. Dieser wahrscheinlich dreigeschossige hausartige Wohnturm findet typologische Paralle-

len in Burgbauten der näheren Umgebung von Nimwegen (NL) - z.B. in den archäologisch untersuchten Burgen Balgoy (20x12 m, Mitte 14. Jh.) und Heumen (23,4x11,4 m, 1. Hälfte 14. Jh.).
Im Verlauf des 14./15. Jh. erweiterte man den großen Wohnturm zu einer Vierflügelanlage, die um 1550 durch Treppengiebel, runde Eckerkertürmchen und aufwändige Erkeranbauten im Stil der Renaissance modifiziert wurde. Von der zweifelsohne qualitätvollen Innenausstattung verbleiben lediglich Fragmente eines reich verzierten Kamins, die aus der Werkstatt des Kalkarer Bildhauers Arnt van Tricht stammen.
Um 1770 folgte der Umbau zu einem barocken Landschloss wobei sämtliche Bauspuren des 16. Jh. entfernt wurden. Zugleich erhielt das Schloss einen neuen Verputz und ein Mansarddach.

Mit den neugotischen Umbauten 1876/77 unter der Leitung des Kölner Baumeisters Vinzenz Statz erfolgte eine Rückorientierung auf den „mittelalterlichen“ Zustand. Der Außenputz wurde entfernt und die Haussilhouette durch neue Satteldächer, Giebel und unterschiedlich hohe Dachzonen belebt. Im Bereich des Grabens zwischen Vorburg und Hauptburg errichtete Statz eine neugotische Kapelle, die als einziger Baukörper dieser Bauphase die Veränderungen des 20. Jh. überlebt und ihre hochqualitative Innenausstattung bewahrt hat.

Auch die Vorburg reicht in ihrem Kern auf das 14. Jh. zurück. Ihre nördlichen und westlichen Flügel enthalten in ihren Außenmauern eine über einen umlaufenden Spitzbogenfries vorgekragte Wehrgangebene, die auch am Rundturm der Nordwestecke erscheint. Im Westflügel steckt noch das alte Burgtor, über dessen spitzbogiger Durchfahrt mit Zugbrückenblende zwei runde Türmchen erkerartig vorspringen. Die Verlegung des Vorburgzuganges von der West- auf die Ostseite geschah noch vor dem 16. Jh.

Nicht unweit des Schlosses steht eine der ältesten erhaltenen Wassermühlen (1545) des Niederrheins. Da sie in ihrem Bestand akut einsturzgefährdet ist und gesichert werden soll, wurde sie 1999 bauarchäologisch untersucht.

Schloss Wissen ist Privatbesitz und für geregelten Besucherverkehr nicht zugänglich. Zu bestimmten Zeiten finden hier kulturelle Veranstaltungen statt.
Die umlaufenden Spazierwege gewähren jedoch guten Blick auf die Schlossanlage.

Ansicht von Südosten. Der sich im Wasser spiegelnde Flügel geht im Kern auf einen großen Wohnturm des 14. Jh. zurück. Foto: J. Wroblewski, 2001.

Gotische Vorburg (14. Jh.) von Westen. Die alte Wehrgangebene ist durch einen Spitzbogenfries gekennzeichnet. Foto: J. Wroblewski, 2001.

64_Haus Wohnung

Fährt man von Voerde auf der Frankfurter Straße Richtung Duisburg-Walsum, kommt man am Steag-Kraftwerk mit seinem mächtigen Kühlturm vorbei. Wenige hundert Meter weiter, nahe des Rheins, liegt links der Straße Haus Wohnung.

Ort:	Voerde-Möllen, Kreis Wesel
Zustand:	Herrenhaus, Vorburg z.T. erhalten
Zugang:	Privatbesitz, kein Zugang
Anfahrt:	BAB3 Hünxe, Voerde, Frankfurter Str. 433
Gaststätte:	–

Im Jahre 1327 fand Haus Wohnung die erste – indirekte – Erwähnung, als Arnd van der Wonyngen gemeinsam mit der Grafenwitwe Mechthild von Kleve die Gerichtsbarkeit im Bezirk Götterswick innehatte. Seit Anfang des 15. Jh. war Haus Wohnung im Besitz der Weseler Patrizierfamilie von der Kapellen, bis 1611 Johann von Doornick zu Vossemar und Schoonvort, verheiratet mit Sophia von der Kapellen, mit dem landtagsfähigen Rittergut belehnt wurde. Fast 200 Jahre verblieb es bei der Familie von Doornick, die die zugehörigen Besitzungen geschickt vermehrte und schließlich die mittelalterliche Burg zu einer Barockanlage ausbaute.
Nachdem Wilhelm Kaspar von Doornick 1794 gestorben war, beerbte ihn sein Enkel Wilhelm Christian Freiherr von Nagel, der 1801 die letzte Belehnung mit Haus Wohnung empfing. Die Familie von Nagel-Doornick lebte vorzugsweise auf ihrem westfälischen Stammsitz Haus Vornholz, weshalb sie fortan das Herrenhaus den zur Bewirtschaftung des Gutes eingesetzten Rentmeistern zur Nutzung überließ. 1937 wurde das Haus mit allen Ländereien aufgrund des geplanten Steinkohleabbaus an die Thyssenschen Gas- und Wasserwerke in Duisburg-Hamborn verkauft. 1969 gelangte der Komplex in den Besitz der Steag AG, die die Gebäude 1988/89 sorgsam restaurierte und heute für betriebsinterne Veranstaltungen und Schulungen nutzt.

Als ältester Teil lässt sich im bestehenden Baukörper des Herrenhauses sehr deutlich ein Wohnturm ermitteln, der in der 1. Hälfte des 14. Jh. von der Familie van der Wonyngen errichtet wurde. An der Ostseite sowie im heutigen Keller fällt der leicht geböschte Sockel des ursprünglich freistehenden, etwa 8x12 m großen Gebäudes auf. Die viergeschossige Einteilung des Wohnturms mit Holzdecken lässt sich im Innern an den teilweise erhaltenen Steinkonsolen ablesen. Auf diesen schlichten Konsolen mit Viertelstabprofil lagen Streichbalken, die die dicken Unterzüge stützten, die wiederum die eigentlichen Deckenbalken und Bodenbretter trugen. Zwischen zweitem Obergeschoss und Dachboden ist diese Deckenkonstruktion original erhalten geblieben, während sie in den übrigen Geschossen durch den Einbau eines barocken Treppenhauses verloren ging. Auch die Befensterung wurde wiederholt verändert, was unter anderem an den alten Fensterstürzen und Störungen im Mauerwerk ersichtlich wird. Nur ein kleines gotisches Fenster blieb original in der Nordwestwand unter dem Dach des späteren Anbaus erhalten.

Ansicht von Osten nach einer Zeichnung von Paul Clemen um 1893.

Im 15. Jh. erweiterte die zur klevischen Ritterschaft zählende Familie von der Kapellen den Wohnturm nach Südwesten zu einem standesgemäßen und geräumigen Burghaus. Im Innern des Hauptflügels lässt sich diese Erweiterung an den Holzdecken im zweiten Obergeschoss ablesen. Deren Konstruktion entspricht den Decken im Wohnturm, mit dem einzigen Unterschied, dass hier die Konsolen in Holz ausgeführt sind.
Die Errichtung der beiden kurzen Seitenflügel an der zur Vorburg gelegenen Nordwestwand des Hauptflügels ist ebenfalls auf die Familie von der Kapellen zurückzuführen. Ein Testament von 1477 weist erstmals auf die noch im 18. Jh. erwähnte Hauskapelle hin, die sich wohl im später neu errichteten Nordflügel befand.

1696 war Johann Carselis von Ulft gen. Doornick mit Wohnung belehnt worden. Er ließ in den folgenden zehn Jahren die damals als „sehr alt und baufällig" beschriebene, mittelalterliche Burg zeitgemäß umgestalten. Die Spuren dieser barocken Umbauten und Erweiterungen werden im Mauerwerk offenkundig: Während die älteren Gebäudeteile im gotischen Mauerverband errichtet wurden, sind die jüngeren im Kreuzverband ausgeführt. An die beiden gartenseitigen Ecken des Hauptflügels wurden rechteckige Flankierungstürme mit laternenbekrönten Zwiebelhauben gesetzt. Dazwischen errichtete man eine neue, etwa 4 m nach Südosten verschobene Außenwand.
Durch den gleichzeitigen Abbruch der alten Gartenfassade bis auf Erdgeschossniveau wurde im Innern der nötige Platz für die Einrichtung eines Vorraums und eines repräsentativen Festsaals geschaffen. Letzterer ist mit einer bemerkenswerten Stuckdecke ausgestattet, die in ihrer zurückhaltenden Gestaltung mit feinplastischen Ranken und Profilen dem am Niederrhein kaum verbreiteten Régence-Stil (ca. 1705–1730) zuzuordnen ist.
1945 wurde der Südwestteil des Hauses einschließlich Seitenflügel und Turm durch Artilleriebeschuss zerstört. Von den alten Wirtschaftsgebäuden blieb, neben der funktionstüchtigen Mühle am Rotbach, im Bereich der ehemaligen Vorburg nur ein Flügel mit der Tordurchfahrt erhalten.

Etwa 1 km östlich von Haus Wohnung befindet sich unmittelbar nördlich des Rothbachs eine – ohne archäologische Forschungen – kaum datierbare Burgwüstung, die als möglicher Vorläufer der heutigen Wasserburg angesprochen wird.

Ansicht von Südosten, im Hintergrund das Kraftwerk. Foto: J. Wroblewski, 2001.

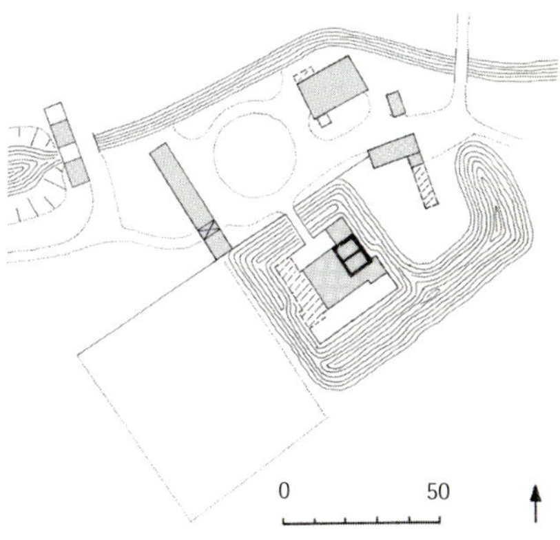

Lageplan, mit Ergänzungen; Kartengrundlage Urkataster von 1837. Schwarz markiert= Grundriss des Wohnturms. Umzeichnung BfB nach H. Herzog, 1995.

65_Haus Zelhem

Unweit des Dorfes Mehr liegt gut verborgen im schönen Naturschutzgebiet Düffel das Haus Zelhem, auch Zelem bzw. Selhem geschrieben.

Ort:	Kranenburg-Mehr, Kreis Kleve
Zustand:	Haupthaus teilweise erhalten
Zugang:	Privatbesitz, kein Zugang
Anfahrt:	BAB 57, B 9, Kranenburg-Mehr
Gaststätte:	„Alte Schule", Tel. 02826/8156

Die Frühgeschichte der Burg stützt sich auf eine Mitteilung des geldrischen Chronisten Wilhelm von Berchem aus dem 3. Viertel des 15. Jh. Wilhelm berichtet, dass Graf Balderich, den er auch als Graf von Zelhem bezeichnet, um die Jahrtausendwende seine Burg Zelhem abbrechen ließ, um mit den Steinen das von ihm gestiftete Kloster in Zyfflich erbauen zu lassen. Diese Nachricht erfährt dadurch eine gewisse Glaubwürdigkeit, dass der Gründungsbau der Zyfflicher Kirche bauarchäologisch um 1000 datiert wird.

Im 14. Jh. war Zelhem im Besitz des Dietrich von Horn, Herr des Kranenburger Landes.
Als 1368 das alte Klever Grafenhaus ausstarb, stritt sich Dietrich mit Adolf von der Mark um das Erbe. Nachdem Adolf von der Mark sich durchgesetzt hatte, zwang er Dietrich von Horn zum Verzicht auf seine klevischen Güter – und somit auch auf Zelhem. Noch im gleichen Jahr belehnte er Rütger van Groesbeek mit dem Gut Zelhem. 1377 wurde Hermann von Eil mit dem *oeversten hues end myt den voerborchte* sowie mit dem Gut zu Zelhem belehnt, wobei die Burg ein Offenhaus der Grafschaft sein sollte.
Durch Vererbung gelangte das Haus 1417 an die wohlhabenden Herren von Alpen und im 16. Jh. an die Familie von Pallant. Im 17. Jh. wurde das Anwesen an die Herren von Wyllich verkauft.
Mitte des 19. Jh. gehörte Zelhem den Herren von Hertefeld, kam dann durch Erbschaft an Walter Freiherr von Esebeck, der den Besitz 1912 zur Hälfte an Anton Lamers verkaufte. 1926 kam das Anwesen an die Familie Arden, die es heute noch besitzt und pflegt.

Haus Zelhem wurde an einer alten Waalschlinge, dem Zelhemer Meer, erbaut. Zur Burg gehörte auch eine Wassermühle, die an der ins Zelhemer Meer mündenden Rodebeke stand.
Der ungefähr rechteckigen Hauptburginsel (a) lag einst im Westen die Vorburg (b) gegenüber, die keine Reste bewahren konnte.

Haus Zelhem von Süden. Zeichnung: Cornelis Pronk, 1731.

Ansicht von Süden. Der bei Pronck abgebildete Südostflügel ist heute um ein Geschoss niedriger. Sämtliche Dächer wurden vereinfacht. Foto: V. Janßen, 2001.

Vom Haupthaus blieb der lang gestreckte Südostflügel (c) mit zwei unterschiedlich großen Ecktürmen und einem hofseitigen polygonalen Treppenturm mit Renaissanceportal erhalten. An diesen Flügel stößt ein winkelförmiger Wirtschaftstrakt aus dem 19. Jh. mit Scheunen und Stallungen an. Die das Haupthaus umgebenden Gräben (d) führen z.T., je nach Jahreszeit, noch Wasser bzw. sind als feuchte Bodensenken in den Wiesen erkennbar.

Die aus dem 18. Jh. stammenden detailgetreuen Zeichnungen von Cornelis Pronk und Jan de Beijer erlauben eine Rekonstruktion des verschwunden Bauzustandes. Haus Zelhem bestand damals aus dem schon erwähnten Südostflügel mit den beiden Ecktürmen. Im Südwesten und Nordosten stießen im rechten Winkel zwei kürzere Flügel an.
An der Ostecke der Hauptburginsel stand ein niedriger Rundturm mit umlaufenden Spitzbogenfries und Pyramidendach. Die Nordwestseite der Burg war durch eine Wehrmauer begrenzt, das Burgtor lag im Nordostflügel. Im Innenhof war gegen den Südostflügel ein weiterer Trakt mit dem polygonalen Treppenturm angesetzt.
Im 19. Jh. wurde diese Gebäudegruppe auf ihren heutigen Umfang reduziert und der Südostflügel um ein Obergeschoss erniedrigt. Auf der Südwest- und der Nordwestseite entstanden Scheunen und Stallungen.

Der aus Backstein errichtete Südostflügel besitzt über dem Keller ein Obergeschoss. Die höher aufragenden Ecktürme und der Treppenturm verweisen auf das abgetragene Stockwerk.
Für die Datierung von Haus Zelhem ist eine lateinische Inschrift in der Portalumrahmung des Treppentürmchens von Bedeutung, die besagt, dass ein Graf von Alpen die Burg erbaut und Elbert, Freiherr von Pallant, diese später wiederhergestellt habe.
Haus Zelhem war in der 1. Hälfte des 15. Jh. im Besitz der Herren von Alpen. Die Aussage der Portalinschrift zur Erbauungszeit der Burg wird durch die erhaltene Bausubstanz bestätigt: Mauerwerk, Fensterformen, Fensteranordnung, Schlüsselscharten und die schönen Gewölbe im Keller sind tatsächlich spätgotischen Ursprungs. Dieser Kernbau wurde unter Elbert von Pallant gegen Mitte des 16. Jh. lediglich modernisiert. Damals entstanden neben dem Portal am Treppenturm die Gewölbe in den Türmen, einige vornehme Kamine und eine am östlichen Eckturm unterhalb des Dachansatzes umlaufende reich verzierte Bildleiste.
Wie die Burg vor dem 15. Jh. ausgesehen hat, ist ohne archäologische Grabungen nicht zu beantworten.

Haus Zelhem hat ein großes Quantum an originaler Bausubstanz des 15./16. Jh. bewahrt, das nur durch eine sensible und dem Objekt angemessene Nutzung dauerhaft erhalten werden kann.
Das Anwesen ist Privatbesitz und für Besucher leider nicht zugänglich.

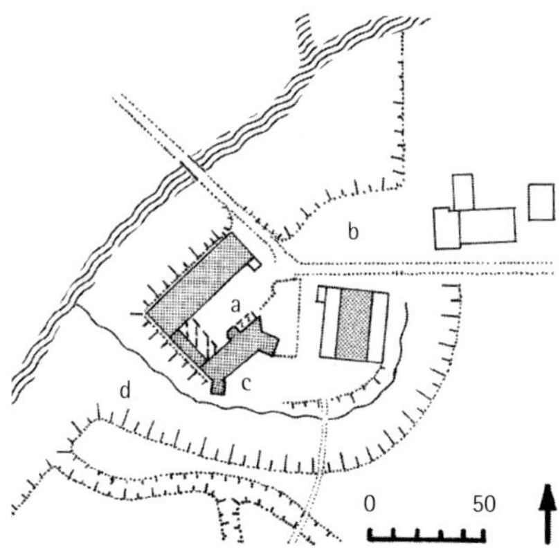

Lageplan; Schraffiert=verschwundene Bauten, gerastert=erhaltene Bauten. a-d=Bauteile, siehe Text. Umzeichnung BfB nach H.P. Hilger, 1967.

66_Zollturm

Die Stadt Rheinberg war im Mittelalter der nördlichste niederrheinische Vorposten des Erzbistums Köln, umgeben von teilweise konkurrierenden weltlichen Fürstentümern.

Ort:	Rheinberg, Kreis Wesel
Zustand:	Turmruine saniert
Zugang:	jederzeit zugänglich
Anfahrt:	B 57, Rheinberg, Innenwall
Gaststätte:	-

Wahrscheinlich schon in fränkischer Zeit existierte in Rheinberg eine Siedlung. Der Ort wird 1003 als *villa publica* erwähnt. Als Vorläufer der späteren Burg gilt ein in der Mitte des 13. Jh. nachweisbares, provisorisch errichtetes Haus des Erzbischofs in Rheinberg. Im Jahr 1233 erhielt der Ort das Befestigungs- und Bürgerrecht der Stadt Neuss verliehen.
Eine erste hölzerne Befestigung wurde Ende des 13. Jh. durch eine steinerne Stadtmauer ersetzt, deren Errichtung mit dem Bau des Zollturmes in Zusammenhang steht, den Erzbischof Siegfried von Westerburg im Jahr 1293 zur Überwachung des Rheinverkehrs errichten ließ und den sein Nachfolger Erzbischof Wikbold (1297–1304) vollendete.
Der außerhalb der Stadt stehende Zollturm war Bestandteil der erzbischöflichen Burg, die im 14./15. Jh. - ähnlich den Burgen in Hülchrath, Liedberg, Linn und Oedt - als Mittelpunkt eines gleichnamigen Amtes fungierte. Die Burg diente dem Burggrafen, dem Amtmann, dem Schultheißen und dem Erzbischof während ihrer Aufenthalte in Rheinberg als Wohnung.

In einem Hausratsinventar von 1554 werden u.a. die Küche, die große Stube, der Saal, die Kammer des Erzbischofs, die Kapelle, die Silberkammer und der *hogen Torn* genannt.
Gegen Ende des 16. Jh. wurde Rheinberg zu einer neuzeitlichen Festung ausgebaut. 1598 explodierte der nun „Pulverturm" genannte Zollturm nach Beschuss und verlor dabei sein Oberteil. Ein zweite Katastrophe ähnlicher Art, diesmal jedoch durch Blitzschlag ausgelöst, führte zur erneuten Detonation des im Turm eingelagerten Schießpulvers. In beiden Unglücksfällen soll die Hälfte der Stadt in Flammen aufgegangen sein.
Der ruinöse Turm wurde 1703 auf seine heutige Höhe abgetragen.

Zollturm der erzbischöflichen Burg, Ende 13. Jh. Deutlich ist die Mauertechnik - Säulenbasalt mit Tuffausgleichsschichten - zu erkennen. Foto: J. Wroblewski, 2000.

Als Standort der Burg wählte man das Nordosteck der Stadt Rheinberg, wo der Rhein direkt an der Stadt vorbeifloss.
Von der rechteckigen Vorburginsel abgetrennt, allseitig von Wasser umgeben, erhob sich einsam der hohe Zollturm. Da die Hauptburg lediglich aus dem Turm selbst bestand, musste die Vorburg zusätzliche Funktionen bzw. Gebäude aufnehmen.
Eine 1601 angefertigte Ansicht der Stadt Rheinberg zeigt in der Vorburg zwei nach

West-Ost ausgerichtete, mehrstöckige, zueinander verschobene Gebäude mit Stufengiebeln. An der südöstlichen Ecke stand ein weiterer Flügel, während ein behelmter Rundturm die Nordwestecke beherrschte. Dieser könnte vielleicht mit dem in den Archivalien genannten, 1630 abgebrochenen Schmalen (Langen) Heinrich identisch sein.

Der erhaltene Stumpf des Zollturmes ist trotz seiner heute bescheidenen Höhe von etwa 7 m ein noch immer eindrucksvolles Bauwerk. Sein Mauerwerk zeigt sorgfältige Schichtungen aus Basaltsäulen und Tuffausgleichsschichten. Knapp über dem Boden verläuft ein Sockelgesims aus grauem Granit.
Allein die Dimensionen des Turmes vermitteln einen ungefähren Eindruck von seiner einstigen Monumentalität: Sein Außendurchmesser beträgt stolze 16,7 m bei einer Mauerdicke von 4 m. Alten Überlieferungen zufolge besaß der Zollturm eine Höhe von 35 m – eine Nachricht, die bei Betrachtung der historischen Stadtansichten des 17. Jh. durchaus glaubwürdig scheint. Gemäß der ältesten Stadtansicht von 1560/65 hatte der Turm einen vorgekragten Wehrgang und darüber ein Pyramidendach. Ein über die Zinnen hochragender Schornstein verweist auf die Bewohnbarkeit des Turmes.

Die exponierte Lage des Zollturmes mitten im Wasser, das kostspielige Baumaterial und die erheblich über die übliche Größe von Zolltürmen hinausgehenden Dimensionen ließen den Turm zu einem imposanten Symbol erzbischöflicher Macht am Niederrhein werden. Der Zollturm ist im Burgenbau des Niederrheins Ende des 13. Jh./Anfang des 14. Jh. eine singuläre Erscheinung, in gewisser Weise sogar ein Anachronismus, indem er scheinbar bewusst auf jene großen Rundtürme zurückgreift, die für das 12./13. Jh. im hochadeligen Burgenbau überliefert sind (Broich, Monterberg, Tomburg).

Von den übrigen Burggebäuden hat sich lediglich die 1573 errichtete „Kellnerei" im Vorfeld der ehemaligen Vorburg erhalten. Der zweistöckige Backsteinbau mit Stufengiebeln im Stil der Renaissance war ursprünglich als Magazin für die Amtseinkünfte gedacht. Ab 1583 diente er als Amtssitz und nach 1598 als Wohnung des Schultheißen.

Die Turmruine ist jederzeit frei zugänglich. Sehenswert ist auch der historische Stadtkern von Rheinberg mit seinem gotischen Rathaus und der spätromanisch-gotischen Pfarrkirche.

Rheinberg von Norden, um 1630. Der runde Zollturm überragt alle Gebäude der von neuzeitlichen Festungswerken umgebenen Stadt. Zeichnung: Meisner/Kieser, Politisches Schatzkästlein, 1625-26,1627-31.

Literaturverzeichnis

Abgekürzt zitierte Literatur:

S. Frankewitz, Burgen, Schlösser, Herrenhäuser an den Ufern der Niers, Kleve 1997, S. 211-215.

S. Frankewitz, Die Denkmäler der Stadt Geldern, Geldern 2001, S. 188-197.

W. Hansmann, G. Knopp, Rheinlands Schlösser und Burgen, hrsg. v. A. von Duncker 1857-1883. II. Kommentarband, Publikationen der Gesellschaft für rheinische Geschichtskunde LXII, Düsseldorf 1981.

B. Janssen, W. Janssen, Burgen, Schlösser und Hofesfesten im Kreis Neuss, 3. Aufl., Neuss 1997.

Objektspezifische Literatur:

1_Schloss Angermund
Jahrbuch der Rheinischen Denkmalpflege, Bd. 34, Tätigkeitsbericht 1983–1985, S. 184–188.

2_Burg Aspel
K. H. Hohmann, Stadt Rees am Niederrhein, Stadtkern und Haus Aspel, Rheinische Kunststätten Heft 440, Köln 1999.

3_Haus Balken
F. Gorissen, Balken: Die Geschichte der Siedlung, des Hauses und seiner Bewohner von den ältesten Nachrichten bis zum Jahre 1872, Kleve 1991.

4_Battenbergturm
Heimatverein Haldern (Hg.), Geschichte des Battenbergturmes in Haldern, Haldern 1996/2000.

5_Schloss Benrath
I. Zacher, Schloß und Park Benrath in Düsseldorf, Rheinische Kunststätten Heft 14, 2. neu bearb. Aufl., Neuss 1998.

6_Schloss Bloemersheim
H. Herzog, Auf Kohle gebaut: Schloss Bloemersheim. In: Denkmalpflege im Rheinland, Nr.1, 1990, S. 17–21.

7_Burg Bocholtz
U. Stevens, Burg Bocholtz bei Nettetal-Lobberich. In: Forschungen zu Burgen und Schlösser 2, Burgenbau im späten Mittelalter, Berlin 1996, S.105f.

8_Burg Boetzelaer
J. W. Tombe, C. W. L. Baron van Boetzelaer, Het Geslacht van den Boetzelaler, Assen 1969.
J. Zeune, J. Wroblewski, Bauforschung und Archäologie an der Burg Boetzelaer, Büro für Burgenforschung, unveröffentlicht, Eisenberg/Kleve 2001.

9_Schloss Borbeck
B. Marfording (Hrsg.), Schloss Borbeck und sein Park, Kultur Historischer Verein Borbeck e.V., Essen 1999.

10_Schloss Borghees
E. Hubbertz, Catharina Gräfin von Wartenberg, Emmericher Forschungen Bd. 8, Emmerich 1986, S. 44-46.

11_Burg Broich
G. Binding, Die spätkarolingische Burg Broich in Mühlheim a. d. Ruhr, Rheinische Ausgrabungen Bd. 4, Düsseldorf 1968.

12_Burg Brüggen
M. Rech, Ergebnisse der Ausgrabungen in Burg Brüggen, Kr. Viersen. In: Bonner Jahrbuch 179, 1979, S. 565-611.
A. Nabrings, Brüggen, Rheinischer Städteatlas, Lieferung XI. Nr. 58, Köln 1994, S. 1-5.

13_Haus Coull
R. Schiffler, G. Knopp, Die Bau- und Kunstdenkmäler der Stadt Straelen, Berlin 1987, S. 72-75.

14_Burg Dinslaken
R. Günter, Die Denkmäler des Rheinlandes, Kreis Dinslaken, Düsseldorf 1967, S. 17-18.

15_Schloss Dyck
Hansmann/Knopp, 1981, S. 20-21.
H. Kisky, B. P. Kremer, Schloß Dyck, Rheinische Kunststätten Heft 25, Köln 1995.

16_Haus Dyckhof
Janssen/Janssen, 1997, S. 204f.

17_Haus Empel
H. Terlinden, Aus der Geschichte des Hauses Empel. In: Kalender für das Klever Land 1986, S.133-136.
J. Zeune, Bericht zur Bauforschung an Haus Empel, Büro für Burgenforschung, unveröffentlicht, Eisenberg 2001.

18_Burg Friedestrom
M. Roehmer, Burg Friedestrom in Zons, Mittelalterliche Keramik und Baubefunde einer rheinischen Zollfestung, Rheinische Ausgrabungen Bd. 42, 1998.

19_Haus Fürth
Janssen/Janssen, 1997, S. 185 f.

20_Schloss Gartrop
H. Herzog, Schloss Gartrop am Niederrhein. In: Rheinische Heimatpflege Heft 4/1996, S. 241–248.

21_Schloss Grevenbroich
Janssen/Janssen, 1997, S. 165f.

22_Schloss Haag
W. S. v. d. Graaf, J. Wroblewski, Bericht zur archäologischen Baubegleitung - Schloß Haag bei Geldern, Kleve 1999.
Frankewitz, 2001, S. 188f.

23_Schloss Hardenberg
Hansmann/Knopp, 1981, S. 240 f.

24_Haus zum Haus
G. Binding, Ratingen, Haus zum Haus. In: Bonner Jahrbücher Bd. 168, Jahresbericht 1966, Kevelaer/Köln/Graz 1968, S. 494f.

25_Schloss Heltorf
Hansmann/Knopp, Düsseldorf 1981, S. 18f.

26_Haus Hertefeld
J. Koppers, Das Adelsgeschlecht von Hertefeld. In: Gelderischer Heimatkalender 1997, S. 42f.
J. Wroblewski, J. Zeune, Bauforschung und Archäologie an Haus Hertefeld, Büro für Burgenforschung, unveröffentlicht, Eisenberg/Kleve 1998.

27_Haus Horst
Hansmann/Knopp, 1981, S. 106f.

28_Schloss Hueth
P. Clemen, Die Kunstdenkmäler des Kreises Rees, Düsseldorf 1892, S. 78f.

29_Schloss Hugenpoeth
N. Beleke (Hg.), Schloß Hugenpoet, Essener Spezialführer 1, Essen 1996.

30_Schloss Hülchrath
Th. Wildemann, Schloß Hülchrath auf den Paretzer Bildern. In: Niederrheinisches Jahrbuch Bd. IV, 1959, S. 73-97.
Janssen/Janssen, 1997, S. 122f.

31_Pfalz Kaiserswerth
T. Biller, Die Pfalz Friedrichs I. zu Kaiserswerth. In: Forschungen zu Burgen und Schlösser 4, Schloß Tirol: Saalbauten und Burgen des 12. Jahrhunderts, Berlin 1998, S. 173-188.

32_Schloss Kalkum:
Hansmann/Knopp, 1981, S. 66f.
H. Herzog, Rheinische Schloßbauten im 19. Jahrhundert, Landeskonservator Rheinland, Arbeitsheft 37, Köln 1981, S. 48f.

33_Haus Kemnade
H. P. Hilger, Die Denkmäler des Rheinlandes. Kreis Kleve, Bd. 5, Düsseldorf 1970, S. 130–132.

34_Burg Kempen
J. Hermes, Die ehemalige kurkölnische Landesburg in Kempen. In: Die Heimat 48, Krefeld 1977, S. 28-34.

35_Haus Kolk
P. zu Eulenburg-Hertefeld, Erinnerungen an ein Clevesches Rittergeschlecht, o.O. 1899.
J. Zeune, J. Wroblewski, Bauforschung und Archäologie an Haus Kolk, Büro für Burgenforschung, unveröffentlicht, Eisenberg/Kleve 2001.

36_Schloss Krickenbeck
H. Herzog, Schloß Krickenbeck. In: Denkmalpflege im Rheinland, Nr. 2, 1988, S. 1-8.
C. Weber, Ausgrabungen und Funde 1993, Nettetal, Schloß Krickenbeck. In: Bonner Jahrbücher Bd. 195, Köln/Bonn 1995, S. 539f.

37_Schloss Landsberg
G. Knopp, Schloss Landsberg, Hg. Thyssen AG und August Thyssen-Stiftung Schloss Landsberg, 3. Aufl., Duisburg/Mülheim 1995.

38_Haus Langendonk
Frankewitz, 2001, S. 230f.

39_Schloss Liedberg
R. Eschenbrücher, Der Mühlenturm. In: Denkmalpflege im Rheinland, Nr. 11, 1994, S. 87-88.
Janssen/Janssen, 1997, S. 250f.

40_Burg Linn
A. Steeger, C. Reichmann, Burg Linn in Krefeld, Rheinische Kunststätten Heft 70, Köln 1988.
C. Reichmann, Neue Untersuchungen zur Baugeschichte der Burg Linn. In: Die Heimat 65, Krefeld 1994, S. 131-147.

41_Schloss Linnep
H. Herzog, Rheinische Schloßbauten im 19. Jahrhundert, Landeskonservator Rheinland, Arbeitsheft 37, Köln 1981, S. 56.
H. Breuer, Schloss Linnep, Heimatkreis Kettwig Heft 5, Essen 1983.

42_Burg Luttelnau
H. Breuer u.a, Burg Luttelnau, nach einem Manuskript von P. Dude, Heimatkreis Kettwig Heft 5, Essen 1982/1983.
G. Binding, Motte Luttelnau bei Kettwig an der Ruhr. In: Archäologisches Korrespondenzblatt 1-1971.

43_Schloss Moers
A. Steeger, Zur Baugeschichte früher niederrheinischer Wasserburgen, Sonderdruck aus: Der Niederrhein, Rheinischer Verein für Denkmalpflege und Heimatschutz 1953.
M. Wensky (Hrsg.), Moers – Geschichte der Stadt von der Frühzeit bis zur Gegenwart, Köln 2000, S. 75-96, S. 116-118.

44_Schloss Moyland
G. Knopp, N. Nussbaum, U. Jacobs, Bauforschung – Dokumentation und Auswertung, Arbeitsheft der rheinischen Denkmalpflege 43, Köln 1992, S.79-81, S. 100-103, S. 136-138.
S. de Lange (Hrsg.), Chronik Schloss Moyland, Kleve 2001, S. 39-85.

45_Schloss Myllendonk
Hansmann/Knopp, 1981, S. 44f.
U. Hecker, Die Renaissance-Loggia von Schloss Myllendonk. In: Denkmalpflege im Rheinland, Nr. 4, 1995, S. 145–153.

46_Schloss Neersen
A. Nabrings, Neersen, Rheinischer Städteatlas, Lieferung XIII, Nr. 72, Köln 1998, S. 1-5.

47_Haus Rath
C. Reichmann, Haus Rath im Mittelalter. In: Die Heimat 63, Krefeld 1992, S. 36–51.

48_Raveshof
A. Steeger, Über bäuerliche Bergfriedhäuser und Spiecker am Niederrhein. In: Studien zur niederrheinischen Landeskunde, Kevelaer 1981, S. 212f.
G. Eitzen, Niederrheinische Bauernhäuser vom 15. bis zum Beginn des 18. Jahrhunderts, Köln/Bonn 1987, S. 96-112.

49_Schloss Rheydt
C. Weber, Ergebnisse der archäologischen Untersuchungen. In: Schloß Rheydt - Sanierung und museale Nutzung, Arbeitsheft der rheinischen Denkmalpflege 51, Köln 1998, S.45-90.
N. Nußbaum, Beobachtungen zur Baugeschichte des Herrenhauses. In: Schloß Rheydt - Sanierung und museale Nutzung, Arbeitsheft der rheinischen Denkmalpflege 51, Köln 1998, S. 91-100.

50_Schloss Ringenberg
C. Maurer, Untersuchung des Kellers in Schloss Ringenberg. In: Archäologie im Rheinland 1991, Köln 1992, S. 126-129.
C. Nitrowski, Ringenberg, Rheinischer Städteatlas, Lieferung XIII, Nr. 73, Köln 1998, S. 1-6.

51_Schloss Schellenberg
A. Walter, Schloß Schellenberg in Essen-Rellinghausen, Rheinische Kunststätten Heft 422, Köln 1996.

52_Schwanenburg
B. Thissen, Die Klever Burg von ihren Anfängen bis 1609. In: Die Burg auf dem Berge, Beiträge zur Geschichte der Klever Schwanenburg, Kleve 2000, S.13-48.
J. Wroblewski, W. S. van de Graaf, J. Zeune, Bericht zur bauarchäologischen Untersuchung an der Klever Schwanenburg, unveröffentlicht, Emmerich 2001.

53_Haus Steprath
Frankewitz, 2001, S. 353f.

54_Haus Te Gesselen
S. Gierschner, C. Notarius, Haus Te Gesselen und seine Wandkamine. In: Denkmalpflege im Rheinland, Nr.2, 1989, S. 5-9.
Frankewitz, 1997, S. 211f.

55_Burg Uda
W. Janssen, Zur Geschichte der Burg Oedt. In: Annalen des Historischen Vereins für den Niederrhein insbesondere das alte Erzbistum Köln 170, 1968, S. 170-219.
K. Schietzel, Burg Uda in Oedt, Schriften des Rheinischen Landesmuseums Bonn, Band 4, Köln/Bonn 1982.

56_Haus Vellbrüggen
Hansmann/Knopp, 1981, S. 132f.

57_Haus Voerde
H. Herzog, Haus Voerde - Vom Rittersitz zum Standesamt. In: Denkmalpflege im Rheinland, Nr. 4, 1996, S. 160-165.

58_Burg Vondern
C. Weber, Ausgrabungen und Funde 1986, Oberhausen, Haus Vondern. In: Bonner Jahrbücher, Band 188, Köln/Bonn 1988, S. 477-479.
M. M. Sleyman, Die Burg Vondern - ein Datierungsversuch. In: Ursprünge und Entwicklungen in der Stadt Oberhausen Bd. 3, 1993, S. 186-213.

59_Burg Wachtendonk
H. H. Wegner, Archäologische Befunde von der Burgruine Wachtendonk. In: Bonner Jahrbücher 191, 1991, S. 423-502.
Frankewitz, 1997, S.131f.

60_Haus Walbeck
Frankewitz, 2001, S. 361f.

61_Schloss Wickrath
Frankewitz, 1997, S. 46f.
A. Schiffer, Castrum Wichinrod - Vorgängerbauten im Bereich der Vorburg von Schloß Wickrath. In: Archäologie im Rheinland 1997, Köln/Bonn 1998, S. 115f.

62_Schloss Winnenthal
Hansmann/Knopp, 1981, S. 96f.

63_Schloss Wissen
H. Herzog, Rheinische Schlossbauten im 19. Jahrhundert, Landeskonservator Rheinland, Arbeitsheft 37, Köln 1981, S. 41, S. 54f., S. 74, S.151-154.
Frankewitz, 1997, S. 224f.

64_Haus Wohnung
H. Herzog, Haus Wohnung. Ein barocker Adelssitz am Niederrhein, hg. von der Steag AG, Duisburg 1995.

65_Haus Zelhem
H. P. Hilger, Haus Zelm, Rittersitz in der Düffel. In: Kalender für das Klever Land 1971, S. 40f.

66_Zollturm
N. Andernach, Rheinberg, Rheinischer Städteatlas, Lieferung VII, Nr. 40, Köln 1982, S. 1-5.